21世纪高等继续教育精品教材

经济管理类通用系列

DIANZI
ZHENGWU

电子政务

（第二版）

刘文富　编著

中国人民大学出版社
·北京·

再版序

当今世界，科技进步突飞猛进，综合国力竞争日趋激烈，信息化正在逐步成为推动经济发展的强大动力，国家信息化水平已成为衡量综合国力和国际竞争力的主要指标，一个信息化的政府则是提高国家信息化水平的关键因素。

电子政务是快速发展的现代电子信息技术与政府改革相结合的产物。其主要特点是，应用现代信息技术推进政务改革，改造、优化和完善政府的业务流程，不断提高政府的工作效率和综合决策的协调性，在政府与社会公众之间建立快速便捷的良性互动关系。

作为国家信息化的重要组成部分，电子政务不仅有利于转变政府职能、规范政府行为、实现政务公开、提高政务运转效率和政府服务质量与水平，而且对带动整个国民经济和社会的信息化、实现跳跃式发展具有重要意义。电子政务已经成为治国不可或缺的工具。在经济和信息全球化加快发展的情况下，一个信息化的政府已经成为提高一个国家或地区全球竞争力的要素。电子政务的发展对我国的经济和社会发展，特别是信息产业的发展有着十分重要的影响。

随着网络技术的发展，我国电子政务的发展面临着前所未有的发展机遇，为电子政务建设在更大范围、更深层次的普及与提高奠定了坚实基础，开辟了广阔的空间。但建设这项宏伟的系统工程依然任重而道远，需要我们不断总结经验，分步实施，稳步推进。本书以习近平新时代中国特色社会主义思想为指导，全面融入党的二十大精神，始终把提高学生的思想道德素质与专业素养融为一体，培养学生诚实守信、爱岗敬业等优秀品质，为中国式现代化建设提供高技能人才支撑。

电子政务是行政管理学与信息技术之间的一门交叉学科，是行政管理学的一门重要分支学科，又是一门新发展起来的课程。电子政务，也就是政府办公信息化、网络化、自动化、现代化、专业化，是人们对信息技术运用于政府而构建的新政府型态的形象称谓，其实质是政府利用信息和通信技术，更好地履行其职能，更有效地为公民和社会提供公共服务。电子政务工程是一项顺应信息化社会发展要求的社会系统工程。实施电子政务工程，不仅是转变政府职能、树立政府形象的迫切要求，也是推进开放、密切与世界交往的迫切要求。通过电子政务课程的教学活动，学生应系统地了解：电子政务是一种新时代的政府电子管理体系，是政府机构成员工作信息和业务信息的源泉，是政府“政务公开”的帮手，是促进政府提高办事效率和服务质量的有效手段。开设电子政务课程的目的在于使学生全面了解电子政务的基本知识，培养学生的理论思维能力，提升学生对电子政务管理问题的敏感性，提高学生的理论素养、实践能力，引导、激发和增强学生的科学精神、进取精神，使学生们掌握更多的新知识和新理论。

本课程的主要任务是：使学生全面了解电子政务的起源、形成和发展历史进程，认清电子政务发展的客观规律。学生通过学习，应能理解学习电子政务的理论价值和实践意义，进而激发学生的学习兴趣，掌握学习方法，确立适合本学科的学习理念，为以后的工作打下认识论、方法论基础。

本教材第一版出版后，受到了师生们的广泛欢迎，在此深表感谢。随着网络技术的发展，特别是电子政务的升级版——智慧政务的出现，我们有必要对教材进行适当的补充。本次修订增加了智慧政务的相关内容，同时对第一版中的一些错误做了修正。欢迎大家继续批评指正。

希望本教材对电子政务知识的宣传普及以及电子政务的推广应用起到积极的促进作用。

刘文富

目录

第一篇

电子政务的理论与基础

第一章　电子政务的基本概念

学习目标

1. 了解电子政务的含义，明确政务的广义与狭义之分；
2. 了解电子政务的内容；
3. 了解电子政务的功能；
4. 掌握电子政务的发展趋势。

基本概念

电子政务　电子政务的功能　电子政务的发展趋势

导　言

放眼当今世界，网络化浪潮正以汹涌澎湃之势席卷全球。建立起适应网络时代要求的涉及经济、政治、法律、道德文化体系等各方面的管理制度，也已被提上日程。电子政务不仅是一个新的概念，而且是一种新的政府管理模式，能在信息时代发挥新型的管理职能。它的建构与技术有关，但不局限于技术领域。理想的电子政务必然以提高政府透明度为主导取向，以改善公共服务为基本目标。它的兴起既是网络技术进步的必然结果，更是政府再造的理性选择。

第一节　电子政务的含义及内容

对于电子政务这一时刻处于发展变化之中的全新事物来说，要想明确其内涵和外延并不是一件易事。电子政务不是一个相对固定的单一事物，而是一个包罗万象的范畴，而且其内涵和外延还在不断地发生变化。电子政务的应用主要是围绕政府部门内部、政府部门与企业、政府部门与公民之间这三条主线而展开。

一、电子政务的含义

所谓电子政务，就是应用现代化的电子网络技术和管理理论，对传统政务进行持续不断的革新和改善，以实现高效率治理和服务的政府结构和运行方式。

电子政务是借助电子网络技术而进行的政务活动。由于电子政务是网络技术与政务活动的交集，所以它的内涵和外延在很大程度上取决于我们对于电子网络技术和政务活动所下的定义。

电子政务（E-government）一词是相对于传统政务（Government）和电子商务（E-commerce）而言的，是快速发展的现代网络技术与政府改革相结合的产物。

所谓政务，是指与政权有关的公共事务。它除了包括政府行政机关的行政事务以外，还包括立法司法部门、政党、社会团体以及其他各种公共组织的管理事务。

政务有广义和狭义之分。广义的政务泛指各类行政管理活动，而狭义的政务则专指政府部门的管理和服务活动。目前大家所探讨的电子政务建设，更多的是指政府部门的信息化建设，但实际上党委、人大、政协、军队系统和企事业单位等同样有行政管理活动，而且这些活动同样可以借助网络技术来进行。所以，网络技术在公共管理中的应用，实际上要远远超出政府系统的范围。利用先进的网络技术来提高办公效率，并不是政府部门的专利。为了方便分析，本书采用狭义的政务概念，即政务专指政府部门的管理和服务活动。

与“政务”一样，并非所有的网络技术与政务活动相结合都能被称为电子政务。例如，政府部门通过传真来传递信息，就不能算是电子政务，因为传真机在这里充其量只是一个传递信息的途径和手段，而不能对政务活动的内容和开展方式产生根本性的影响。“电子政务”真正作为一个独立的概念出现，是在网络技术相对成熟和普及之后。只有在网络技术普及之后，大量政务信息的实时共享和双向交流在技术上才成为可能，从而使传统的政务开展方式发生根本性的改变。从这个意义上说，电子政务的物质基础是网络技术。

二、电子政务的内容

根据上述的狭义电子政务定义，电子政务主要包括三个组成部分：一是政府部门之间通过计算机网络而进行的信息共享和实时通信；二是政府部门与企业之间的电子化和网络化办公；三是政府部门通过网络与民众之间进行的双向信息交流。一个完整的电子政务系统，应当是上述三类系统的有机结合。

因此，从电子政务的服务对象看，电子政务主要包括以下三个方面：政府内电子政务（Government to Government，G2G）；政府对企业电子政务（Government to Business，G2B）；政府对公民电子政务（Government to Citizen，G2C）。

（一）G2G

G2G 是上下级政府、不同地方政府、不同政府部门之间的电子政务。G2G 主要包括以下内容：

（1）电子法规政策系统：对所有政府部门和工作人员提供相关的现行有效的各项法律、法规、规章、行政命令和政策规范，使所有政府机关和工作人员真正做到有法可依。

（2）电子公文系统：在保证信息安全的前提下，在政府上下级、部门之间传送有关的公文，如报告、请示、批复、公告、通知、通报等，使政务信息十分快捷地在政府内和部门间流转，提高政府公文处理速度。

（3）电子司法档案系统：在司法机关之间共享司法信息，如公安机关的刑事犯罪记录、审判机关的审判案例、检察机关的检察案例等，通过共享信息提高司法工作的效率和司法人员的综合能力。

（4）电子财政管理系统：向各级国家权力机关、审计部门和相关机构提供分级、分部门历年的政府财政预算及其执行情况，包括从明细到汇总的财政收入、开支、拨付款数据以及相关的文字说明和图表，便于有关领导和部门及时掌握和监控财政状况。

（5）电子办公系统：通过网络完成职务机关工作人员大多数的一般性重复工作，节约时间和费用，提高工作效率，如工作人员通过网络申请出差、请假、复制文件、使用办公设施和设备、下载政府机关经常使用的各种表格、报销出差费用等。

（6）电子培训系统：向政府工作人员提供各种综合性和专业性的网络教育课程，特别是适应信息时代对政府的要求、提升员工与网络技术水平的专业培训，员工可以通过网络随时随地参加培训课程及参加考试等。

（7）业绩评价系统：按照设定的任务目标、工作标准和完成情况对政府各部门业绩进行科学的测量和评估，等等。

（二）G2B

G2B 是政府部门与企业之间的电子化和网络化办公，是政府通过电子网络系统进行电子采购与招标，精简管理业务流程，提高办事效率，快捷准确地为企业提供各种信息服务，减轻企业负担，促进企业发展。G2B 主要包括以下内容：

（1）电子采购与招标：通过网络公布政府采购与招标信息，为企业特别是中小企业参与政府采购提供必要的帮助，向它们公开政府采购的有关政策和程序，使政府采购成为阳光作业，减少徇私舞弊和暗箱操作，降低企业的交易成本，节约政府采购支出。

（2）电子税务：通过政府税务网络系统，企业员工在办公室里就能完成税务登记、税务申报、税款划拨、查询税收公报、了解税收政策等业务，既方便了企业，也减少了政府的办公开支。

（3）电子证照办理：企业通过因特网申请办理各种证件和执照，缩短办证周期，减轻企业负担。如企业营业执照的申请、受理、审核、发放、年检、登记项目变更、核销，土地和房产证、建筑工程施工许可证、环境影响评价报告等证件、执照的申领，各种审批事项等，均可在网上办理。

（4）信息咨询服务：政府将拥有的各种数据库信息对企业开放，方便企业利用，如政府向企业开放法律法规和规章政策数据库以及政府经济白皮书、国际贸易统计资料等信息。

（5）中小企业电子服务：政府利用宏观管理优势，为中小企业提高国际竞争力和知名度提供各种帮助，包括为中小企业提供统一政府网站入口，以及利用集合优势帮助中小企业向电子商务供应商争取有利的能够负担的电子商务应用解决方案，等等。

（三）G2C

G2C是电子政务的重要内容，是通过电子网络系统为居民提供各种服务，主要包括：

（1）教育培训服务：如通过建立全国性的教育平台，资助所有的学校和图书馆接入互联网和政府教育平台；政府出资购买教育资源再提供给学校和学生；重点加强网络技术能力方面的教育和培训，以适应信息时代的挑战。

（2）就业服务：通过互联网向居民提供工作机会和就业培训，促进就业，如开设网上人才市场或劳动市场，提供工作职位缺口数据库和求职数据库信息，在就业管理部门所在地或其他公共场所建立网站入口，为没有联网条件的居民提供接入互联网寻找工作职位的机会，为求职者提供网上就业培训、就业形势分析、就业方向指导等。

（3）电子医疗服务：通过政府网站提供医疗保险政策信息、医药信息、执业医生信息。为居民提供全面的医疗服务，居民可通过网络查询自己的医疗保险个人账户余额和当地公共医疗账户的情况；查询国家新审批的药品的成分、功效、试验数据、使用方法及其他详细数据，提高自我保健的能力；查询当地医院的级别和执业医生的资格情况，选择合适的医生和医院。

（4）社会保险网络服务：通过电子网络建立覆盖地区甚至全国的社会保险网络，使居民可以通过网络及时全面地了解自己的养老、失业、工伤、医疗等社会保险账户的明细情况；通过网络公布最低收入家庭补助，增加透明度；让公民可以通过网络直接办理有关的社会保险理赔手续。

（5）公民信息服务：为公民提供方便、快捷、费用低廉的接入法律法规和规章政策数据库的渠道；通过网络提供被选举人的背景资料，促进公民对被选举人的了解；通过在线评论和意见反馈了解公民对政府工作的意见，改进政府工作。

（6）交通管理服务：通过建立电子交通网站提供对交通工具和司机的管理与服务。

（7）电子证件服务：允许居民通过网络办理社保卡、驾驶证、行驶证等。

（8）电子税务服务：允许居民个人通过电子报税系统申报个人所得税、房产税等个人税务。

三、电子政务与其他几个概念的异同

关于电子政务，国内外有多种多样的提法，如电子政府、计算机化政府、政府信息化、数字政府、网络政府、政府-公民电子商务、政府-企业电子商务等。这些提法从不同的角度揭示了电子政务的概念与特征。

（一）办公自动化与电子政务

所谓办公自动化，主要是指利用现代化的办公设备、计算机技术和通信技术来代替办公人员的手工作业，从而大幅度地提高办公效率。办公自动化设备早在 20 世纪 80 年代就已经在我国普及应用，而电子政务系统的大规模应用基本上是在 20 世纪 90 年代中期以后。具体地说，电子政务和办公自动化在以下几个方面存在明显的差异：

（1）应用定位不同。电子政务侧重于政府部门内部以及跨部门、系统和地区的应用，而办公自动化的应用重点一般是在部门内部，并且集中于办公人员的个人层面。

（2）应用主体不同。办公自动化广泛地应用于党政机关和企事业单位，而电子政务顾名思义，其应用主体主要是各级政府部门。

（3）系统用户不同。办公自动化的系统用户多为办公人员，而电子政务一般是互动式进行的，因此其系统用户的范围要广得多，除了政府部门的工作人员之外，还包括与这些部门相关的企业和公众等。

虽然电子政务和办公自动化在应用定位、应用主体、系统用户以及功能、系统管理模式等方面均存在较大的差异，但是它们之间仍然有着十分密切的关系。由于电子政务实现了打破部门界限的联网办公和互动式作业，因此可以把电子政务看作是办公自动化系统在范围和功能上的对外延伸，是面向全社会的政府办公自动化。

（二）政府上网与电子政务

还有一个极易与电子政务相混淆的概念，那就是“政府上网”。这个词来源于 1999 年启动的“政府上网工程”。同年 1 月，中国电信联合 40 多家部委（办、局）的信息主管部门，共同倡议发起了“政府上网工程”。这项工程的主旨是推动各级政府部门开通自己的网站，并推出政务公开、领导人电子信箱、电子报税等服务，从而为政府系统的信息化建设打下了坚实的基础。“政府上网工程”取得了巨大的成功。在短短的一年时间内，全国各级政府部门申请的 gov.cn 域名就达到 2 400 余个，而且还开发了大量网上应用项目。正是因为“政府上网工程”取得了如此大的成功，所以人们后来经常用“政府上网”来指代我国的电子政务建设。

然而，严格地说，“政府上网”与电子政务建设并不是同一个概念。如果取“政府上网工程”的原意，那么“政府上网”的重点还是在于通过开通政府网站来推动政府部门与民众之间的电子政务活动。而完整意义上的电子政务则是一个更为宽泛的概念，还包括政府部门内部以及部门之间的电子政务活动。所以，除非我们把“政府上网”的含义进行适当的扩展，把政府部门内部和部门之间的联网办公也包括进来，否则“政府上网”与电子政务之间不能简单地画等号。

（三）传统政务与电子政务

如果以高成本、低效率为粗放的标志，那么传统政务实际上是一种粗放管理方式。传统政务的高成本表现在，进行同样程度的社会组织，所需的管理者人数多，管理费用高。行政人员规模、行政费用规模是衡量管理费用的重要指标。管理的粗放突出表现在官僚主义现象上，官僚主义是一种典型的高成本、低效率的管理方式。

官僚主义可不可以通过缩编来解决呢？正如专家所说，“小政府”不一定是合理规模政府和强政府，有些机构小是小了，但不能承担应承担的职责。单纯缩编而效率不变，可能会导致社会管理的削弱。单纯的小政府与电子政务的区别在于，单纯的小政府以牺牲效能为代价，而电子政务则借助先进生产力来解放管理能力，它在降低管理成本的同时提高管理效率。

治本之策，在电子政务，即追求管理范围加大、任务加重后，可以不需要追加过多管理费用的办法。这也就是政务边际成本递减的办法。

第二节　电子政务的功能

电子政务的功能主要体现在：进一步促进政务信息公开，建设透明政府；改变公共管理模式，建设服务政府；进一步密切政府与公众的关系，建设民主政府；进一步降低行政运作成本，建设高效政府。

一、进一步促进政务信息公开，建设透明政府

电子政务的一项重要功能就是促进政务信息公开，这也是当今世界各国建设透明政府的必然要求，建设透明政府的首要条件就是实现政府信息公开和政府行为公开。

电子政务要求政务信息公开，凡是法律规定需要向公众公布的政务信息都必须上网向公众公开，这大大提高了政府办事的透明性，可以防止信息被少数人截留专用或有选择地发布，并可以防止信息被更改、掩盖。

电子政务有利于整合政务信息资源，推动政府信息资源对社会的开放，发挥其巨大的社会效益和经济效益。目前我国政府部门掌握着大部分有价值的信息资源，又是政策的制定者，相对于公众，处于信息掌握的强势地位。由于政府公开信息的渠道和方式尚

未完善，许多信息未能充分发挥作用，这对整个社会来说是一种浪费。电子政务实现政府信息公开，可以使这些数据和资料得以充分共享，降低信息的收集、传播成本，发挥其社会效益和经济效益，促进经济的发展。

电子政务的公开性还要求政府行为公开，无论是政府决策还是申报、审批等都不能暗箱操作，必须按规定程序通过电子流程来进行，并接受网民的监督；可以建立一个相对严格的制度，减少公众与办事人员面对面的接触，这样“门难进，脸难看”的情况会大大减少，同时政府的廉政建设将得到加强。

二、改变公共管理模式，建设服务政府

网络环境下电子政务的管理模式，是以公众的需求为出发点、以公共服务的满意度为最终目标的，因此电子政务的实施就是将“以公众为中心”的服务模式具体化，把转变执政理念、提高服务意识贯穿到每一个为公众服务的环节，从而达到提高公众服务质量、建设服务政府的目的。

管理社会公共事务是政府的一项重要职能。电子政务将建设贴近公众、服务公众、关怀公众的便民政府，为公众提供高效便捷的公共服务。为此，应该做到以下几点：

首先，政府应主动收集、了解公众的生活信息、活动习惯及对政府的服务需求，建立与公众行为方式相适应的互动联系，提供高效的政府公共服务。

其次，用“一站式”“一门式”无间断服务来代替上下班的办公机关，便于公众不受部门和时空限制地了解各种信息。通过政府网络，人们可以自己选择所需要的服务方式和服务种类，充分享受政府通过电子政务方式提供的全天候、零距离的各种公共服务，若遇到特殊困难还可以向政府有关部门提出特殊申请寻求帮助。

最后，做好公共服务最重要的是要树立以人为本的理念，从服务对象的需求出发，选择技术、整合资源、梳理流程、考核效益。如果是为居民服务的，就要以居民为中心；如果是为企业服务的，就要以企业为中心。这也是国际上发展电子政务的一个普遍经验。

三、进一步密切政府与公众的关系，建设民主政府

推进电子政务的实施有助于政府的科学决策、广泛征求公众意见、建立与公众的互动关系，从而推动民主政府建设。

决策是公共管理的核心内容，从其程序上来说需要经过拟制方案、分析论证、优选方案等多个环节。政府在制定政策、作出重大决策的过程中，可以通过网络让公众参与、发表意见和提出建议。在决策前，政府可以就准备推行的重大举措广泛征求公众的意见；决策后，政府又可以及时获得决策实施过程中的反馈信息，了解和掌握发展变化的最新信息，并据此完善或追踪决策，从而提高决策的科学性。

电子政务的实施可以让公众通过网络渠道表达意见，与政府领导对话。政府也能直

接倾听人民的呼声，了解群众意见，采纳合理化建议，有利于培养政府机关的民主工作作风。因此，电子政务的实施疏通了政府各部门之间、政府与公众之间的联系渠道，拉近了政府和百姓之间的距离，有助于密切干群关系，扩大民主生活。

通过网络和门户网站，政府和社会可以产生广泛的互动，从而密切政府与公众的关系。一方面，政府提供的各种服务比以前更快捷，对公众意见和需求的反应速度大大提高；另一方面，电子政务可以利用高效可靠的政府信息网络，将政府信息快速、方便、准确地传递给社会公众，减少公众为获取这些信息所需要付出的费用和时间。

四、进一步降低行政运作成本，建设高效政府

推行电子政务，可以简化行政运作的环节和程序，降低行政运作成本，提高政务效率，实现“政务边际成本递减”，建设高效政府。

推行电子政务有利于简化行政运作的环节和程序。电子政务运用数字化和网络化技术，实现了政府各部门之间以及政府部门与公众之间的零距离沟通。政务信息的沟通消除了空间的限制，传统政府组织中的金字塔式的垂直结构将向水平的网状结构转变，而这种转变减少了管理层次，有效地提高了行政效率和服务质量。诸如项目审批、公司注册、税款征收、医疗保险、考试录用、护照办理、职称评定等事项，都可以通过互联网以快捷、安全的方式进行，传统的“直面启动”“公文旅行”式管理模式将逐渐退出公共管理舞台。同时，因简化办事程序减少了许多政府部门和人员，提高了办事效率，政府运行的成本更低廉了。

电子政务系统的构建可以大大提高政府的行政效率，降低政府的行政管理成本。电子政务建立的网上服务系统，使服务由面向办公室、柜台、窗口转向计算机屏幕，实现“人机对话”，使政务通过电子文件交换方式进行。因此，电子政务构建了一种前所未有的、全新的行政环境——网络行政环境。它与政治、经济、文化等各种资源与环境相融合，使政府的职能实现了网上再现与虚拟化管理，使社会的公共资源得到了新的整合。

实施电子政务后，虽然有些手续仍然需要有实物证明，但可以建立一个文件资料电子化中心，把各种证明或文件电子化。如果是涉及不同部门的文件，可以在此中心备案以后，由其他各部门参照此传送办理，这样可以节省人们大量的时间和精力，提高办事效率。

第三节　电子政务的发展趋势

一、明确发展定位

要想发展电子政务，首先必须有正确的定位，要明白政府上网的目的究竟何在，从

哪儿入手，建成什么样，建成之后能为政府和人民带来什么好处。例如香港特别行政区已实施的名为“公众服务电子化”的电子政务计划就非常务实和高效。该计划明确划定了一个时限——2000 年底起，香港的市民就可以通过因特网获得政府服务，包括查阅政府的所有公开文件，提交各种表格资料，甚至可以缴纳所有的政府收费。只有真正以民为本，使政府职能由单纯的“管理”向综合的“服务”过渡，电子政务才能健康发展、造福大众。

另外，作为电子政务，其主要目的是介绍部门的职能及基本信息，改善服务，接受反馈。由此可见，不同类型的政府部门，其电子政务也应因职能的不同而不同，应讲求实效，而不应照搬一个模式。

不同级别的政府部门在电子政务方面有不同的侧重。中央政府虽然不直接为公众提供服务，但是要利用电子政务系统提高决策科学性，避免决策失误。我们可以利用这些年构建的电子政务系统，提升决策水平。基层政府则利用电子政务系统为企业、为百姓提供更方便的服务。

中国的网络规模等指数已居全球第一。在互联网应用已经形成规模的情况下，我们更应该关注整个电子政务的应用。应用主要不是强调内部应用，而是强调对外应用，即政府如何利用系统给企业提供服务，给公众提供服务。电子政务建设应该注重实效，使电子政务能够为企业所应用，为百姓所应用，不能是花架子。

二、确保安全保障

各国在发展电子政务时都十分重视电子政务的安全保障，这已经成为一个十分重要的发展趋势。当今世界的冲突已经蔓延到了因特网上，信息安全已经成为维护国家安全和社会稳定的一个焦点，事实证明，因特网已经成为“信息战”的主战场。网络安全隐患使网民对互联网的信任度下降，这进而制约了电子商务、网络支付等交易类应用的发展。

三、创新运行体制

电子政务将打破传统的政府办公管理方式，其工作机制、工作方法、工作思路都有了很大的改变。传统政府按区域、级别、行业划分，各部门独成一体，各自为政，相互之间很难信息共享，更谈不上信息传递流畅无阻。并且，实行电子政务，传统政府的金字塔式结构将改变为扁平化、无中心式的网络结构，因网络没有权威，政府机关所固有的领导权威性将受到严重挑战。同时，在传统的运行体制下，政府机关是管理部门，必须直接面对公众的大量反馈信息，管理模式变管理型为服务管理型，一些人可能短时间内无法适应这种角色的转换。

改变旧的思维方式，使政府服务方式由传统的手工方式变为手工方式和电子政务方式并存，并逐步向电子政务过渡，这应该是中国电子政务的发展之路。要建立一套完备的政府信息发布制度，以实现政务透明化、办事效率化的目的。

思考题

1. 电子政务的含义是什么？如何认识政务的广义与狭义的区别？
2. 电子政务的主要功能是什么？
3. 电子政务的发展趋势是什么？

网上资料

1. 中华人民共和国中央人民政府门户网站　http：//www.gov.cn
2. 中国电子政务网　http：//www.e-gov.org.cn

第二章　电子政务的技术基础

学习目标

❶ 了解因特网的起源、产生和发展过程；
❷ 把握网络技术对社会发展的影响；
❸ 掌握网络组织的兴起如何使社会组织方式面临新的变革；
❹ 了解网络技术对政府管理的影响。

基本概念

因特网　网络组织　社会发展　Web 2.0

导　言

网络技术的飞速发展和运用，对社会发展和政府管理产生了巨大的影响，网络技术为政府行政权能转变的现实化与有效化提供了一定的物资设备与技术路径支持。这为行政权力结构、行政运行方式的变革，为政府施政能力的提高，均提供了新的可能性和空间。信息化浪潮的冲击，展示着一个新的文明正在兴起，它将为我们的政治生活制定新的行为准则。行政系统作为“政治国家”的重要组成部分，必须通过变革自身，使内在符合外在的要求。政府政务运作的网络化趋势，正适应也加速了信息化潮流下政府权力结构、组织机构、工作方式等一系列的深刻变革。

第一节　因特网的形成及特点

一、因特网的起源

当代的网络技术和信息系统是基于计算机的出现而产生的。人类自进入文明社会以来一直在从事着信息处理工作。但是计算机的诞生改变了人们几千年的传统观念，促使人们去进一步研究信息处理技术、信息系统、信息资源充分利用的规律性。这正是当代IT作为一门学科诞生的基础，并促使人类社会进入到信息化社会。正如蒸汽机的发明促进了人类对能量转换规律的研究标志着工业革命的开始一样，计算机的出现促进了人类对信息处理规律的研究标志着信息革命的开始。

（一）因特网的产生和发展

1. 计算机的产生和以计算机为基础的信息系统形成

1946年，由于战争和军事上的需要，世界上第一台电子计算机诞生了。当时由于技术发展水平所限，计算机只能进行数值处理，因此最初的计算机应用只限于某种军事科学、工程计算、数值统计、工业控制、信号处理等这样一些神秘而又狭小的领域。

20世纪50年代，由于计算机应用技术上的突破，计算机不但可以进行数值处理，而且还可以进行数据处理。数据处理技术的突破，使得以IBM、NCR等为代表的一批高科技公司开始出现并向社会推出了商品化的小型计算机系统。商用小型计算机的推出，使得计算机的应用迅速跳出了军事和科学计算的神秘圈子，逐步向社会生活的各个方面（特别是工商管理领域）渗透。商用小型计算机的出现，把计算机的应用从单纯的数值运算扩大到适合于数据处理的广泛领域，为计算机和网络技术的繁荣和发展奠定了基础。

2. 因特网的产生

因特网（Internet）又称互联网，我国规定其标准名字为因特网。20世纪50年代末期，苏联发射了世界上第一颗人造地球卫星，之后美国国防部成立了高级研究计划署（ARPA），借以寻求高科技支持下的军备优势。基于冷战的需要，ARPA急于实现战争状态下特别是核战争打击下，即使大量通信线路遭到破坏时，指挥官仍能够发出命令指挥作战。1962年ARPA聘请在麻省理工学院任教的利克里特（Licklider）出任信息处理技术局（IPTO）首任局长，开始了计算机网络方面的有组织的、大规模的研究。经过数年努力，1969年底实现了加州大学洛杉矶分校、加州大学圣巴巴拉分校、犹他大学和斯坦福研究所四台不同的计算机联网，这就是阿帕网（ARPANET）的雏形。

1971年ARPANET已有10多个站点（即计算机系统），分别位于哈佛大学、斯坦福大学、麻省理工学院等。计算机网际互联受到大批科学家关注，取得了一系列研究成果。1974年ARPA的鲍勃·凯恩和斯坦福研究所的温登·泽夫提出了TCP/IP协议（传输控制协议/因特网协议），1978年该协议被美国国防部确定为标准。

1983年ARPANET各站点通信协议统一采用TCP/IP，这被很多人认为是全球因特网诞生的标志。这一期间又有一些小规模的类似网络出现，例如纽约城市大学的BITNET、威斯康星大学的THEORYNET、法国的MINITEL、欧洲的科学和研究网

EARN。1985 年美国国家科学基金会筹建科研网 NSFNET。

3. 因特网的社会化发展

1989 年最早的因特网服务商 CompServe 出现，因特网开始面向社会、面向商业。1994 年中科院正式接入因特网，称中国科学技术网（CSTNET）。1995 年邮电部接入因特网，称中国网（Chinanet）；1994 年国家教委接入因特网，称中国教育和科研计算机网（CERNET）。1996 年电子工业部接入因特网，称中国金桥信息网（ChinaGBN），由此形成了中国的四个接入网。1996 年中国开始商业试运行因特网。1996 年底北京已有 30 余家因特网供应商。1997 年因特网开始向全国发展，现已遍布全国。

在 20 世纪 90 年代，超文本标识语言（HTML）即一个可以获得因特网的图像信息的超文本因特网协议被采用，使每一个人都可以产生自己的图像页面（网址），然后成为一个巨大的虚拟超文本网络的组成部分。这个增强型的因特网又被称为万维网（World Wide Web，WWW），与此同时产生了数量庞大的新用户群。于是，许多人用“因特网”一词指这个网络的物理结构，包括连接所有事物的客户机、服务器和网线；而用“万维网”一词指利用这个网络可以访问的所有网站和信息。

（二）Web 2.0 的发展

2001 年秋天，网络泡沫的破灭标志着互联网发展的一个转折点。许多人断定互联网被过分炒作。网络泡沫和相继而来的股市大衰退看起来像是所有技术革命的共同特征。股市大衰退通常标志着蒸蒸日上的技术已经开始占领市场的“中央舞台”，而假冒者被驱逐。

“Web 2.0”的概念源于 O'Reilly 公司和 MediaLive 国际公司召开的一个会议之中的头脑风暴部分。O'Reilly 公司副总裁戴尔·多尔蒂（Dale Dougherty）注意到，同所谓的“崩溃”迥然不同，互联网比其他任何时候都更重要，令人激动的新应用程序和网站正以某种规律性呈现出来。那些幸免于当初网络泡沫的公司，看起来有一些共同之处。那么会不会是网络泡沫的破灭标志了互联网的一种转折，以至于呼吁“Web 2.0”的行动有了意义？Web 2.0 峰会由此诞生。

在第一届 Web 2.0 峰会之后的一年半的时间里，“Web 2.0”一词已深入人心，但是关于 Web 2.0 的含义存在极大的分歧，一些人将 Web 2.0 贬低为一个行销炒作口号，而另一些人则将之理解为一种新理念。

（三）社交媒体

社交媒体的概念，最早出现于 2007 年的一本《什么是社会化媒体》(*What Is Social Media*）的电子书中。作者安东尼·梅菲尔德（Antony Mayfield）将社交媒体定义为一种给予用户极大参与空间的新型在线媒体，其最显著特点就是定义的模糊性、快速的创新性和各种技术的“融合”。

社交媒体，英文是“Social Media”，所以也被称为“社会化媒体”，是指允许人们撰写、分享、评价、讨论、相互沟通的网站和技术。[①] 人数众多和自发传播是构成社交媒体的两大要素。按照卡普兰和黑雷等人的定义，社交媒体是“一组建立在 Web 2.0 的技术和意识形态基础之上的、基于互联网的应用，允许 UGC（用户制造内容）的创造和交换。”[②] “和传统媒体相比，甚至与以门户网站为代表的 Web 1.0 的传播方式相比，社会化媒体的传播从传播速度、传播内容制造、传播方式到传播者等各个方面都呈现出新的特点。”[③]

社交媒体的形式和特点随着传播技术的发展会有很多变化，因而对社会化媒体的认识也会有新的理解，但是无论怎样，社会化媒体最大的特点依然是赋予每个人创造并传播内容的能力。社交媒体是 Web 2.0 时代人们彼此之间用来分享意见、见解、经验和观点的工具和平台，主要包括博客、微博、微信等，以及各种论坛，也包括维基百科、百度百科等共享共建网站。社交媒体已经广泛运用于电子政务中。

（四）移动互联网

从理论上讲，广义上的移动互联网，指的是用户使用手机、平板电脑、笔记本电脑等移动终端，通过移动网络获取移动通信网络服务和互联网服务。狭义上的移动互联网，则是指用户使用手机终端、通过移动网络浏览互联网站和手机网站，获取多媒体、定制信息等其他数据服务和信息服务。

根据中国互联网信息中心发布的《中国互联网络发展状况统计报告》，截至 2014 年 6 月，我国网民手机上网使用率首次超越个人电脑端，手机成第一大上网终端设备。数据显示，截至 2020 年 12 月，我国网民规模达 9.89 亿，手机网民规模增长到 9.86 亿，网民中使用手机上网的人群占比达 99.7%。

移动互联网的加速普及极大程度上改变了网民行为习惯。移动应用推陈出新，吸引越来越多的网民接入移动互联网。移动阅读、移动购物、移动支付已经成为越来越多人的选择。移动互联加速跨界融合，带动了可穿戴设备、物联网、移动医疗、智能家居、智能交通等新领域快速发展，促进了共享经济的发展。对移动电子政务也产生了很大的影响。下一代智能终端将更加智能、灵活，社交媒体的应用可以使得政府与企业及公众保持超链接状态，政府服务方式的移动性能够保证“服务无处不在”。

（五）大数据

大数据的应用和技术是在互联网快速发展中诞生的。一般认为大数据是一种数据量很大、数据形式多样化的非结构化数据。其主要特征包括：一是数据规模浩大。国际数

---

① 社交媒体 . http：//baike. baidu. com/link? url=5nbG8-rRtaC0JH _ ALut2h61ccnI GddNQuUyCtmQrnyrJx-acQF898-VAqaNqxFKjwng93lqhhkcHSIGLfBhxab _ .

② Kaplan Andreas M，Michael Haenlein. Users of the World，Unite! The Challenges and Opportunities of Social Media. Business Horizons，53（1），2010：59－68.

③ 许静 . 社会化媒体对政府危机传播与风险沟通的机遇与挑战 . 南京社会科学，2013（5）.

据公司（IDC）2018年发布的研究报告称，到2025年，中国的数据量将达到48.6ZB，全球的数据量将达到175ZB。二是大数据技术需要处理的数据类型日趋复杂，数据类型由传统的结构化数据向原先无法用常规软件进行深入分析处理的非结构化数据转变。未来大数据主要通过对非结构化数据的分析处理来获得价值。三是大数据的数据创建、分析和处理的速度在不断加快。数据处理的速度需要越来越快，甚至是实时处理。四是大数据目前仍处于数据价值密度很低的阶段。受传统思维和技术的限制，人们很难充分发掘数据所蕴含的巨大价值。

对政府公共服务而言，大数据之“大”，不仅仅在于其容量之大、类型之多，更在于用数据创造更大的公共价值。作为智慧政府的关键技术之一，大数据的发展将对政府部门的行政管理和公共服务产生深刻的影响。一是提高政府决策科学化水平。大数据大大拓展了政府决策的信息边界条件，并创新了决策的方法。二是促进跨部门信息共享和业务协同。大数据的包容性将有助于打破政府各部门间、政府与公众间的固有边界，信息孤岛现象将有可能大幅削减。三是增强政府危机管理的预警能力和应急能力。四是提升政府公共服务水平。大数据使得差别化甚至是个性化的信息提供和服务成为可能。五是促进政府管理更加开放和透明。

二、因特网的优势

（一）开放的网络结构

这是因特网的核心技术思想。根据这种思想，任何网络类型、技术选择和活动范围均不受特定网络结构的支配，而且可以通过网络互联结构与其他网络连接。在此之前只有端对端线路连接的网络互联方法。这种开放的网络结构使因特网不仅成为一个新型的通信工具，而且成为一个实验室，可以用来进行新的通信设计和试验、观察其存在的问题以及研究和发现解决问题的新方法。

（二）统一的互联标准

因特网的成功主要得益于它所采用的传输控制协议和网际互联协议，从而成功地解决了不同硬件平台、不同网络产品和不同操作系统之间的兼容性问题，是网络技术的一个重大进步。任何计算机只要采用TCP/IP协议与因特网中的任何一台主机通信，都可以成为因特网的一部分。这种大规模的网络互联为实现自由地选择、利用各种网络服务和进行全球范围的信息检索创造了条件。

（三）分散化的网络管理

因特网最突出的特点是没有人拥有它。这个超级网络实际上是一个由众多网络组成的“网际网”，没有任何组织和机构能对它进行集中式管理和统一规划。与其他传统网络（如广播网）的不同之处在于因特网是用户驱动型网络。用户是因特网的使用者和服务对象，也是它的开发推动力和服务趋向力。因此因特网的生存和发展主要依靠用户对它的支持，它的主要经费来源也存在于这个网络的外部环境中，这是这个网络的财富和活力的源泉。

（四）灵活的服务方式

确切地说，因特网的用户不是个人，而是利用网络提供服务的组织。大多数用户必须通过服务提供者的中间作用才能获得利用因特网的机会；这些服务提供者属于公司或地区的网络，它们在更高层次上与国家网相连，而只有在国家级网络上因特网的管理才起作用。这种结构极大地增加了因特网服务的灵活性，各种高级服务方式和友好的用户界面因此迅速发展起来，它们可以帮助用户在因特网的信息海洋中遨游，自由地获取信息。

（五）多样的交流模式

因特网将网络技术、多媒体技术和超文本技术融为一体，因而同时具有出版和交流的功能。它可以支持一对一、一对多、多对多等多种交流模式，而且可以用来交替地“说”和“听”。这种不断地从“出版模式”向“私人通信模式”的转变，密切了不同地区人与人之间的关系，使人们可以就许多不同的主题进行讨论。

（六）丰富的信息资源

因特网上有极其丰富的信息资源，从烹调技巧、体育赛事、股市行情、新闻报道，到科研领域的最新文献、数据、图表、计算机软件以及天文观测照片等无所不有。此外，全世界为数众多的图书馆和研究机构将其馆藏目录通过因特网对外界开放，用户可以通过关键词检索这些馆藏文献。目前因特网上的馆藏文献主要包括图书馆目录、参考工具书、文献索引、全文资料、多媒体信息和计算机软件等。

三、因特网的不足

因特网的内在特点和当前技术方面的局限使之存在某些不尽如人意的地方，主要表现在：随着因特网用户的增加，网络出现超负荷现象，网络管理遇到一系列困难和由此引起某些负面社会影响，等等。这已经引起国际社会的普遍关注。

（一）网络安全保证问题

由于对因特网的利用不受时间、地域限制，因而因特网很容易被某些人滥用来进行某些非法活动。例如，用户的口令和账户被居心叵测的人获悉和盗用，使个人隐私权受到侵害，国家机密被泄露；大量跨国交易在网上进行，导致巨额关税流失；制造网络病毒，使大量计算机不能正常运行……这些问题随着因特网用户的迅速增多而变得日趋严重，对用户行为的管理正在变得越来越困难。网络环境中的安全问题已成为影响网络技术进一步发展的一个关键问题，并日益引起各国政府的关注。但是解决这个问题不仅仅限于技术方面，而且涉及社会和法律等多种因素，需要采取多种手段综合治理，尤其需要国际社会通力合作。有关的立法仍处于探讨阶段，由于因特网已超越国界，而有关法律、法规往往只在规定的管辖范围内起作用，这是当前因特网管理中的一个主要矛盾。

网络安全关系国家的主权和安全，关键信息的流失可能造成不可想象的损失。为此，政府需要高度重视网络安全问题，加强关于信息安全、关键技术设备的研究，包括国际出口监控、安全产品认证、病毒检测和防治、网络安全紧急处置等方面的研究，并要加速基础设施建设和政策法律法规的制定。

当然，网络没有绝对的安全，只是一种相对的安全。安全系数越高，就需要付出越高的代价。增加网络安全不可避免地要耗费网络资源或者限制资源的使用，这对网络服务的高效、灵活是一种抑制，也提高了应用成本。因此，对网络安全的追求必须在网络服务高效灵活和应用成本之间寻求一个最佳平衡点。

（二）知识产权保护问题

因特网上大量信息和服务被注册免费使用，也引起了有关知识产权的问题。由于因特网是在专用通信基础设施基础上建立起来的，不存在使用的直接成本，因而所提供的信息和服务不可避免地被大量免费传送。提供者的版权被严重忽视。这个问题如果得不到合理解决，将会影响整个网络的正常运行。

（三）信息爆炸问题

从 1969 年建立阿帕网至今，因特网走过了 50 余年的历程。在因特网的用户数量每年飞速增长的同时，人们也越来越深刻地体会到“信息爆炸”的含义。人们比以往任何时候都更加关心其未来的命运。由于因特网上信息量的急剧膨胀，上网的用户越来越多，因特网显得越来越拥挤。

因此，比因特网的传输速度更重要的问题在于，人类将如何面对如此膨胀的信息。因特网改变了人们传统的传媒观念，它把图像、声音、文字以及传统意义上的各种传媒融合在一起，以前所未有的迅捷程度发送到人们眼前，满足了日益增长的信息需求。虽然目前已有许多搜索站点像百度（Baidu）可为人们提供便利的信息查询，但即使这样，搜索出来的信息量也非常巨大，人们很难立刻找到需要的信息。所以，将来成功的网站应提供一种最优的信息分类方法，帮助人们最快地查询到所需信息。

除此之外，因特网也存在其他一些不足，例如域名被抢注和国际域名分配的独家垄断问题，网上信息资源的分散化存储和管理给用户检索造成困难。

四、因特网的发展趋势

不断开拓服务领域、增加服务项目，使社会的信息需求不断得到满足，是因特网发展的重要方面。因特网当前的发展趋势主要表现在它的全球化、商业化和新一代网络的开发上。

（一）全球化

全球化是因特网发展的一个明显趋势。与因特网连接的国家迅速增多，不仅包括发达国家，也包括越来越多的发展中国家。这种全球性的网络互联使一个国家很容易通过网络与外界联系起来，不同地域的界限将变得模糊。这一全球化趋势已使越来越多的国家意识到，如果不通过网络与外界联系起来，就有可能在未来的经济发展中处于劣势。尽管如此，由于技术、资金、文化和教育程度等方面的原因，因特网用户在全世界的分布并不均衡，发达国家和发展中国家之间存在巨大差距。

（二）商业化

商业化，尤其是电子商务的发展，是近年来因特网发展的另一个引人注目的现象，尽管出现的时间不长，但已呈现出一种势不可当的趋势；这种发展势头和所产生的影响是人们始料未及的。目前，电子商务活动主要包括企业间的商品购销、广告宣传、研究开发、金融业务、商业文件传递以及处理与顾客的关系等。由于电子商务能利用有限资源加快商业周期循环、省时间、降低成本、创造较高利润，因而受到商界欢迎。除了直接从因特网创造收益外，电子商务正在对广泛得多的领域产生间接影响，表现在通过不断开拓新的市场、创造新的工作岗位、降低成本和改进服务，使许多部门尤其是旅游、保险、直接零售、电子出版等部门发生巨大变革，并为大量中小企业提供了新的机会。与此同时，出现了一批主要提供因特网服务的企业，它们利用这个全球信息基础设施开展各种商业性活动。这种商业化应用扩大了因特网的服务范围，使因特网进入一个全新的发展阶段。电子商务发展也面临一些问题，如关税、技术标准、关税贸易壁垒、知识产权保护、网上安全和开发适合商业用途的网络技术和软件等。因特网的商业化不仅体现在网络本身的商业应用上，也体现在网络服务的经营方式上。例如在美国，私有化已成为美国政府推动因特网发展的一条重要原则。这种发展基于这样一种认识：政府的行为远远适应不了因特网的迅猛发展和技术的日新月异，相比之下，私营部门的行为却具有灵活和快捷的优势，因此，在因特网发展中起主导作用的应该是私营部门的市场推动力，而不是政府。

（三）新一代网络的开发

1. 网格计算

网格计算（Grid Computing），顾名思义，就是指将多个计算机组成网格状网络。“grid”在英语中是“方格”的意思，是一种“模拟实现高性能计算机”的技术。比如，有一项业务使用速率为1GB的CPU需要6分钟的处理时间，如果网络中有6台安装了同样CPU的计算机，就可以把这项业务分成6等份，交给6台计算机进行处理。那么，理论上，这项业务的处理时间将缩短到1分钟。这就是网格计算的基本思路。

网格计算是“第三代Internet计算”。随着Internet的发展，人们在思维方式、工作模式和生活理念等多方面遭遇巨大的冲击。在网络计算时代，以 E-mail 为主要应用的第一代 Internet 把遍布于世界各地的计算机用 TCP/IP 协议连接在一起。在 Web 计算时代，第二代 Internet 通过 Web 信息浏览及电子商务应用等信息服务，实现全球网页的连通。而第三代 Internet 面临的任务是实现互联网上所有资源的全面连通。这些资源包括计算资源、存储资源、通信资源、软件资源、信息资源、知识资源等，这成为推动网格计算发展的基本动力。从这个意义上说，网格计算的首要特点是高可用性。

总之，因特网是一个发展中的网络，发展自因特网产生之日起就没有停止过。信息资源共享的需要以及信息和通信技术的迅猛发展是因特网产生和发展的强大推动力。在这一过程中，因特网的组织结构得到逐步发展。如今，因特网的规模已极大地超出了它最初的发展目标，成为包括广大用户群和多样化服务活动的全球性网络。然而，尽管因特网已取得了明显的成功，但是它在技术方面仍很简单，而且存在许多局限。因特网还在发展，而且有可能被新的更加高速和功能更加强大的网络所代替。种种迹象表明，因特网未来面临的最紧迫问题不是技术如何发展，而是变革和发展过程中本身如何管理。这个问题随着网络规模的不断扩大会变得更加突出，也是各国政府迫切需要解决的问题。

朗讯科技公司贝尔实验室总裁在贝尔中国研究院成立时，曾对因特网的未来发展趋势作出七大预测。他指出："我们将看到一个充满虚拟性的新时代。在这个虚拟时代，人们的工作和生活方式都会极大地改变，那时我们将进行虚拟旅行，读虚拟大学，在虚拟办公室里工作，进行虚拟的驾车测试等。"①

2. 语义网

下一次互联网颠覆性大潮的蓝图，有些人称之为 Web 3.0，也有一些人称之为"语义网（Semantic Web）"。所谓"语义"就是文本的含义。英国牛津大学互联网研究院尤瑞克·威克斯（Yorick Wilks）教授认为："一些评论家沿用了蒂姆·伯纳斯·李和其他人在原文中所使用的名字 Web 3.0，我们在此则将其称作语义网。"② 那么这个语义网是什么，它可能会给我们带来哪些万维网未能带来的东西呢？在我们开始讨论万维网（WWW）和语义网这些术语的关系之前，我们首先要指出，我们常用的术语"Web *n*.0"中的 *n* 从 2 开始（Web 2.0），现在已经出现了 Web 6.0，并按次序依次增加。"蒂姆·伯纳斯·李却废弃了所有这些所谓的行话术语，而他可能是对的；它们毫无疑问干扰了我们的注意力。"③

简单来说，语义网是一种能理解人类语言的智能网络，它不但能够理解人类的语言，而且还可以使人与电脑之间的交流变得像人与人之间交流一样轻松。它是人工智能

① 马晓艳．网络前景的七大预测．经济参考报，2000-06-14.

② 马克·格雷厄姆，威廉·H. 达顿．另一个地球：互联网＋社会．胡泳，等译．北京：电子工业出版社，2015：361.

③ http：//lnews. Bbc. co. uk/l/hi/technology/4132752.

领域一个极好的应用场景。在 Web 3.0 时代，思维和商业的模式都将发生改变。[①]

Web 3.0 时代是一个大数据、大场景、大连接、大智慧、大变迁的社会。混合式将成为 Web 3.0 时代的生存法则的要义。Web 3.0 时代，人类会面临“矛盾的海洋、信息的深渊、创新的匮乏”三大挑战，必须创造一个能够了解其机器本身的网络来超越互联网和万维网，创造一个对人类更加友好的网络世界。

第二节　网络技术对社会发展的影响

信息高速、广泛传送的特点，使世界形成了一个没有边界的信息空间。万水千山，天上人间，信息都能够实现传送。网络技术所引发的变革对社会生活、社会教育、社会交往、社会结构、社会发展和社会管理都产生了深刻的影响。

一、对社会生活方式的影响

由于计算机全面介入人类的生活，人们从衣、食、住、行到各个方面都在经历着工业革命以来又一次革命性变化。生活方式的信息化对于今天的人类来说已经不是梦。在这种情况下，闲暇时间的增多意味着生活方式的空前多样化。生活方式的变化则意味着文化观念和文化形态的历史性转折。这主要表现在：

第一，因特网是生活娱乐天地。因特网现已进入家庭，而且凭借其技术优势迅速扩张。人们可以在舒适的家中通过网络选看最新的或最老的电影、玩各种在线游戏、购物。

第二，网上购物带来消费方式的变革。在网络时代，网上购物以其商品信息大、可选范围广、成本低、消费者主动性强等优势，正在为越来越多的人所接受，成为一种新的消费模式，网上消费正在对人类消费方式的进步和变革产生深刻的影响。网上消费的主要特点是：

（1）网上消费的本质是信息商品的创造型消费。如果说农业社会是一种生存型消费，工业社会是一种发展型消费，那么信息社会、知识社会就可以说是一种极具个性化的创造型消费。

（2）网上消费的个性化趋势日益凸显。随着越来越多的家庭与网络技术的融合，消费者的新选择在日益增多，因特网使每个消费者的个性偏好在商家那里都能得到及时的反应，并使个性化的消费满足成为可能。

（3）网上消费将由“虚拟人”（电子代理）执行。将来，人们一旦使用“个人操作

---

① 管策．Web 3.0 互联网的语义革命．北京：科学出版社，2013.

系统”，就可以建立起个人电子空间。在个人电子空间环境下，“虚拟人”在网络中搜索信息，完成交易并与其他“虚拟人”进行谈判。这意味着消费者将能支配和控制自己的沟通和网络空间。

(4) 网上消费推动了商家销售观念的变革和销售渠道功能的多样化。销售商要收集大量的客户信息，以增强他们的竞争优势；销售商在销售市场和客户模式上的变化比以前大大加快，致使循环周期也随之缩短了。销售商将面对“虚拟人管理系统”带来的冲击，因此必须积极变革销售方式，为新的消费群体提供更好的服务。

第三，网络时空引起闲暇方式的变革。现代科学技术的发展，不仅大大提高了劳动生产率，使劳动力得到了极大的解放，而且给人们提供了更多的闲暇时间。“网络时空”的形成，使我们的闲暇方式突破了现实时空的限制，第一次实现了闲暇方式在世界范围内的自由选择。换言之，由于信息革命的发生，人类赢得了从来没有过的闲暇时间。而时间是人类发展的空间。人类赢得了时间也就赢得了自身的发展，获得了闲暇也就获得了自身生存方式的改变。就人类整体而言，信息革命已为人的全面发展提供了充分的闲暇时间前提。当然，就人类个体而言，人的发展还取决于其他社会条件，取决于闲暇时间的社会分配。

在网络时空中，人们能够收听、下载个人喜欢的音乐，观看个人喜欢的电影和演出，获取各种个人喜好的娱乐信息，因特网将承担起人类娱乐新载体的任务，持续了几个世纪之久的娱乐方式将发生很大改变。

在网络时空中，人们可通过虚拟图书馆、虚拟博物馆、虚拟艺术馆实现“四个所有”，即实现“所有地方”的“所有的人”都能得到“所有形式”的“所有情报”（新闻、图书、杂志、画、艺术品等），高质量地度过他们的闲暇时间。

在网络时空中，人们不仅可以搜集到各种旅游信息，安排旅程、预订到世界各地度假的机票和客房，还可通过虚拟现实的方式去旅游，在虚拟空间中身临其境。

在网络时空中，集体游戏正在成为一种时尚，社交游戏、多人在线游戏、信息市场奥林匹克运动会等形式层出不穷，方兴未艾。

IT 业“思想家”、畅销书《数字化生存》的作者尼葛洛庞帝认为，科技和因特网即将全面塑造一个新千年亚洲，“日益扩张的移动宽带网络对社会最重要的影响将是‘异时性生活方式’。明白一点讲，我们在支配自己时间上将更具有灵活性，这包括人们可以利用更多的闲暇时间来有目的地做一些事情。移动宽带网络技术的流行，还将减少这个世界的声音，因为今后通讯和数据交换更多地会由文本信息来完成”①。

二、对社会教育方式的影响

随着新的网络技术尤其是因特网的出现，传统教育体制与模式受到了巨大挑战；网

① 汪之．互联网、亚洲和未来——尼葛洛庞帝访谈．南方日报，2000－02－26.

络多媒体的特性将对人类的认知方式产生巨大影响，正在逐步改变人们接受教育的形式；远程教育模式、自我教育模式、交互教育模式的形成，正在影响整个人类社会的教育功能，孕育着整个教育领域的革命。

网络教育具有不同于传统教育的明显优势：

第一，网络教育拓宽了学生接受知识的范围与途径。在传统教学中，学生只能通过教师、课本、图书借阅、实验室实验等有限的几种途径学习；而有了因特网，学生就可以通过检索数据库、专家教学系统自测自学，还可以向世界各所学校调阅资料。

第二，网络教育使参与式、启发式教学真正成为可能。在传统教育模式中“我教你学”“灌注式教学”等普遍存在的现象，都基于将学生置于给予对象和接受知识的地位。而网络教学告诉人们的并不仅仅是知识结果，更主要的是让学生们了解发现知识的方法和体验发现知识的喜悦。所以网络教育的真谛是师生各种形式的互动。

第三，网络教育将使终生学习成为普遍趋势，教育的重点将由知识和劳动技能的培养，逐步转到提高劳动者的素质上来。传统的以教师为中心、以课堂为中心的教育方式将逐步弱化，代之以学生为中心、以实践为中心的现代教育方式。

第四，网络教育使教师的职责也发生重大变化，将不再是以传播知识为主，而是重在培养学生掌握信息处理的方法和分析问题、解决问题的能力。网络教学的主持人仍是教师个人，但须有许多人在幕后担负着编写脚本、导演、摄像、编辑等工作，因此我们更需要大力提倡教师之间的团结与合作。

三、对社会交往方式的影响

交往是人的社会本性。在历史上，人的交往方式、交往的时空范围一直受到交往工具、通信手段的制约。今天，网络技术的发展和因特网的开通，突破了以往交往的时空限制。超时空交往是网络时代交往方式变革的重要特征。因特网使世界成了“地球村”，使全球性的普遍交往成为可能，给交往方式的变革播下了种子。

第一，交往的全球性。其表现有二：一是因特网、跨国公司的发展促进了全球经济一体化，进而带来贸易、政治、文化、教育等全球性交往。二是因特网为人们提供了具有全球性、普遍性、无限性的交往空间。

第二，交往的多元化。在网络社会，交往的主体是无中心、非单一的，交往方式具有平等性、交互性，交往实践成为网民的基本生存方式，个人将实现对其交往关系的相当程度的自由占有。

第三，交往的“信息共同体”。在工业社会，人们交往的纽结主要是利益，利益驱动着不同的个人、不同的集体结成“利益共同体”；而在网络时代，知识与信息价值飙升，共同体的形成更多地由知识与信息牵线。

四、对社会结构方式的影响

因特网是社会资源重组的工具。目前，人类正在以因特网的名义重新分配几乎所有的社会资源，包括注意力、财富、权力、话语权、影响力等。美国无疑是这方面的典型。在短短的几年内，通过因特网，美国的社会资源急剧地转移到一大批极富活力的年轻人和年轻的公司身上，使整个社会完成了一次大规模的、深刻的变革，激发了国家新的活力和动力。这场新陈代谢式的变革是社会全局性的联动，不是任何个人、企业或产业所能改变和阻挡的，必将波及全球。

（一）网络组织的兴起

因特网使社会组织方式面临新的变革，并呈现以下三个特征：一是组织结构的网络化。由于网络组织信息流通具有社会化，且网络的结构可以比任何其他现有的组织以更快、更富有情感、更节省能源的方式沟通信息，因而将使社会组织结构向网络化的方向演变。因特网的独立、开放、互动的特性，将使整个社会组织成为纵横交错的复杂系统，使我们生活在一个虚拟与真实交织重叠的新的社会环境之中。二是组织联系的广泛化。因特网上的多数虚拟组织是万维网上的一个节点，以其开放性、交互性、平等性的特点，一方面可以与其他组织互通信息，更深层次地交往；另一方面可以同时与几百个、几千个组织沟通，扩展组织间的广泛联系，丰富组织的内容。三是组织管理的扁平化。在网络化的组织结构中，信息源是分散的、众多的、层少点多的扁平结构。组织的扁平化意味着组织管理的范围扩大了，管理所有的下属不像过去那么容易了，这就需要一种新的管理策略，尤其是对于一个虚拟的组织而言。①

（二）新中间阶级的产生

这是信息产业革命最重要的社会后果。新中间阶级不同于传统意义上的中产阶级，它们主要是由信息产业的从业人员构成，是信息时代劳动和劳动主体的变化给阶级关系和社会结构引进的新成分和新因素。这意味着，由于传统的劳动发生了变化，在西方发达国家，当代劳动者的概念已不主要指从事体力劳动的工人阶级，而已扩展到从事第三产业的服务人员，即知识型的“新中间阶级”（或称“白领工人”）。以信息革命为中心的当代科技产业革命造就了以智力劳动为谋生手段和生存方式的“新中间阶级”。新中间阶级是在最近几十年的社会演变中逐步形成的，它集中地体现了当代西方社会结构的变化。新的社会成分“新中间阶级”出现这一现象，被丹尼尔·贝尔等人视为“后工业社会”即晚期资本主义来临的标志。

新中间阶级的出现还导致了当代西方社会一系列社会文化变迁。新中间阶级作为来自非体力劳动职业的、相对高教育程度的人群，代表着当代西方新的文化态度和价值观

① 鲍宗豪．如何理解互联网．社会发展论坛，2000（9）.

念。由于信息生产方式引发的社会高度分化和个体多元发展，新中间阶级更重视发挥个人创造力的空间，更反感公共领域对于个体行为的侵犯（特别是在信息时代个人隐私难以保障的情况下），也更重视生活的品质，包括外在生态环境和内在生活质量。新中间阶级的这一新文化价值取向与第二次世界大战后西方经济长期繁荣、教育普及和消费发展对西方传统价值观的瓦解，二者的共同冲击形成了当代西方价值观的转折，即从关心经济和人身安全转向关心“生活质量”，从关心物质价值转向关心“后物质价值”。

五、对社会发展方式的影响

以建设信息高速公路为中心的当代科技产业革命及其引起的社会结构演变和价值观念变革，使得当代社会的发展及其前景受到全面质疑。

第一个问题是资本主义将如何对待信息革命引发的结构性失业，社会福利国家该向何处去。这一问题的本质是资本主义怎样面对人类突然而至的大量闲暇时间，是否可能建立新的就业文明。

第二个问题是资本主义如何对待信息革命所引起的负面效应，如何处理新一轮的人性异化和文化迷失。信息高速公路在创造一种新文明的同时，也推进了人类生活模式单一化的趋势。

计算机时代人类对自然界的对象化能力大大增强，但人的自我异化也超过任何一个历史时代。在全球性的计算机网络中，亿万个节点就像无数个茧子，里面是一个个兴高采烈的作茧自缚者；人的自我感觉良好，但此时的人也如同被蛛网控制住的小虫，丧失了自己的文化自觉。人类生活模式的单一化，特别是语言模式的单一化，超过了“福特制”时代造就“单向度的人”的情况。当有朝一日人们可能通过计算机程序简单地“例行”自己的生产、生活和思维时，人之所以为人就很耐人寻味了。社会发展至如今，人类必须在计算机的强大作用面前努力保持人类生活选择方式的多样性。物种多样性是人类生存必要的生态环境，而生活方式的多样性即文化生态的多样性则是人类的“类”生存环境，它的毁灭就是人类本身的毁灭。社会在关注经济发展的同时如果不具备这种文化自觉，它自身的发展能力和未来前景就很值得怀疑。

六、对社会管理方式的影响

诺贝尔物理学奖获得者阿诺·彭齐亚斯（Arno Penzias）曾经出版《和谐》一书。这本书的主体论调与美国管理学者杜鲁克的《第三次浪潮》是不谋而合的。阿诺·彭齐亚斯说：“现在新的现实也正以同样的方式使办公室工作的产量发生相应显著的变化——这个价值我称之为‘和谐’。”[①] 他在上海访问期间为《世界科学》杂志的题词中

---

① 阿诺·彭齐亚斯．和谐——信息时代的商业技术和生活．世界科学，1996（6）.

进一步阐述了"和谐"的概念。他写道："随着技术变得更强有力和更为广泛地应用，系统之间的交互作用变得越来越重要。其结果，一个系统或一种服务的价值较少取决于它如何孤立地起作用，而是更多地依赖于它如何与其使用者的方式、与其他技术以及自然环境作为一个整体起作用。这种相互依赖构成了我称之为'和谐'的概念。"①

知识社会的兴起与管理革命结伴而行。其结果是"和谐"时代的到来。因特网的迅猛发展，对世界经济增长和各国人民加强交往具有重要作用。但必须看到，因特网上也存在一些令人不安的问题：反科学、伪科学、不健康的甚至十分有害的信息垃圾泛滥；有些人有目的地发布不符合事实的信息，误导人们对真实情况的认知；个人隐私、企业秘密难以保全，黑客攻击甚至造成通信中断、网络瘫痪。为了促进因特网健康发展，我们主张制定国际因特网公约，共同加强信息安全管理，充分发挥因特网的积极作用。

人类进入 21 世纪，科学技术进一步发展，特别是网络技术不断突破，对世界政治、经济、文化生活产生更加深刻的影响。数字化已经成为网络技术发展的新动力，集成电路将进入集成系统发展的新阶段，个人移动通信、因特网的技术水平和能力将成倍提高。随着知识创新和技术创新的不断推进，物质生产与知识生产相结合，硬件制造与软件制造相结合，传统经济与信息网络技术相结合，将形成推动 21 世纪经济和社会发展的强大动力。

网络技术的发展尤其是大型数据库的发展不仅使我们在企业管理时能充分应用这些技术，而且在进行人口众多、国情复杂的社会管理时也有了好的处理办法。其中也有特别成功的例子，如网络技术在公民身份快速识别、个人储蓄账户管理、个税管理方面的运用等。

第三节　网络技术对政府管理的影响

一、国家管理的革新

（一）国家管理的观念将被革新

在信息时代，整体和效率的观念比任何时候都要突出。科学技术的迅猛发展正在使人类的时空观发生改变。如果说 20 世纪 30 年代飞越大西洋或太平洋称得上是人类的创举，那么，今天已是"万里大洋一日还"了。网络技术使地球变小了，这就要求人们胸怀全球，国家管理要具备全球眼光。网络技术大大缩短了人与人之间沟通所需的时间，

① 阿诺·彭齐亚斯．和谐——信息时代的商业技术和生活．世界科学，1996（6）.

这就要求国家管理提高效率，提高政府本身行为的效率和组织及管理社会的效率。

（二）国家管理的结构将发生变化

信息革命给国家管理带来最根本最重要的冲击恐怕是国家管理结构的变化。自人类迈入现代社会以来，国家管理越来越成为专业化的领域。科层制成为现代国家管理结构的一般模式，因为它迎合了工业革命所造就和强化的国家管理专业化趋势。而信息革命的推进却在另一个方向上冲击现代国家管理的结构。网络的建立和推广，一方面使国家管理权力分散，削弱了中间管理层次的中转作用；另一方面使官僚等级制的国家管理结构向平行化发展。目前政府管理结构正在发生这种变革。

（三）国家管理的范围将被界定

伴随着政府职能在人类政治生活中的扩展，国家管理的范围毫无疑问极大地扩展了，并相应地带来了管理成本的增长。国家管理范围的扩大，一方面使国家背上了许多不该背的包袱，在压抑了社会自主性的同时增加了国家管理的经济成本；另一方面又使国家没有真正管理好该管的事务，在削弱了国家合法性基础的同时增加了国家管理的政治成本。信息革命所造就的网络空间和技术能力，为非国家行为体（如社区组织）的生成提供了前所未有的土壤和气候。非国家行为体可以进行政策分析，提供社会服务；还可以充当非官方的或者可供选择的沟通渠道，并帮助建立关系，建造弥合政治分歧所必需的信任关系；越来越重要的是，非国家行为体正参与确立公共政策的议题——指明或确立需要紧急处理的问题。因此，非国家行为体参与社会管理将使国家管理的范围重新被界定。

二、管理范式的变迁

早在 20 世纪 90 年代初，美国政府就在哥伦比亚市建立了世界上第一个“电子市政厅”。随后，美国把各种联邦机构的几千个地方办公室通过网络连接在一起，建设了交互的“公民参与中心”，公民可以很方便地同联邦公共事务部门通信。现在，美国几乎所有县市都已经建有自己的网络站点。更加重要的是，这些网站不仅发布信息，而且提供多种以前要“面对面”才能实现的公共服务。至于那些传统的政治活动，如竞选、演说、游说等，都可以在网上以更直接的方式展开。

电子政务不是简单的政府上网，也不是一劳永逸的技术改造。它是运用技术的手段来建设一种新的政府管理模式、政治互动模式。这种模式一方面保证政府在以互联网为核心的虚拟空间中积极回应公民的需要，跨越时空障碍执行公务；另一方面给公民参与政治事务、表达利益和压力提供了更广阔的空间和更便捷的手段。当政府和广大的公民能够彼此接近、互相沟通时，一个全新的、类似企业/客户型的政府才算建构起来了。

因此，一个理想的电子政务，必定是以提高办事透明度为主导取向、以改善公共服务为基本目标的。而它的结果，是在某种意义上弥补了代议制民主的欠缺，让大众成为国家的主人。①

三、政务公开的实现

即政府在网上设有自己的网站和主页，向公众提供非保密政府信息的检索服务。因特网将为政府机构提高自身工作的透明度提供一个方便、有效、快捷的载体。政府既掌握有最大量的公共信息，又是法规、规章、政策的制定者，相对于公众，它处于信息掌握的强势地位；政府的政治运作过程，是个不可知或不可甚知的领域。从而，本来应制度化、程序化、公开化的政务运作，由于暗箱操作，制度运用往往为某些人所操纵，使制度依附于个人、集团私欲。然而，“政治制度化意味着并非代表某些特定社会团体利益的政治组织和政治秩序的发展”②。电子政务的建立正是实现政务公开的有效途径。竞选者的背景资料、政府官员的施政方案、某项重大工程从提议到拍板、某个备受瞩目的重大案件从立案侦破到判决执行，诸如此类以往很少公开的信息，现在政府网站都尽可能详尽无遗地、直接地披露，最大限度地满足公众的知情权与参与权，公众将随时掌握政府的非机密信息，从而提高了政府工作的透明度。运用网络工具，可以十分便捷地掌握政府部门的工作进展状况；采用人机界面，能加强公众意见反馈与监督，如公众通过 BBS 发表政务言论，通过发 E-mail 加强与决策者的政治沟通，参加“网络听证会”监督政府的施政方针，变被动参政为主动参政，形成集中而广泛的舆论，实现与行政系统的互动与沟通。电子政务使行政管理向行政公开、决策民主跨进了一大步。

四、政府采购的规范

政府本身是个很大的集团消费者，因为它既要为社会提供大量的公共产品，又需要维持自身机构运作的人财物力。现在各种新的政府采购制度不断出台，而政府采购电子化将使这些制度殊途同归。首先，政府将采购需求在网上公布，发出要约，进行公开招投标，这有利于投标方（厂商）对政府所需产品和服务的快速承诺，而招标方（政府）也可以通过网络对各种市场行情进行了解，从而提高了购销过程的能见度，有利于“企业化政府”③ 的改革进程；其次，买卖双方在网上结算，一切以电子化方式自动完成，使卖方可以及时、准确地收到支付和汇款的信息，能保证在电子交易下的购买和支付规则被一致地理解和执行；再次，电子采购减少了采购报告等文牍工作，降低了采购成本和缩短了采购时间，提高了工作效率；最后，电子采购使采购过程合理化，采购由政府

---

① 李永刚．互联网时代的政治生活．信息产业报，2000－06－01．

② 塞缪尔·P．亨廷顿．变化社会中的政治秩序．北京：三联书店，1989：19．

③ “企业化政府”是美国学者戴维·奥斯本与特德·盖布勒合著的《改革政府——企业精神如何改革着公营部门》一书中对美国政府新模式的定位。他们认同法国经济学家 J. B. 萨伊创造的“企业家把经济资源从生产率和产出较低的地方转移到较高的地方”的理念，认为该理念既适用于私营部门，也同样适用于公营部门。

代表（人）—厂商代表（人）转化为政府代表（人）—网络（机）—厂商代表（人）的互动过程，人人界面改为人机界面，所有过程都有电子记录在案。采购电子化是增强工作透明度、提高行政效率、杜绝相关领域腐败的强有力的办法。

五、公共服务的扩展

信息化时代下的广大公众人格独立、思想独立，由此迸发出的生产力、现代科技创造性潜力必然导致社会的巨变。在此过程中，普遍的民主诉求包括知情权、参政权、选举权、监督权、意愿表达权等诉求高涨，以及要求相应的法律化、制度化保障，就是理所当然、顺理成章的了。电子政务，应该是公众参政的重要渠道。网络这一大众传媒，弥补了其他传媒的种种不足，通过访问政府网站，公众与政府之间建立了一座新的电子桥梁，电子选举、电子公民投票、电子民意调查等结果马上可以反馈到有关部门，而且能提供查询，排除了作假的可能；了解民意后经科学地统计分析，政府决策就可避免盲目性与大的偏差，为实现科学、民主化的决策提供支持。尤其是通过互联网，普通民众的个人呼声甚至可以为全世界所听到，使公民个人也与国际政治生活紧密地联结在一起。政府的重要职能之一是为公众服务，如税收征管、企业登记、养老金发放等。“屏幕”时代的政府将建立网上服务系统，使服务由面向办公室、柜台窗口转向计算机屏幕，实现“人机对话”，使政务通过电子文件交换方式进行，如税收通过电子转账来完成；通过标准化中介工具，极大简化了原本的手续与步骤，提高了行政效率。以往，公众需走到政府机关和政府工作人员交涉，这种服务的质量很大程度取决于政府工作人员的主观态度，公众要得到好的服务只能靠运气或其他非制度因素。电子政务可以使公众不用双腿而用鼠标通过访问政府站点来完成事务办理，充分享受服务的高效性与统一性，节省了时间，维护了自尊，也维护了政府形象。

六、政治体制的变革

旧有的权力结构被打破，政治体制将完善建构。未来社会是一个多元化社会，权力分散是大趋势。其中，互联网络的发展，电子政务的建设，则从技术上成为政治权力分散化加速实现的催生力量。因为网络是一个没有边界的世界，它提供了一个无中心的自由领域，使网络使用者跨越时空加强沟通与交流。“所有的国家、集团和个人，在网络上的行为只能构成部分，而不是整体。而且国家、集团和个人在这种空间里，也都是平等的。在国际互联网上，有时候个人的影响，可能超过集团，乃至国家。”① 未来网络时代，金字塔式的权力模型被打破，平面化的权力结构将取而代之。它将使公民不相信权威当局而提倡分权，权力下放至公民个人或个人结合体，他们的参政基础是拥有知

---

① 航亿苇，孙晏新，杨茂东．电脑思想库．广州：广州出版社，1997：658.

识、信息及向集权挑战的网络技术，他们的参政方式之一是上网。奈斯比特早就科学预见信息时代需求的政制形式是“共同参与制”。[①] 例如，当一个国家或城市的公民都可以使用连接到网络的电脑的时候，政府的各种决策就可以在电脑网络的全民表决系统上进行，同样，政府选举也可以通过它实施，在这样的情况下，议会制度可能受到削弱，行政活动必须吸收新的角色，而司法活动受到全面监督，政治变成人人可以直接参与的工作，直接民主或自治的程度将加深，范围将变广，政治体制将日趋完善。

七、机构设置的转型

托夫勒指出：“如果一种崭新的、以知识为基础的经济确实在取代大烟囱工业生产，那么，我们就会看到一场历史性的斗争。这场斗争将重建我们的政治机构，使之适应革命性的后批量生产经济（post-mass-production economy）。”[②] 长期以来，政治领袖和政治理论家都同样认为交流对政治体系及政治民主有着重要意义。不可否认，科层制已经并将继续发挥它无可比拟的优越性。但科层制交流模式往往是封闭的、不自主的，这种交流结构似乎存在着潜在的病理倾向，它的信息交流结构会导致失真：第一个解释是，一个组织在一定时期内处理信息的能力是有限的；第二个解释是，流经各个等级结构的信息，往往因其中地位较高者的意愿和敏感与地位低下者的屈从而被歪曲。[③] 美国学者诺伯特·维纳认为，当一个系统的组织程度越高，它所提供的信息量就越大；也可以理解为，当一个政府能越大程度地满足行政系统的信息扩容要求，则该政府的组织结构越能适应信息化时代。电子政务作为区别于科层制政府的政府组织形态，能提供最畅通的信息流动渠道，使政府行政最大限度地发挥网络技术的潜力，从网络技术投资中获取最大的回报率，它展示的平面型结构将成为后科层制的组织类型，它将引起机构精简与合理化改组的后续效应，表现出更强的被选择性。

八、工作方式的变革

权力的转移将改变命令-控制的管理方式。第一，随着信息符号经济与知识经济的发展，创造财富的新系统和资源掌握的不均等性将造成社会差别扩大化，各地区和地方逐步形成自己的文化、技术和政治特性，人们的需要以及政治要求的多样化增大，公众已很难形成普遍一致的意见。第二，集中权威式的信息系统包括许多环节，发生错误和失实的可能性也成倍增长。一方面，各级官员在遇到与自己利益相关的事时，容易决策偏私，不免犯错；另一方面，信息大量增加后带来的技术复杂性，使得原始资料往往必须经整理后，才能使高层官员了解自己能力或专业领域之外的事务，从而使他们不可避

---

① 约翰·奈斯比特．大趋势——改变我们生活的十个新方向．北京：中国社会科学出版社，1984：161.
② 托夫勒．权力的转移．北京：中共中央党校出版社，1991：268－269.
③ G.A. 阿尔蒙德，等．比较政治学：体系、过程和政策．上海：上海译文出版社，1987：189－190.

免要依赖专家。结果是，集中威权等级制要么被推向一定程度的分权，要么陷入缺乏效率的不合理性的活动中。电子政务的工作方式正体现了一种分权与民主的特质，它捍卫效率与理性，是信息化潮流下的政府形态之一。

思考题

1. 如何理解因特网的优势、不足及发展？
2. 网络技术对社会发展产生哪些影响？
3. 网络组织的兴起使社会组织方式面临新的变革并呈现哪三个特征？
4. 网络技术对政府管理有哪些影响？

网上资料

1. 中国互联网络信息中心　http：//www. cnnic. net. cn
2. eNet 硅谷动力　http：//www. enet. com. cn
3. 互联网实验室　http：//www. chinalabs. com

第三章　电子政务的理论预设

学习目标

1. 了解网络社会的基本特征；
2. 理解非物质性、超时空性、可扩展性；
3. 理解电子政务的理论预设；
4. 理解虚拟社会、虚拟社区的政治参与。

基本概念

网络空间　虚拟社会　虚拟身份　虚拟社区　政治参与

导　言

在促使人类迈向信息高速公路的技术转变中，网络的数字化是一项重要的技术发展。在数字化的基础上实现了信息传输的交互性，并在此基础上建立了电脑网络，提高了信息共享的水平，开辟了一种新“时空”，由此而形成了网络社区，对社会组织形式、社会管理方式、政府治理方式等都产生了巨大的影响，并且出现了政治参与的新方式。

第一节　虚拟社会的兴起和发展

一、网络空间

探讨网络空间（Cyberspace），我们可以从其词首 Cyber 溯源。它与“控制论”（Cybernetics）是同一个词根，根据《韦氏词典》，“控制论”一词从古希腊文“舵手”一词转化而来，指的是研究数位系统和人类神经系统间的关系的学科。

“网络空间”这个词的首次出现，是在1984年美国科幻小说家吉布森（W. Gibson）的小说《神经漫游者》中。这本科幻小说描写了计算机网络化把全球的人、机器、信息源都联系起来的新时代，昭示了一种社会生活和交往的新型空间。在吉布森的想象中，未来世界是一个人类神经系统和电讯网络系统完全结合的状态，科技进化到人类可以用无所不在的网络进行沟通，人的意志穿梭在一个个绵密的网络中，实体空间中的互动、接触完全被人工虚拟世界中的符码所取代，人与人的互动于是建构在一个由“交感的幻觉”所形成的虚拟世界中。要精确地定义“网络空间”非常困难，一方面这是一个尚在发展的空间，并随着信息科技快速地发展，不断在转化其面貌；另一方面，随着电脑和网络使用人口的增加，不断变迁的网络文化也一直在重塑网络空间的特质。

班乃迪克（M. Benedikt）在所编著的《网络空间：第一步》一书中描述：网络空间包含了二维（2D）到三维（3D）的“图形使用者界面”（Graphic User Interfaces，GDI）、网络科技（Network）、虚拟现实（Virtual Reality，VR）、多媒体（Multimedia）、数据库（Database）、网际的超链接（Hyperlink）等电脑技术和形式。

在中文字意的掌握上，不应褊狭地定义在电脑或网络，国内尝试对Cyberspace做的翻译有“网络空间”“电脑时空”“网络虚拟空间”“异度时空”等，甚至几乎将之等同于“因特网”而概称为“电脑网络”。其中，虽然“异度时空”颇符合吉布森小说原意，然而，由于本书探讨的网络空间焦点放在因特网架构下的网络对社会政治的影响，所以本书采用“网络空间”这一译法。

二、虚拟社会的诞生

现实社会植根于自然界的客观事物，在客观物质的基础上才能产生和发展，社会产生的必要条件必须是人类的群居，有人类的群居才能产生人类社会。

因特网是由大大小小的电脑互联而成的，由此而形成了虚拟社会产生的物质基础即虚拟世界，但这只是个空洞的世界。当我们编制的计算机程序输入到网络中的时候，虚拟世界中就有了虚拟物质，虚拟物质在虚拟世界中形成了一个“自然”环境，就像有了地球和大自然一样。虚拟人在虚拟世界中的出现，使寂静的虚拟世界中开始有了生命的活动。虚拟人就是生活在虚拟世界中虚拟物质上的生命体。

虚拟世界中有了虚拟人，就有了虚拟社会诞生的必要条件，但这个时候还没有形成真正的虚拟社会，因为还差一个社会产生的充分条件——群居。必须是虚拟人和虚拟人的群居才能诞生真正的虚拟社会。

刚开始的时候，网络开始可以传送信件（E-mail），人们可以互相自由交流了，但这不是群居，这只不过是个通信手段的进步，只是可以更方便地进行个体间的双向交流。

不久，一个伟大的“承实启虚”的事物——BBS出现了。BBS的出现，带给虚拟世界一个崭新的面貌，给虚拟人一个崭新的去处。物以类聚，人以群分，虚拟人开始纷纷涌向各个 BBS，涌向 BBS 里各自喜欢的公告板、新闻组等地方，在那里，人们可以自由地表达自己的思想、发泄情感、传达信息、讨论问题等，“人类”终于进入了荒芜原始的虚拟世界，开始了群居的生活。

一个类别的公告板聚集了一个群体，一个新闻组聚集了一个群体，许许多多的群体又组成了一个 BBS 站的大群体。由这许许多多的、各具特色的群体共同组成了一个虚拟世界中的崭新社会——虚拟社会，虚拟社会终于在虚拟人类的共同努力下横空出世了！

在 BBS 这个原始的虚拟社会中，大部分是从事计算机的专业人员和与电脑事业沾点边的人。刚开始的时候，他们在 BBS 中交流的大部分是专业方面的东西，随着时间的发展推移，交流的范围逐步扩大，涵盖了人类思想领域内的所有方面。

在这个原始的虚拟社会中，虚拟人团结合作，为了虚拟世界、虚拟社会的生存和发展而努力奋斗。原始虚拟社会最大的特点就是信奉共享主义，信息共享，资源共享，思想共享，研究成果共享，软件共享，等等。创始者和先行者们共同的愿望，就是要把网络建设成一个人类共享的资源宝库。

这个时期，虚拟社会由于刚被人类创造出来，所以还带有强烈的现实社会的气息，有点像报纸杂志，或是学校的黑板报。最具原始特征的是它的不即时性。网络传递的速度是电和光的速度，这种不即时性在现在看来是不可想象的。但不管怎么说，虚拟社会的雏形已经形成。

三、虚拟社会的发展

随着科学技术的高速发展，虚拟物质也在飞速地发展，越来越多的人参加了进来。人们已开始不满足于简单地发帖子了，在人们的共同努力下，一个真正意义上的虚拟社会被人类创造出来了，那就是即时聊天。聊天室的出现，使虚拟社会向前大大地迈进了一步，已经开始摆脱真实社会的影子，产生了组成虚拟社会最基本的细胞——虚拟人。当虚拟人跨进聊天室大门的时候，一个崭新的世界出现在我们面前。在聊天室中，不管你来自地球的哪个角落，都可以自由地交谈，自由地表达思想，自由地发泄情感，可以谈情说爱、广交朋友、谈古论今、吟诗作对。虚拟人开始了我们人类从未有过的新生活——虚拟生活。

平等、独立和自由是我们追求了几千年的梦想，这个理想在人类历史上还从未有过像聊天室中那样得到实现。不管在现实的世界中是富人还是穷人，是总统还是平民百姓，是白种人还是黄种人，是老人还是孩子，是男人还是女人，来到聊天室中的人都是带有身份符号的虚拟人，彻底地平等了。

从上面的描述可以看出，原始虚拟社会中，无论是 BBS 上还是聊天室中，都体现了一个共享主义，体现了人类从未有过的平等、独立和自由，体现了人性的彻底解放，体现了一种柏拉图式的崭新生活。只可惜的是，这段时间太短暂了。随着原始虚拟社会进一步发展，在带来了人性的彻底解放的同时，也将人性中丑恶的一面带进了虚拟世界。欺骗、谩骂、色情、暴力、黑客等丑恶行径也蜂拥而入。纯净的世界开始有了灰尘。

这个时候，聊天室也开始发生了变化，界面变漂亮了，增加了私语、表情、动作等功能，为了对付那些破坏虚拟社会秩序的捣乱分子，“踢人”的功能出现了，这标志着虚拟世界也开始有了人与人的斗争，太平的世界从此不再太平。

再后来，一些聊天室开始分等级了：未注册的人，是游客；刚注册的人，是新手；随着访问时间的增加慢慢升级，级别越高，能使用的功能和享有的权限就越多。这样，虚拟社会开始有了等级制度和权力，也使虚拟社会中的人开始有了“欲望”，原本平等的社会不平等了。网络管理员（网管）是虚拟社会中等级最高的人，有绝对的权力，掌握着自己部落中人的“生杀大权”。网管以下是具有“踢人”权力的高等级用户，他们负责维持虚拟社会的日常治安。另外，有一些等级比较低的用户为了能早日成为高等级用户，开始采取不正当的手段和行为，如名在人不在的“泡分”行为、利用自己的计算机知识弄虚作假，甚至通过对网管和高等级用户阿谀奉承来赚取高分值。理想的社会也就不再理想了。

四、虚拟的社区社会

随着科学技术的进步和人对美好生活的向往，虚拟社会大踏步地向前迈进。1999年末，原始虚拟社会开始逐渐走向没落，一种新的虚拟社会形式在各地相继出现，这就是虚拟社区社会。这是一个从原始虚拟社会基础上发展起来的新社会，是个功能十分齐全的社会，是个民主的社会，是个商业的社会，还是个虚拟法制逐步健全的社会。从此以后，虚拟世界不再是个绝对自由和绝对平等的地方，既有正义的社会维护者，也有非正义的社会破坏者。

第二节　网络社会的基本特征

在促使人类迈向信息高速公路的技术转变中，网络的数字化是一项重要的技术发展。数字化实现了信息传输的交互性，使信息用户从被动接受技术信息转换为有意识、有目的地检索信息。并且最重要的是，在此基础上建立了电脑网络，提高了信息共享的水平，并且开辟了一种新“时空”。

一、非物质性

由于数字化空间中最基本的元素并不是传统物理空间的原子，而是“比特”，这就造成了数字化网络社会的第一个特征——非物质性。英国学者戴安·科伊尔在其专著《无重的世界——管理数字化经济的策略》中认为：世界正越来越进入一个“无重的世界”，“对小型化的渴望是无重世界的特征”。[①]“无重的产出也是非物质性的。”[②]经济合作与发展组织认为，到20世纪90年代中期，其成员国中有一半国家的产出都是建立在知识基础上的。经济学家才刚刚开始研究“失重”的特性，因为重量减轻或失去使得大部分传统的经济分析方法过时。其关键原因就是非物质性。许多有价值的东西，有着越来越少的物质重量，如计算机软件、基因编码、一部影片或一段音乐中的创造性内容、一副太阳镜的设计、一个企业的形象化设计等，其价值并不存在于空间中的三维结构中。还有一些以虚拟形式出现。在数字化时代，出现了一批非物质化的高附加值服务业，如货币交易、软件开发、基因研究或卫星电视节目制作等，其中大部分属于高科技领域。

二、超时空性

超时空性是指在数字化网络社会里，由于因特网的开发与应用，消除了时间和空间的距离，建立了一个超时空的网络社会。正如伦敦经济学院教授丹尼·奎所认为的那样，“非物质化的商品全然无视空间和地域”[③]。按照美国科幻作家威廉姆·吉普森的说法，“全球网络有一天会被视作一件意义极为巨大的东西，与城市的建立颇为相似……全球网是超国家、超地域的”[④]。由于因特网消除了时空距离，地球变成了“地球村”。人们打网络电话，远近是一个性质；发电子邮件，也无须走很长的路。数字化信息社会的本质就在于保持时间和空间的距离为零；也就是使因距离带来的摩擦系数降低，接近于零。有些美国学者称之为“非摩擦经济”“模糊经济”等。即中间阻力没有了，经济学者科斯所说的交易费用降低了，这时候就能迅速实现社会化。商家称之为“低成本的扩张”。

三、可扩展性

这是数字化网络社会的又一重要基本特征：一个人使用一件非物质性的物体时，不排斥他人同时使用。这是由数字化时代的数据可以共享的技术特征所决定的。伦敦经济学院教授丹尼·奎把这种特征称为“无限可扩展性”[⑤]。正如尼葛洛庞帝所举的例子那

---

① 戴安·科伊尔．无重的世界——管理数字化经济的策略．上海：上海人民出版社，1999：2.
② 同①：5.
③④⑤ 同①：24.

样，如果你想从传统的图书馆中借一本书，而别人在你之前借走了，在没有归还它之前，你就没有办法阅读它。但是如果你是从网上借阅这本书，你可以阅读它，也可以将它下载到你的计算机中。而原书仍然在“书架”之上。这样，无数读者就可以借用同样一本书，而不会妨碍别人阅读。这是一个深刻的转变，它将影响商业生活的每一个领域。这和传统的稀缺经济学背道而驰。

四、平等性

当一部部各自独立的个人电脑，被以某种有秩序的方式逐一串联起来之后，一个以电脑为基本单位的网络社区（Computer Community）也就形成了。这个“新生”的社区表面上看起来虽然只是由许多个人电脑所架构起来的、“静寂”的、电脑站（Computer Stations）的集合，或许可以以“电脑网络（Computer Network）”姑且称之，但是，如此的排列组合却使得个人电脑的使用者们，在有意无意之间，有机会形成一个“活络”的、有生命力的社区。这个社区同样也具有沟通情感与传递信息的功能。而沟通的方式，除了私底下个人与个人之间的联系外，个人与网络中的集体大众之间的双向联系也成为可能。传统社会网络中习惯由中央核心流向边陲地带的“沟通模式”，在这个新兴的电脑网络中，已被彻底地瓦解。这个新兴的电脑网络形成了一种“草根式”的联结。这种草根式的联结，最大的特色就是允许那些位于社会网络中最底层或最边陲的人，也能与社会网络中其他位置上的人一样，拥有同等的机会在网络中陈述他们自己的意见、传达他们自己的心声。这样，“草根民主”也就有了新的社会基础。

第三节　网络时代的社会特质

20 世纪末，新一代的电脑科技革命带来的影响，如网络的急速扩展、即时信息的同步传接、线上资料库的普遍建立等，已根本改变了当代人类社会生活的基本模式。一般人日常生活之衣、食、住、行、育、乐等各类活动的信息与实际需求，透过网络的媒介，基本上都可立即获得一定程度的满足。这般“新奇”的生活经验，乃是人类有史以来所未曾有过的。换言之，通过对电脑科技“技巧高明”的运用，人类为自己开创了一个新的（虚拟的）“伊甸园”——网络社区。

一、新的社会组织结构方式

网络社区的存在，意味着一种新的、可能的人类社会的组织或结构方式，已在当代的人类社会中公开地被实验且逐渐成形。新的人类社会的组织方式，或许将会转移成以网络社区的架构为蓝本；而这个网络社区的存在，也可能隐喻着新的人类社会的社会秩序将会逐渐透过这个网络社区来加以维持。

这个虚拟的网络社区意味着一个新的社会制度、一个电子的公共领地已被人类自己酝酿出来。然而，这个新事物对人类社会的政治发展会有什么样的影响呢？这正是当代政治学所必须正视与努力思索的问题。

美国学者埃瑟·戴森（Esther Dyson）对此有着极为精辟的论述。她说："如今，美国人民认为他们跟美国政府之间愈来愈形同陌路。1996 年 11 月美国总统大选，只有48%的选民前去投票。这当中有许多人是因为认为有此社会责任才前往投票的。然而，投票并不必然造成真正的民主。我们确实仍拥有令人骄傲的民主体制，只是，我们创造出此民主体制的真正精神却逐渐失落。我们的政府变成了一个官僚体系而不再是人民意愿的忠实反映与真诚表达。同样的情况，也发生在美国人民的日常生活之中。人们经常惊觉他们与工作之间不再有任何的连属关系。雇主不再视员工为一生的伙伴，而员工也不再回报以毕生的忠诚。他们根据规则被雇用，也依据规则被解雇。"[①] 面对这样前所未有的危机，人类该如何化解这一困境呢？戴森得出结论："答案可能就在网络之上。"这个虚拟空间乃是当代人类社会创造出来的魔术；就在弹指之间人类建构了新的社会、政治以及经济的社会结构。这个崭新的电子空间将帮助现代人类找回失落已久的参与感、附属感和被需要感。而民主的真谛——人民意志的集体真实表达——也将在此状似虚拟却又如此真实的场域中获得实践。至此，人类社会终极之乌托邦，似乎有了到来的曙光。

二、新的"双元性社会"的建构

那么，在网络社会，当代人类社会的特质究竟何在呢？要区别当代的人类社会与过去的人类社会的不同之处，平民（Citizens）与网民（Netizens）乃是最基本而关键的概念。与以往仅由平民所构成的单元性人类社会不同的是，当代人类社会乃是由"电脑网络所架构"的，是由平民与网民所共构而成的双元性社会。

这种构思令人联想到柏拉图的《理想国》。人类在农业社会时期就有建立"虚拟社会"的设想。柏拉图年轻时追随苏格拉底，希望实现治国平天下的理想。然而在希腊现实政治中，他俩处处碰壁。苏格拉底因不肯妥协而被加害，柏拉图不敢硬抗，只能通过写作《理想国》，把他心目中由"哲学王"控制的理想国度建立在非现实的形式上。柏拉图以后，建立"虚拟社会"的努力一直持续下去，人们构造了一个又一个"虚拟社会"（乌托邦），其中康帕内拉为了《太阳城》甚至付出了生命的代价。

工业时代，乌托邦没了市场。因为工业文明不适合乌托邦：工业社会的生产方式决

---

① ESTHER DYSON. Release 2.0：A Design for Living in the Digital Age. Big Apple Tuttle-mori Agency，Inc. New York，1997.

定了社会组织形式必然是分层的、官僚式的，而乌托邦却接近田园风光，志趣大不相同，像《桃花源记》，通篇并无神仙皇帝，也没有救世主。有趣的是，现在到了信息社会，“虚拟社会”的设想又“重生”了，并大有从空想变成现实之势。从某种意义上讲，“虚拟社会”的思想更适合农业社会和信息社会，而不适合工业社会。因为“虚拟社会”从本质上说，是直接管理的社会，而不是通过各种中间管理环节迂回管理的社会。

但农业时代的“虚拟社会”与信息社会的“虚拟社会”有着实质区别：农业社会的“虚拟社会”只能是空想，没有实现可能；信息社会的“虚拟社会”却依靠跨越时空的因特网技术，第一次有了实现的可能。根本原因在于：农业社会没有技术手段和生产力基础按照主体的意志使理想国所要求的志同道合者跨越时空障碍组成一个稳定的社会；而信息社会则不同，由于有了具有计算能力的网络，人们完全可以按照“物以类聚，人以群分”的原则，自由组合，形成一个个“虚拟社会”，从而把人的主体性发挥到极致。

其实，在探讨电脑所架构的社会网络对人类社会的意义及其可能的冲击这一问题方面，两位网络先驱——利克里特（Licklider）及罗伯特·泰勒（Robert Taylor），就曾作出极为精辟、贴切的描述。当大多数人还将电脑视为“数学运算”的机器之时，1968年利克里特及泰勒即已将电脑理解成“沟通”的工具。这两位学者更大胆地预测：未来电脑网络的发展，将超越传统的真实的生活空间（物理世界），人类所赖以建构的社会网络，必须突破有限之节点的先天限制；这个虚拟的电脑网络，将帮助未来所有的地球人自由地（完全依其意志）建构其个人的社会联系。

利克里特和泰勒这两位学者更进一步地指出：这个电脑网络沟通系统，若要能继续维持其正常的运作，其关键不在于有一个“有力的”类似中央政府的管辖机构的监督，而是在于广大人民群众（网络使用者）的积极自愿的共同努力工作。换言之，电脑网络运作的管理与决定权，将会落在基层使用者的身上。更明白一点说：这将是人类有史以来有机会实施（或实验）“直接完全民主”的绝佳场所。电脑网络的每一位使用者，都将有这样的权利与义务，贡献自己的心力、智慧及意见，以共同形成新的社会价值与规范。回过头来从社会的立场来看这个现象，对于人类社会而言，这个巨大冲击是好是坏，则完全取决下列这个变量：一般人成为电脑网络使用者，这件事情本身是“基本人权”还是“特权”？如果这件事情不能成为人民的“基本人权”之一，而是只有一小部分的特殊阶级的人才有的特权，则可以预见的：电脑网络系统所带给人类社会的，将不是直接完全民主，而将是对现有“社会不平等”灾难的恶化与加速扩大。

三、新统治阶段的产生

前文曾经讨论到当代人类社会中具有网民身份的一群人有不同于一般平民的特性。

这一群走在时代最前端的人们具有非常高度的同质性，他们甚至有共同的兴趣、共同的信仰、共享的文化价值观。而在实际行为层面上，他们可能也有相同的喜好、相同的生活品位，更关键的是他们拥有将领导人类进入网络新世纪的知识与技术。这一批具有高度同质性的一群人，在经过虚拟社区的酝酿培养之后，最终是否会形成一个共享文化背景的虚拟种族而开始回过头来主导真实人类社会的走向，这无疑是非常值得关切的议题。另外，更令人感兴趣的是：这批人会不会最终成为人类社会的新统治阶级？如果答案是会，则这些人将会如何主导人类社会？换言之，真实人类社会的组织、结构、制度与文化价值体系是否会因此产生重大的转折？这些都值得政治学者逐一加以观察思考。最后，我们还有一个问题需要去面对：如果没有任何其他可能的选择，这个新的“社会组成”对人类而言有何意义？是意味着人类将因此获得空前的大解放，还是将有更大的桎梏等在那里，等待人类自蹈绝境？这是个非常严肃而必须加以正视的问题，且人类社会目前正处在这个转折点上；但面对这样一个变局，我们所知仍然不多。唯一可以确定的是：电脑科技的发展与网络的频繁建构，已推动、促使人类社会往网络化社会的路途大步迈进。当前这波浪潮已成不可逆之势。只是它还在发端阶段，人类如果够警觉、够智慧的话，还有机会驾驭这股浪潮，为人类社会开拓一个比较理想、比较光明的生存环境。

四、对网络社区前景的争论

事实上，对网络社区的前景，有三个截然不同的理论观点，在当代西方学界仍争论不休。[①]

首先，一群乐观的社会学家、心理学家及哲学家辩称，电脑乃是近几个世纪以来人类社会文化最伟大的发明。此项发明将无可置疑地对当代的人类社会产生积极而正面的革命性影响。[②] 根据这派理论的观点，网络化将帮助人类从当代社会的病症中解放出来。以社会层次而言，电脑将有助于社会资源依“效率”及“增产”的原则而重新分配。世界上粮食、资源等的不足与不均将可借此得以避免；而对于世界性的、突发的饥荒或自然灾难，人类也将能够借电脑网络之力而得以更有效的应付。在个人的层次上，电脑也有能力将个人从单调的、例行的工作生活中彻底解放出来，使得人人能够有更多的时间去发展各自独有的潜能与兴趣。[③] 换言之，电脑及电脑所架构的网络将使人类社会更人性化，而个人生命的存在价值也将因此获得无限的提升而更被强调与重视。个人借此可重拾生命的尊严，人生亦将变得更为深刻、更有意义。

也有一些学者则持全然相反的看法。其理论重点建立在一个简单的逻辑辩驳之上：

---

① 吴齐殷．真实社区与虚拟社区——交融、对立或互蚀？．传媒学术网．

② H SIMON. The Computer Age. Washington D. C.，1982.

③ J DEKEN. The Electronic Cotrtage. Bantam Books，New York，1981.

电脑也可能有同等的概率，会对人类社会产生消极而负面的冲击。布罗德（Brod）即指出："电脑科技的发展，无论是软件还是硬件，都越来越有让即使是第一次使用的人都能轻易玩上手的趋势。如此一来，导致许多人宁愿和电脑打交道，也不愿多花一些时间在与其他人的沟通和互动上。"① 这些悲观论调的支持者非常忧虑地预见了电脑在社会上的、在人与人之间关系上的、甚至是对个人自身的，使人更加异化从而与其所生存之社会环境更加疏离的潜在破坏力。这些学者所害怕的是：在"一切电脑化"的路途上，人类所需付出的代价无疑将是很昂贵而且沉重的。

另外，还有一些人持比较折中的看法：电脑之于人类，犹如一种文化的罗氏墨迹测验。② 在如今这个凡事均网络化的年代里，电脑乃是当代人类生活的一个隐喻或象征，人们将他们对电脑这一新生事物的感觉、忧惧与期望，全部都投射在这个网络化的社会中。这些人同时也将电脑视为一个机会，认为电脑将能够帮助人类更深入地理解其自身的意识、价值与本质。这些持折中观点的学者提醒我们：电脑之于人类，是敌是友，是好是坏，是机会还是噩运，完完全全是掌握在人类自己的手中。

这三种不同的见解，反映出电脑对人类社会所造成的冲击事实上仍处在混沌未明的状态。在这种情况下，要想前瞻人类社会未来发展的方向，或是预示电脑科技与社会变迁之间的复杂关系进程，我们必须重新审视、深思近代电脑科技的发展结果对人类社会的意义到底是什么。

第四节　虚拟社区的政治参与

美国政治学家亨廷顿在《变化社会中的政治秩序》中曾经用相当的精力来阐述发展中国家必须控制政治参与的道理。他用"政治参与－政治制度化＝政治动乱"③ 这一公式来说明，当政治制度化还不够成熟时，失去控制的政治参与必然导致政治动乱的来临。很多发展中国家都通过各种各样的方式，把公民的参与局限在系统能够承受的范围内。

一、虚拟社区的迅速发展

随着网络的普及，虚拟社区正以惊人的速度增生。它按照不同的主题把人群进一步细化，并通过多种多样的电子方式把这些人链接在一起。由于利益的表达和聚合更加自由，兴趣爱好相投或意识形态取向一致的人们在线路上即使进行跨越国界的交流和组织

① M BROD. Technostress：The Human Cost of the Computer Revolution. Reading. Addison-Wesley，MA，1984.

② S TURKLE. The Second Self：Computers and the Human Spirit. Simon and Schuster，New York，1984.

③ 塞·P. 亨廷顿. 变化社会中的政治秩序. 上海：三联书店，1989：51.

活动也相当容易，不必提交申请或支付任何有形的管理费。

二、政治参与的新型方式

这种在很大程度上摆脱了政治控制的全新的政治参与方式，使人们在感知与介入世界方面获得了前所未有的痛快淋漓的感觉，它甚至提高了人们参与政治的兴趣。人们设想，一个连线的、一拨即可通达的议会，每一项议案都可能会引来大量电子邮件；一位亲民的政治家可以立刻看到对公众意见的调查，而一个社区则可以通过“在线参与”的方式进行政治对话，向政治体系输入要求或予以支持。其后果是，一方面政治活动“变得如此轻而易举，以致再没有什么规模太小或太涣散的事业”①；另一方面，传统意义上的政治整合则变得十分困难，甚至常常不可能实现了。所以，在多数人难以达成共识的信息社会背景下，整合严密的少数派权力就会被充分凸显出来。“以那些能最有效地动员自己特殊利益的部队的人为特征的时代即将到来。少数派的否决代替了多数派的表决。”②

三、政治参与的潜在危险

必须看到这种政治参与潜藏着巨大的危险。其一，网络的发展在国家与国家之间是不平衡的。发展中国家的电子化政治组织和政治参与因此常常会被那些美好但不一定符合国情的理念所牵引。其二，网络的发展在国家内部也是不均衡的，它甚至在很大程度上拉大了发展中国家阶层之间的差距。

更加严重的是，一些恐怖组织甚至叛国集团也在利用因特网大摆讲坛，并可能获得比以往严格控制时多得多的支持。因此，随着网络规模的继续扩大，国家在这一领域的困境将更加明显，并且不断深化。

对于发展中国家而言，有计划有步骤地推进民主化和制度化进程，施行必要的政治控制，不但是可以理解的，而且是必要的。然而因特网的扩张正在打乱这种进程的节奏。发展中国家必须对此有所警惕。

思考题

1. 如何理解网络社会的基本特征？
2. 如何理解非物质性、超时空性、可扩展性？
3. 如何理解电子政务的理论预设？
4. 如何理解虚拟社会、虚拟身份和虚拟社区的政治参与？

---

① 比尔·盖茨．未来之路．北京：北京大学出版社，1996：338－339.

② 莱斯特·瑟罗．资本主义的未来．北京：中国社会科学出版社，1998：255.

第四章　电子政务的政治基础

学习目标

1. 理解网络政治的研究对象和网络政治的特点；
2. 明确网络政治的原则和网络政治的形式；
3. 了解网络的发展对政治制度的影响；
4. 理解网络对国家政治秩序与政治稳定的挑战；
5. 把握网络对政府管理的影响。

基本概念

网络政治　政治制度　国家政治秩序　政治稳定　政府管理

导　言

所谓网络社会，并不是一个独立存在的社会，而是基于互联网的社会。社会生活正全面计算机化、信息化和网络化，网络技术在科学技术向当今社会文化全面渗透、推动社会文化的演化发展过程中发挥着核心作用。今天的世界正向电脑网络时代过渡，电脑网络创造了一个特殊的、虚拟的空间，这就是人们所说的“网络空间”，又称计算机化空间，或称赛博空间。一种新型的政治现象：网络民主，又称赛博民主，也同时呈现在世界政治舞台上。网络经济学的产生与发展，也对网络政治学的建立提出了迫切的要求。鉴于此，研究网络社会政治现象和政治规律的网络政治学应运而生，并为传统的政治学提供了一个新的范式。

第一节　网络政治概述

一、网络政治的研究简况

20 世纪 90 年代以来，任何与互联网有关的字眼在全球重要媒体中都占有越来越重要的篇幅。其中与政治学相关的字眼，例如：Cyberpolitics，Virtual Politics，Politics on the Net 等，在中文中都可以统称为“网络政治学”；Cyber Democracy，Digital Democracy，Electronic Democracy 等，中文都可以称为“网络民主”。“网络政治学”之所以挂上“政治学”三个字，显然就是指不脱离传统政治学的精神、因素、内涵、目的等要素，但是，它的起因却是互联网的蓬勃发展及其对政治学和民主制度的彻底改造过程。网络政治学，顾名思义，不能没有互联网这个角色，虽然政治学起源于 2 000 多年前的欧洲，但催生并孕育计算机网络的美国却在不到 5 年的时间内使网络政治学快速发展起来。与此同时，西方各国也都兴起了网络政治学的研究热潮。

二、网络政治的研究对象

网络政治主体的理论结构包括网络社会的权力流变、网络社会的民主参与、网络社会与人的发展等。

从实践意义上来说，主要是探讨网络社会的政府治理及其民主参与的技术化等。主要内容有：确定政府与网络社会的关系，也就是网络社会对政府运作的影响；利用网络技术来重塑政府；网络对民主参与的影响。正如美国学者马克·斯劳卡在《大冲突——赛博空间和高科技对现实的威胁》中所指出的：虚拟现实的政治“是指那些有可能永远地模糊真实和虚幻之间的界线的技术将给政治带来的影响。可为什么要特别提到政治呢？为什么不仅仅是文化上的影响呢？的确，两者之间的差别甚微。我之所以选择政治，是因为我相信，数字革命在它的深层核心，是与权力相关的”①。

网络在公众参与、直接性、公开性等方面都达到了现代政治所能要求的最高程度。因此，网络政治给现实政治带来了严峻的挑战。计算机网络将改变现有政治形式不再仅仅是一种猜测和理想设计。

① 马克·斯劳卡．大冲突——赛博空间和高科技对现实的威胁．南昌：江西教育出版社，1999：152.

三、网络政治的特点

第一，直接性。当今的民主制度是一种代议制，由公民选举的“代表”来参政议政。而在网络政治中，人们不需要再由别人来代表自己，自己就可以直接发表政治意见，并对政府的议案进行投票。因此，公民直接参政议政是网络政治的一种最突出的表现。

第二，平等性。平等在政治上表现为两方面：一是人人都有参政议政的平等权利；二是这种权利在人与人之间应该没有差别。网络对政治平等的促进作用是显而易见的。在网上，只要达到法律允许的参政条件，任何人都可以发表自己的政治主张。而且普通人的意见与政治家在网上的信息所取得的效应是一样的。盖茨认为信息高速公路的优点之一是“虚拟平等”远比现实世界中的平等容易实现。在虚拟世界里，每个人的平等政治权利都得到了保障。

第三，便捷性。政治事件发生时，普通人的意见、政治家的态度以及政府决策和相关表决结果，这一系列与政治有关的活动和内容，在网络上是以光速在传播的，因此政治活动变得非常迅速。

除此之外，网络政治还具有方便性、廉价性等特点。

四、网络政治的原则

根据托夫勒夫妇的观点，为了应对信息社会的挑战，需要在许多国家设计新的更适宜的政治结构。他们认为，必须以三个至关重要的原则为依据，来重新思考政治生活。①

第一，“少数派权力”的原则。托夫勒夫妇指出：多数派统治这一工业化时代的关键合法性原则已日趋陈旧。现在是少数派说了算而不是多数派。如今的政治制度必须不断地反映这一事实。杰弗逊在断言政府的行动必须“绝对默认多数人的决定”时，美国和欧洲还处于工业革命的黎明时代，刚刚开始最终将使它们成为工业群体社会的漫长过程。多数人统治的政治制度，完美地反映了这种社会的需要。但当超越工业主义，迅速成为非群体化的社会后，动员多数人变得越来越困难。现在的社会是一个结构复杂的社会，在这个社会里活跃着无数的少数派，他们构成崭新的过渡性形式。这样，信息社会的发展大大削弱了现存政府的合法性。

第二，“半直接民主”的原则。这是未来政治制度的第二块基石。该原则就是从依赖代表转为依靠人们自己。这两者的混合，就是半直接民主。诚如我们所看到的，代议制概念本身已经受到挑战：如果选民的意见不一致，那么代表人究竟在“代表”谁呢？

① 阿尔温·托夫勒．创造一个新的文明——第三次浪潮的政治．上海：上海三联书店，1996．

与此同时，立法者在制定法律的过程中越来越依赖于助手的支持和外来专家的指导。作为选民的代表，他们对他们必须决定的数不胜数的法案一知半解，因而也不得不越来越多地依赖他人的判断。代表甚至不能再代表他自己。代议制政府作为最终代理人的理论也就崩溃了。从长远的观点看，决策权也许不得不逐步回到选民手中。然而，这必须依赖新的体制和新的技术。网络政治的出现与发展，使之成为可能。一个受过教育的公民，可以运用今天发达的电脑网络，参与和自身密切相关的政治决策。世界上第一个“电子市政厅”已在美国俄亥俄州的哥伦比亚市建立。虽然这仅仅是未来潜在民主的最初迹象，但我们可以创造许多有想象力的安排，把直接民主和间接民主结合起来。这实际上是一个适度的原则，可以帮助人们设计未来的切实可行的新制度。

第三，“决策分工”的原则。这也是网络政治的一个至关重要的原则，即打破决策僵局，让应该决策的人来决策。因为有些问题无法在地方层面上得到解决，另一些问题不能在全国层面上解决，还有些问题要求各个层面同时采取行动。而且解决问题的适当层面也是随时变动的。要消除今天因制度超载而产生的决策僵局，必须分割决策，对它们进行重新配置，也就是说，更广泛地分摊决策，并根据问题本身的需要来转移决策单位。因此，有些决策应“上移”，从民族国家上移至跨国组织；有些决策应“下移”，即中央的决策权力实质性地下放，使地方政府实现有效管理。

五、网络政治的形式

第一，参与式民主。就是公民可以获得决策所需的信息，并实际参与决策的制定，大家通力合作以帮助领导者完成决策所需的各项工作。这是因为随着网络社会的到来，大众参与经济、社会、政治决策的制定的需求越来越强烈。而网络所具有的快速、便捷、价廉等特点，又大大降低了全民参与的社会成本。所以，不论是在大众参与的需求方面，还是在技术和成本方面，参与式民主都对现实政治形成有力挑战。

第二，远程民主。由于网络政治消除了城市与城市之间、地区与地区之间以及国家与国家之间的有形边界，全球各地目标相同、兴趣相近的个体都可以通过网络进行交往，参与民主政治的各项活动。网络使人们在当地社区甚至在家里就可以参与讨论或者决策制定过程。

第二节　网络政治的功能

研究网络政治学，将有助于互联网的优化建设和网络社会的良性发展，将有助于重塑政府，将有助于借助网络技术推动和维护民主化运动的正常进行。

一、网络成为传播信息的重要工具

网络成为政要竞选和民众参选获取信息和媒体资源的重要手段。因为互联网可以支持这种信息和媒体需求。政治家之间、政治家和部门之间的电子邮政很容易建立起来；政治家们都已经有了电子信箱和互联网聊天工具，还有了自己的主页。在美国，网络可帮助候选人与选民交流，提供竞选活动的进展情况，还能为候选人吸引竞选基金。

《纽约杂志》专栏作家约翰·海勒曼（John Heilemann）在 2008 年 11 月 7 日旧金山召开的 Web 2.0 峰会上发起了名为“网络与政治”的议题组。与会发言人认为，互联网已是政治活动中的一股力量。美国最著名的政治博客 Huffington Post 的主编阿里亚娜·胡芬顿（Arianna Huffington）在议题组发言时认为，如果没有互联网，奥巴马不可能赢得总统大选。乔·特里皮（Joe Trippi）是 2004 年民主党候选人霍华德·迪恩（Howard Dean）的竞选经理以及互联网竞选指挥。他指出，奥巴马在 YouTube 的视频片段流量时长达 1 450 万个小时，尽管迪恩竞选团队使用过互联网，但奥巴马充分利用了网络视频、博客、社交网站和捐款网站等互联网新模式。①

二、网络成为民主政治的崭新手段

按照传统方式，美国人是通过投票箱来选举总统的，但目前已出现了一些新的尝试，例如电话投票或是网络投票。这些技术的进一步成熟会较大地提高选民的投票率，因为选民坐在家中即可轻松投票。

随着技术的发展，人们在生活上的选择机会将越来越多，在政治上也会要求更多的权利。以美国为例，人们早已厌倦了旧党政治，网络时代的到来很可能会加速新党的形成，同时也使普通公民在面对多党做出自己的选择时更加自如。调查表明，许多拥有计算机的美国人都把“在线政治”作为计算机最重要的应用之一。新的政党富有技术色彩。1992 年，百万富翁罗斯·佩罗以第三党身份进行总统竞选时，请愿书的签名者中以来自硅谷的比例最高。老政党也纷纷出新招。民主党的克林顿和戈尔都是打着建设美国信息高速公路的旗号入主白宫的。共和党的众议院议长金里奇上任之初，就主持开通了议会的计算机系统，使之与互联网相连，并大声疾呼：“电脑化空间是知识的圣地，开拓这块圣地是文明对我们的最高呼唤!”金里奇下决心要让他主持的国会成为美国历史上第一届“在线国会”，并下令把国会文件输入信息系统供计算机用户查询。金里奇还认为，通过网络，将来议员们可以坐在家里参加国会会议辩论，投票赞成或反对某项法律。而所有这些信息，公民都可以轻而易举地在网络上查询到。

---

① 志伟．互联网成奥巴马总统竞选成功最大功臣．(2009－04－22)［2017－10－17］. http://www.chinalabs.com/html/jiaodiandaodu/TNTyejie/2009/0422/23301.html.

三、网络成为重塑政府的重要措施

在政府的服务方式方面，网络可使政府的公共服务更具有可选择性、普遍性、跨时空性。传统行政服务是整齐划一的单向供给服务，人们缺少自由选择度，加上政府公共服务本身的垄断性质，人们只得接受，别无选择，更无可能提出更高的服务质量要求。而网络时代，政府的各项公共服务可以通过电子化方式进行。人们只要打开互联网的电脑，就可以在网上找到自己所需要的服务种类和服务方式。政府服务的本质是公共服务。所以，政府服务应当贯彻普遍的国民待遇，而不是只对某些人提供服务。网络时代为这种理念的实现提供了技术条件。网络社会政府公共服务的另一个优越之处是跨时空服务。24 小时全天候的服务，延长了服务的时间。公民还可以享受跨机构的政府服务。

在政府的服务水平方面，政府公共服务应当具有公正性和公平性。这是人们追求的一种理想状态。只有在网络时代它才可能变为现实。政府必须确保公共服务的制度化、程序化，人们没有必要再担心“门难进，话难听，事难办”。只要是规定的服务，具备资格和条件者在网络面前都会受到一视同仁的待遇。公共服务的公开性和透明性，也减少了政府部门提供公共服务时人为的推诿和怠慢。

第三节　网络政治的主要范畴

网络时代信息的无国界传播使传统的国界概念和国家主权观念受到冲击。在网络时代，信息的传播是不分民族、种族和国家的，不同国籍、肤色的人利用计算机方便地相互交往，形成一种“虚拟社会”。网络空间的出现使传统的国家疆界被一一打破，在网络空间，一些在网络技术上领先一步的国家可以依托网络，向别国大肆散布和传播他们的政治价值观，甚至诋毁和损害他国形象，干涉别国内政。这就向政治学提出了如何确定新的国家疆界及维护网络时代的国家主权等新课题。

一、网络对政治制度的影响

网络对政治制度的影响突出表现在它正在改变政治民主的内容和形式。早在 20 世纪 80 年代初，西方国家的一些学者就提出，随着人类社会从工业社会向信息社会的转变，代议民主制正在发展成为“共同参与民主制”。托夫勒曾预测，第三次浪潮的到来，可以使过去存在的直接民主的局限性消除，代议制概念动摇了，未来的民主必然是“从依赖代表转为依靠人们自己”即“半直接民主”。确实，网络技术为人们广泛参与政治提供了极为有利的条件，它开辟了直接民主的可能性，使选民“屋子装不下”的问题可以得到解决。未来的选民只要坐在各自的家中，甚至在旅途中，利用具有识别选民身份功能的、联通信息高速公路的掌上电脑，通过网络即可轻松投票，全民公决的实施将变得十分容易。可以肯定，未来民主的内容和形式与传统民主相比，将要发生某些变化，从而使政治学的民主研究增添许多新的内容。

二、网络对国家政治秩序与政治稳定的挑战

按照现代政治学的分析，政治稳定的程度与政治文化的性质和结构有非常密切的关联。一般而言，人们倾向于认识政治系统的优越性，则有利于政治稳定；若倾向于认识乃至夸大政治系统的缺陷和弊端，则往往无益于政治稳定。如果大众传播媒介广泛、快速、大量地传播某些有损于政府当局和全社会发展的负面信息，而政府当局对之又无法有效控制的话，就可能带来对社会政治稳定的破坏性影响。在网络时代，整个社会政治生活、经济生活等被嵌入计算机信息网络之中，网络能将各种政治事件和信息快速地传输到世界各个角落，人们调阅信息不受时空限制，而政府当局对信息的性质和内容又难以进行筛选，这就给传统的舆论控制带来了直接的挑战，国家的政治稳定可能受到前所未有的冲击，也将必然带来政治学中的政治稳定理论的变革和创新。

三、网络对政府管理的深刻影响

第一，网络所形成的网络经济将引起政府经济职能及其实现方式的新变化。网络对经济的影响十分巨大，属于因特网模式的网络将推倒横亘在供应商、顾客和竞争者之间的高墙，形成网络经济。在网络时代，网络使一切变得直接化，使工业社会经济中浪费在迂回路径上的中间物体显得多余。企业成为“无国界经济实体”，个别企业的成功与本国经济的繁荣之间的因果关系日趋淡化，从而将引起政企关系和政府对经济的调控方式的深刻变革，使得网络时代的政治学必须对网络时代的政府管理职能特别是政府与市场关系进行重新审视。

第二，网络还对传统的集权的政府行政体制产生影响。网络时代是不同于工业时代的信息时代。工业时代的庞大而又高度集权的政府官僚机构，将不足以迎接迅速变化的信息社会和以知识为基础的经济的挑战，必然被新一代的政府机构逐渐取代。原先与工业社会相适应的行政体制也将因此经历重大改造，其改革包括瓦解集权制度、调整组织结构、重理管理程序尤其是人事制度等多个方面。在网络时代，信息是无穷无尽的，外部环境变幻莫测，坐等信息再做决策的时代一去不复返了，过分集中的权力的分散化过程将逐渐展开。在网络时代，传统的金字塔型组织将被粉碎，取代它的将是奈斯比特所描绘的“新网络组织模式”，或者彼得·德鲁克所说的“以信息为基础的组织”。那是不带中间管理环节、管理层次与管理人员都比现在大幅度减少的组织。关注和探索行政体制在未来的这种变革，将是网络时代政治学的使命。

四、网络问政常态化是大势所趋

网络是当今反映社情民意、加强交流互动的重要平台，是各级领导干部了解民情、集中民智，实现科学决策、民主决策的重要渠道。通过网络这个载体，拉近了领导干部与群众的距离，使群众可以直接向领导干部建言献策、表达诉求。

网络问政是社会发展进步的产物。网络问政是否被重视，体现出领导干部是否解放思想、与时俱进，是否善于从新生的信息交流渠道中捕捉民众智慧、倾听民意民声。面对日益增多的网民留言，推动网络问政常态化已是大势所趋。为此，应该做到以下几方面：

一是领导上网要经常化。当今时代，互联网是各种社会思潮、各种利益诉求的集散地和意识形态较量的战场。不上网、不重视网络建设、不会充分利用网络的领导，不是一个现代化的领导。现代领导干部，除了读书、看报、听广播、看电视外，还要养成上网这一“第五习惯”，能够通过网络对社会舆情做一个科学的、准确的分析判断。领导干部上网既要靠自觉，还要靠建立健全相关制度来鼓励。[①]

二是解决问题要常态化。网络问题，现实解决。领导干部既要“上网访民意”，更要善于“下网解民忧”。要采取措施把网络中发现的问题转入现实工作渠道加以研究解决。各级领导应该主动应对网络提出的问题，高级领导尤其要经常性地督促有关部门切实解决干部群众通过网络反映的最关心、最直接、最现实的利益问题。

三是回复网民要制度化。保证网络问政的常态化，制度建设是关键。广东省委、省政府积极探索建立长效互动机制，以点带面地推动科学决策、民主决策。除了认真做好网络听证的“听”，如网络邮箱、网上信访、网络举报等，还要加强给网友的答复、办理意见反馈、办理情况通报等工作，积极探索可靠的机制进行约束和规范。青海省在对网民留言办理方面已建立了相关的机制和制度。信息处派专人收集网民留言，省委督查室负责查办和回复，并制定了网民留言批示件上网回复工作规则和流程，从受理内容、回复程序、回复原则、跟踪回复等方面进行了规范，积极加大对网民有效留言的收集、督促落实和网上回复的力度，明确专人，落实责任，完善制度，使网络成为群众与党委、政府互动的重要平台。

另外，就问政者而言，其网络素养的提升、网络行为的规范，也是一个迫在眉睫的课题。随心所欲“灌水”，信口开河“拍砖”，不合己意便一味唱反调，仅凭个人的思维定式便妄加臆断，凡政府行为则先横加指责一番……凡此种种，都是不理智、不成熟、不文明、不规范的表现。执政和问政，是对立的统一。倘若双方都能基于法制、基于理性、基于建设性，在约定俗成中形成必要的“网络议事规则”，将无序纳入规

① 强卫．推动网络问政常态化．http：//leaders. people. com. cn/GB/9680087. html.

范，将言行归于文明，政府则建立起网络发言人制度，民有所呼，必有所应，那么中国政治文明的气息将会更浓郁。

很显然，网络对人类政治生活的影响有些是积极的，而有些则是消极甚至构成危害的。这种影响向政治学提出了一系列重要的问题，需要进行专门研究。21 世纪政治学研究的主题必须调整到关注网络所引起的一系列政治问题上来，建立网络政治学，以概念、范畴、理论和方法的创新来适应现实政治的变化，从而更好地服务于 21 世纪的政治实践，更好地服务于电子政务建设。

思考题

1. 如何理解网络政治的特点？
2. 网络政治的原则和网络政治的形式有哪些？
3. 网络对政治制度产生哪些影响？
4. 网络对国家政治秩序与政治稳定有哪些挑战？
5. 网络对政府管理的影响有哪些？

第五章　电子政务的经济基础

学习目标

❶ 了解网络经济的基本特征；
❷ 理解网络经济将改变人们的价值观念；
❸ 把握网络经济将出现新的生产组织形式和组织结构；
❹ 理解电子商务与电子政务的有机关系。

基本概念

网络经济　网络经济时代的价值观念、生产组织形式、生产组织结构　电子商务

导　言

互联网的崛起正式宣告了网络经济的形成，而网络经济从根本上讲是一种社会形态。从工业经济到网络经济，是社会形态的历史交替。网络经济的出现，改变了人们的价值观念，并为电子政务的发展提供了经济基础。在网络经济时代，将会出现新的生产组织形式和组织结构；随着网络经济的发展，电子商务应运而生，这对政府管理提出了新的要求。无数事例表明，想要绕开管理、绕开国情、绕开制度、绕开阻碍发展的种种社会因素是不可能的；没有政府支持的网络经济和电子商务，很难得到有效的发展，为此，电子商务和电子政务必须建立有机的联系。

第一节　网络经济的基本特征

一、网络经济是知识型经济

信息网络技术的发展，推动了生产力的迅猛提高和经济的飞跃发展。网络经济以知

识为基础，知识是科学技术之源，科学技术是推动经济发展的重要原动力。因此，知识是决定经济发展的最重要甚至是决定性的因素。经济发展主要不是靠体力而是靠智力。在网络经济条件下，财富需要再定义，权力也出现了再分配，而这二者都取决于拥有的信息、知识和智力。

二、网络经济是创新型经济

在网络经济中，技术创新、制度创新、观念创新已经成为市场主体生存和发展的诀窍，以及新经济增长的驱动力。丰富多彩、不断发展的个性化消费需求诱发着生产技术的日新月异，产品和技术的生命周期迅速缩短。在这种情况下，唯有持续更新，通过创新增加实力。为此，应用知识、拓展创意成了经济活动的核心问题，学习力和创造力成为市场竞争力的源泉。

三、网络经济是复合型经济

与在工业社会中发育起来的规模经济不同，在信息社会，以信息网络为媒介，不但使各产业之间完全不同的技术相互联结，不断产生新技术、开发新产品，而且在生产和销售上出现了产业间相互渗透与异业结盟，各大公司和企业集团纷纷开展跨产业的多角化经营，拓展其经营范围。从单一企业或集团的角度看，出现这种动向的原因在于多角化经营的“范围经济性”；从网络经济的全体的角度看，其原因则在于网络经济的“复合效应”或“联结经济性”。

四、网络经济是全球化经济

信息网络技术的飞速发展，已成为推动当今世界经济全球化的根本动力，连接世界各国的信息网络使全球形成了统一的大市场，经济系统越来越成为全球系统，经济活动的国内与国外的界限变得模糊起来，货物、服务、资本、劳力、信息都在全球流动。网络的发展使资本可以迅速、灵活地在世界范围内流动，不仅使贸易方式发生变化，而且对企业组织方式产生重大影响，并将彻底改变就业方式。全球性的经济组织发展壮大，跨国公司扮演着日益重要的角色，一些大型跨国公司纷纷抢占世界市场，竞争日趋激烈。

五、网络经济是虚拟化经济

经济活动的数字化和网络化，使其突破了传统的活动空间，出现了种种虚拟经济实体，如虚拟商店、虚拟市场、虚拟银行、虚拟公司、虚拟的研究中心、远距离的多主体的虚拟合作等。此外，网络经济还具有把企业组织微型化、经济活动整合化、管理结构内中间层次作用弱化、经济活动适时化、消费者与生产者之间的界限模糊化等特点。

第二节　网络经济对社会的影响

网络经济对传统的生产观念、生产方式以及社会产业结构产生了重要影响。网络经济的出现，不会导致社会基本制度的变化，但会对经济结构、组织、体制和运行方式的变化产生重要影响，而这些变化都是以物质生产力的变化为基础的。科技是第一生产力，高科技更是最强大、最先进的物质生产力，必然会对经济、社会以及人的思想、行为带来深远的影响。网络经济的出现，已经对传统工业生产模式及其经济组织、结构、体制、运行，以及生活方式，起着重组作用。

一、网络经济将改变人们的价值观念

国外一些学者从历史发展的角度区分了与三种社会形态相联系的三种价值形态：农业社会形成的是寻求温饱的价值观，工业社会形成的是物质成功的价值观，信息社会形成的是自我表现的价值观。这种价值形态的转型，构成了人类文明形态转型和社会发展范式更替的重要标志。

美国学者里夫金在《工作的终结》一书中就指出，信息通信技术的应用，网络经济的发展，将成为抢夺人的工作的严重的社会问题。在不久的将来，新的计算机技术有可能取代人的脑力劳动。为此，人的价值观念将发生变化。这种价值观变化取向大体反映了一些西方发达国家从工业社会向信息社会转型中，人们的价值观所经历的从现代化到后现代化、从物质主义到后物质主义的变化。人们的价值形态转型，同下列因素有关：

第一，信息社会的主要生产力要素是知识，是创新和创造力。因此这必将是一个“知识资本”“人才资本”的社会，并使整个社会生产模式发生转换，即由“人对物品”为主的生产模式转向“人对人”为主的生产模式。这并不是说物品的生产不重要了，而只是说物品生产的许多过程都可以由智能化的机器取代，具有高度知识和创新能力的人的“生产”将被提到社会更重要的日程上来。而人自身的发展离不开“时间自由”，即可自由支配时间。这必然导致休闲时间在社会发展中地位的上升和价值的升值。

第二，工业社会的价值观是“物质积累”“物质富足”“物质成功”的价值观，这种物质主义的价值观在人类社会发展的一定阶段具有合理性，并构成社会进步的基础，信息生产力的发展要求高科技和高文化结合，要求人的素质的全面提高和发展，从而使社会由奉行物支配人的原则变为强调以人为本的发展，并使人成长的各种条件（工作和休闲、物质和精神、人与环境等）之间实现平衡。

第三，从产业结构上看，在信息社会第一产业和第二产业人数都将大大减少，第三产业经济将占很大比重，从业人数也将大大超过第一、二产业的总和，这意味着未来的社会活动重心将从组织物质产品的“生产社会”变成物质产品的“消费社会”，社会活动总量中的很大一部分消耗在产品的流通、设计上。这就是说，在未来的社会，不但生产决定需求和消费，而且需求和消费也决定生产；人们的需求越旺盛、消费能力越强，就越有利于生产。

二、网络经济将出现新的生产组织形式

世界越来越小，社会越来越趋于全球化，市场趋于多样化、用户化。企业作为一种特殊的社会经济组织，是历史的产物，它必然随着社会的发展而发展。当人类步入数字化地球，市场竞争进入日益激烈的阶段，全社会形成了一个全新的“网络社会”时，企业也不得不脱胎换骨，依据因特网的发展模式，建立网络化的组织。一种全新的企业模式——虚拟企业将走进现实社会。①

虚拟企业是一种制造商联合供应商、经销商及顾客共同地、及时地开发、生产、销售多样化、用户化的产品的一种企业模式。近几年来，由于网络技术的进步，特别是网络技术和多媒体技术的突飞猛进，虚拟企业将完全可能成为一个现实的全球化数字企业。

企业为了应付瞬息万变的市场需求，不断地加快产品的更新换代速度。“捷性”（即在全球市场范围内，能够快速生产出高质量、高性能、完全顾客化的产品，并能为顾客提供完善的售后服务）已经成为企业获得竞争优势的最重要标志。

为此，一种新型的企业组织——“虚拟组织”应运而生。② 虚拟组织又称为虚拟企业，是一种能够对市场需求作出快速反应并迅速占领市场的新的企业组织形式。它是由两个以上的企业或部门为了共同的目标，在有限的时间和范围内进行相互信任、相互依存的合作而临时组成的组织。当市场上出现某个机遇时，为了抓住这个机遇，具有不同专长的、分散在不同地理位置的企业利用先进的网络技术结合在一起，共享技术、知识、信息、市场和制造资源，以共同完成任何单独一个企业所不能承担的任务。虚拟企业是动态的，当这个任务完成后，虚拟企业就自行解体或重新组合。

虚拟企业的虚拟特性主要体现在“功能上的不完整性”“组织上的非永久性”“地域上的分散性”。虽然虚拟企业具有企业运行所必需的各种基本功能，如产品设计、制造、装配和市场营销等，但对组成它的具体成员来说，并不需要具备所有的功能，而是仅贡献其最关键的技术，其他功能都是虚拟的，由组织中的其他成员补充。在虚拟企业中，产品开发与设计、加工制造、装配调试以及市场营销完全可以分散在不同的国家和地区，利用国际互联网及其提供的各种工具连接起来，实现资源共享。

---

① 曹莉华．虚拟企业集成理论与方法的若干问题．电子与信息化，2000（4）．
② 马永军．虚拟制造企业及网络基础框架．电子与信息化，2000（4）．

虚拟企业使得企业组织内外的疆界可以像流水一样任意扩展，消费者与生产者可以通过网络直接接触，使得两者之间的中间商消失。因此，虚拟企业是以竞争能力和信誉为依据选择合作伙伴而组成的动态公司，是利用网络技术打破时空阻隔的一种新型组织。从构成特点来看，虚拟企业为了完成某一特定任务，可利用电子手段在短时间内与合作者构成实时的协作网络。它不同于传统观念上的有围墙的有形空间构成的实体空间。虚拟企业从策略上讲，不强调企业的全能，也不强调一个产品从头到尾都由自己去开发、制造，而是充分利用全球信息资源和人力资源，强调广义集成产品团队体制。这就不同于一般的集成产品团队，针对每个项目或产品建立的团队不仅包括本公司的员工，还包括零件制造商、加工企业和客户代表。

综合起来看，虚拟企业将依据因特网而发展成一种网络化组织模式，它打破了信息交流的种种壁垒，把企业真正推向了国际市场前沿：近乎无所不包的信息流，为更有效地进行决策创造条件；双向交流机制使一名普通的职员或客户可以凭借一台计算机方便地访问企业主管的主页，表达想法，提出建议。在这种“信息就在你的指尖上”的网络面前，人的能动性和创造性得到了充分的发挥。

三、网络经济将出现新的生产组织结构

企业的组织结构从金字塔型向扁平型转变。现代企业的组织结构基本上是以等级为基础、以命令控制为特征的“金字塔”型，即按照不同的职能如工程、制造、销售、财务和人事等分成不同的部门，每个部门都按照金字塔型来管理。这种组织结构形式对待环境变化的办法往往是制定新的或修改旧的规章，一方面阻止外界环境因素对组织成员的影响，另一方面对外界环境的影响进行控制，使其常规化、固定化，也就是以确定性对付不确定性。这种体制最明显的特征是中层管理机构十分臃肿，由于它强调的是统一指挥与集权领导，存在着层次多、信息流动不畅、部门间难以协调、应变能力差等固有缺陷，越来越不适应日趋复杂的环境变化的要求。

管理大师彼得·德鲁克在1988年谈到未来企业组织结构时指出，未来的典型企业将是一个以知识为基础的，由大量根据来自同事、客户和上级的反馈信息进行自主决策、自我管理的各类专家构成的组织。进入电子商务时代后，这种扁平型、网络化、虚拟化、小型化、以团队为基础的新型组织结构渐成主流。新型的组织结构出现后，企业的中间管理层的作用开始削弱，甚至在组织结构图上逐渐消失。在过去，一般认为企业的每个管理层次的最佳管理幅度为7～13人，而现在，美国通用电气公司借助计算机及网络等手段的实践证明，每个管理层次的管理幅度可增加到100～150人，并且管理效率与常规条件下管理幅度为7～13人时相同甚至更高。

四、网络经济将出现新的商务方式

电子商务革命是以网络技术的多媒体数字化统一与全球网络化统一为诱因（交流平

台革命），以电子商务的跨时空交易与爆炸性发展为表象（交换方式革命），以重新瓜分全球战略资源为实质（资源分配革命）的一场世界性跨世纪浪潮。

到目前为止，网络技术发展经过了三个阶段：第一阶段是个人电脑的普及阶段；第二阶段是因特网阶段；第三阶段就是当前备受瞩目的电子商务阶段。从经济学的意义上来判定，只有到了电子商务阶段，网络技术产业才真正具有网络经济的含义。这是因为，虽然在市场经济的框架下任何一种技术都因具有价值而都具有经济含义，但是只有当某种技术形成市场规模并成为最便捷、最广泛、最经常、最普遍、最大量的市场活动且有经济绩效和社会效益来支撑的时候，它才能成为真正意义上的经济形态。

网络技术发展到电子商务阶段表明，网络技术作为“新经济”的生产力已经具备了向以往的网络技术和传统经济商业模式发起革命性冲击的力量。不仅如此，电子商务活动本身还表明，网络不仅仅是一种让经济信息能够得以迅速传输的设备或途径，而且是让各种各样的商品得以交换的空间或渠道，因此它不是“虚拟市场”而是实实在在的“真实市场”。

电子商务具有公平与自由、高效性、全球化、虚拟化、交互性和主动性、提供个性化服务等特点。它可以使供应商和客户更紧密地联系、更快地满足客户的需求，也可以使客户在全球范围内选择最佳供应商。电子商务改变了企业竞争方式，改变了企业竞争基础，改变了企业形象的竞争模式。电子商务缩短了生产厂商与最终用户之间供应链上的距离，同时改变了传统市场的结构，减少了交易成本。电子商务改变了以往的市场准入条件，使中小厂商从原先主要被大厂商占有或几乎垄断的市场中获得更多的利润。电子商务的推广和普及，将促进企业开拓市场，增加贸易机会，在提高管理水平的同时，大大提高经营效率，实现资源的优化配置。

发达国家纷纷把推动并扩展本国电子商务作为第一国策并配之以政策倾斜、投资增加、关税减免、行业开放等一系列有力措施。在发达国家强力国策导向下，世界性的产业结构格局再一次发生产业升级大调整循环：争夺升级换代的一个新产品不过是一场战斗，争夺升级换代的一项新技术只是一场战役，而升级换代（甚至是创造出）一个新标准（通常是以全球市场占有率为参考）则是一场战争。在这场没有硝烟的战争中，以美国为首的西方国家率先通过兼并与收购完成了主动式的全球资源在信息化与互动化新格局中的战略重新集结。

第三节　网络经济对电子政务的影响

网络经济给人类社会带来了无限的发展空间和机遇，同时也将引发社会结构的调整和变革。美国联邦通信委员会技术政策主任迈克尔·尼尔森指出：“正像网络技术深刻地改变了美国的商业结构一样，我们可以预见计算机技术和信息交流技术的发展将极大地影响政府的结构和职能。”

一、政府的工作效率将进一步提高

有效的政府是经济成功的基础已经为人们所普遍认同，然而建立一个有效的政府却不是一件易事。20 世纪 70 年代以来，虽然许多国家的政府出于不同的考虑、打着不同的旗号、采取各不相同的措施进行本国的行政改革，但目标却惊人地相近：裁减冗员、削减行政费用、提高行政效率。如何真正建立一个高效能的政府，转变政府职能是关键性的，网络化为此提供了良好的契机。计算机的普及已经使行政办公效率得到提高，网络化带来的变化将更为明显。一方面，网络化加强了政府的信息置换功能，新型政府可以使用各种新技术手段实现信息化管理。收集信息、处理信息、传递信息、沟通信息，将以更快捷、更经济的方式进行，政府的整体行政办事效率将大幅度提升。另一方面，信息可以在组织内部被更多的人分享，越来越多的问题在较低的层级就可以得到解决，以上传下达为主要工作内容的中层管理可以大大精简，因信息传送不及或错误所造成的内部消耗可以大大减少，行政程序进一步简化。

二、服务将成为政府的核心职能

行政改革给公民提出了一个尖锐的问题：我们究竟需要一个什么样的政府？只充当“守夜人”的政府当然不能满足日益扩大的公众需求，而“全能的政府”也将失去它的存在基础。政府职能的无限扩张不会为公众解决更多的问题，相反只会产生更多、更复杂的问题。政府职能定位的依据主要来自弥补市场缺损，来自社会和公众的需求。信息资源的共享为政府职能输出准备了条件。政府可以将社会性、公益性、自我服务性、事务性的工作从政府职能中剥离出去，交给中介组织和事业性单位承担，将原本属于社会的生产、分配、交换的经济职能归还给社会，政府集中精力于市场培育，实现公共权力的本质。网络化程度的提高使得公众获得了更接近信息的机会和可能，政府将成为信息的中继站，适时地向社会公众发布各种政策信息，提供各种政策咨询服务。便捷、低成本的网络传输使公众和企业可以及时了解政策法规，从而获得政府更具体、更个性化的服务。

三、政府工作的透明度将大大提高

网络化为公民了解政府的工作提供了经济而快捷的渠道。政策的制定、决策和执行过程不再是神秘的东西，通过网络，公民可以最贴近地了解政府的工作进程。美国白宫网站自 1994 年开通以来，美国总统府和美国政府各部门已经有几十万份文件放在网上供查阅，每天有上万人光顾该站点，获取自己所需的信息。我国的各部委、地方政府及其职能部门也设立了面向社会公众的网站，提供各种信息和政策咨询服务。政府工作正在变得更公开、更透明。

四、地方政府的职能将进一步加强

网络技术使得地方政府能够更快、更全地得到国家或国家级组织提供的信息，地方政府可以有效地将这些信息和地方的需求结合起来，寻求到有效的解决方案。原本需要上交中央政府方能解决的问题，可以在当地直接获得解决。资源会得到更有效的利用，政府的整体行政效能得到提高。同时，地方政府的独立性也会进一步加强，横向联系增多。中央政府更多地致力于协调和监督保障，国家立项将大为减少。

五、政府在保障安全上将面临新问题

在网络经济时代，给国家安全带来威胁的不仅来自有形的世界，而且来自无形的电子虚拟世界。随着网络技术和通信技术的日益融合，网上信息交换、贸易、购物、娱乐甚至聊天可以发生在任何国籍的个人或组织之间。在电子空间，国家间的边界变得越来越模糊。恶意的网络“黑客”运用个人电脑和网络技术，寻找计算机系统和信息交换系统的弱点，非法截取或篡改数字信息，破坏系统的正常运作，甚至捣毁整个系统。网络的滥用已经对国家安全构成了新的威胁，政府必须采取措施保障国家网络和重要信息设施的安全。

电子空间朝什么方向发展，将由集体的愿望和努力而定。能否使网络技术向有利于社会和公众的方向健康发展，取决于我们对网络技术发展的有效推动和对网络技术滥用的有效控制。目前网络滥用者时常骚扰个人的电子信箱，商业机密在网上失窃或传输数据被篡改，个人信用卡资料被截获和盗用，使个人隐私、名誉、商业交易的可信性、可靠性都面临着威胁和困扰。政府对公共安全和个人安全的保障的范围必须随着网络化的发展向电子世界这一虚拟空间扩展，而保障的技术手段则要求更高，难度更大。网络化为政府收集、分析和传播信息提供了更加便利的条件。政府必须有效地利用这些资源，建立全国性的信息统计分析机构和完善的信息处理系统，健全预警机制，为预防社会问题的发生和蔓延提供信息支持。

第四节　政府在电子商务中的作用

政府在电子商务的发展过程中应发挥宏观指导作用。电子商务是国民经济信息化的重要组成部分，具有全局性、综合性、整体性的特点。发展电子商务是一个复杂的社会

系统工程，涉及网络、信息资源、应用系统、电子支付、安全认证、贸易流通、税收等各个环节。加强政府有关部门之间的相互协调，有利于保持与电子商务有关的政策、法规和标准的一致性、连续性；通过规划、协调和组织，促进社会对电子商务的接受，引导电子商务的发展，推动电子商务的应用。

一、电子商务带来的社会变革

电子商务会对国民经济信息化产生影响，具体表现在：促进信息设备硬件、软件和相关信息服务的发展；促进信息基础设施的建设与完善；促进电信网、计算机网、广播电视网的一体化；促进信息产业与金融、证券、教育、医疗等相关产业的融合。

在政策和法规方面，由于这种新的贸易形式对传统贸易体制有着强烈冲击，并带来身份识别、电子签名、安全支付、产权保护、合同认证、商业欺诈等方面的问题，因此需要加强相关法规的建设。此外，税收问题、电子支付中的法律问题、知识产权、商标权、域名问题、安全和隐私权问题等都是发展电子商务所必须解决的软环境问题。

电子商务对企业的直接影响可以概括为：降低采购成本、减少存货、缩短生产周期、提高用户服务效率、降低营销费用、创造销售机会、增强企业的竞争优势、提高企业知名度、提高经营效益等。同时，电子商务对于实现贸易的全球化、实时化、网络化、数字化，促进国际贸易的增长，改善贸易管理，也具有十分重要的作用。

电子商务的广泛开展还将加快社会信息化的进程，并使一些新业务应运而生，例如网上超市、电子报纸、网上银行等。电子商务的出现还将对消费行为产生影响，它会使顾客在选择消费对象时拥有更加个性化的选择与更多的便利甚至更低的价格。对于就业来讲，电子商务的出现将增加从业者转变技能的需求，同时还将促进劳动力市场的全球化。

二、电子商务对电子政务提出了更高的要求

电子政务是因特网时代的必然要求。在电子商务时代，市场也对政府的电子政务提出更高的要求。据美国佛瑞斯特研究公司的最新报告分析，网络时代将改变美国政府与民众打交道的方式。随着民众逐渐将电子商务融入日常生活中，他们对线上政府的预期也会迅速升高。这将促使政府提供以企业为主的服务、联网许多政府部门的电脑系统、保护隐私的线上服务。

三、电子政务与电子商务的相通之处

正如电子商务涉及电子和商务两个层面的改变，电子政务也有两个基本层面：一是政务手段的演进，二是政务内涵的演进。前者是“用”上的变革，后者是“体”上的变革。

电子政务的根本意义和电子商务一样，都在于“全心全 e”为人民服务。“全心全

e”将带来“为人民服务”的“直接化”。电子商务通过网络，使生产者与消费者更有效率、更低耗费地互相契合，从而更好地实现生产目的。而电子政务通过网络，可以更直接从而更有效率、更低耗费地实现“人是目的”这个命题。

四、电子商务推动新的政府机构改革

通过政府电子商务的创新，推动新一轮政府机构改革。在市场经济条件下，在一些地方和方面，我国政府存在着效率低下和行政腐败两个问题。效率低下表现为我国政府机构庞大臃肿、行政经费较大，而数字信息高科技的采用对其将是一个巨大的冲击，也会进一步地促进政府机构的改革。政府行政腐败是世界的一个普遍现象，在我国由计划经济向市场经济转轨过程中也是一个不可避免的难题，而电子商务的采用可以使政府行为规范化、程序化，加速政府改革的进程，缩短转轨的时间。政府电子商务可以避免一些人为的因素，体现出公平、公正、公开的市场经济规律。

五、电子商务推动市场环境与制度建设

推动电子商务的发展，政府的作用是至关重要的。目前世界各国政府都已经意识到电子商务带来的机遇和挑战，纷纷出台各种措施，以推动本国的电子商务和网络经济的发展。从目前我们的实际状况看，作为地方一级政府，在发展本地电子商务中要做的工作可概括为以下几方面：一是做好电子商务的发展规划和宏观指导；二是建立行业的综合保障体系，加强管理；三是加强本地的基础设施建设，搞好电子商务发展技术支撑；四是着重发展企业信息化，下大力气帮助和引导企业认识、接受和参与应用电子商务；五是加强电子商务的知识普及和人才培养。

维护市场上的有效竞争需要政府和企业界的共同努力，对于政府来说，需要合理调整和完善有关的法律法规，保证电子商务领域的有效竞争。尤其需要不断放开电信市场，减少和消除目前对电信和因特网行业相关企业的各种限制，这些“人为障碍”一旦消除，将会有效刺激竞争，利于改善电信和因特网服务，推动电子商务的发展。

思考题

1. 网络经济有哪些基本特征？
2. 网络经济将改变人们的哪些价值观念？
3. 网络经济将出现哪些新的生产组织形式？
4. 网络经济将出现哪些新的生产组织结构？
5. 政府如何在电子商务中发挥作用？

第二篇

电子政务的应用与实践

第六章　电子政务与电子政府

学习目标

❶ 理解电子政府兴起的背景；
❷ 理解电子政府的含义、内涵及外延；
❸ 了解电子政府的特点和目的；
❹ 正确理解电子政府发展中的问题。

基本概念

电子政府　电子政府的内涵　电子政府的特点

导　言

用网络构建“电子政务”，可以提升政府效率及便民服务的水平，以建立一个以反映人民需求为导向的政府，并以更有效率的行政流程为人们提供更广泛的、更便捷的信息及服务。电子政务最重要的内涵是运用信息及通信技术打破行政机关的组织界限，建构一个电子化的虚拟机关，使得人们可以从不同的渠道取用政府的信息及服务，而不是传统的要经过层层关卡书面审核的作业方式；政府机关间及政府与社会各界之间也是经由各种电子化渠道进行相互沟通，并依据人们的需求、可以使用的形式、要求的时间及地点，提供各种不同的服务选择。要从应用、服务及网络通道等三个层面，进行电子政府基本架构的规划与建设。

第一节　电子政府兴起的背景

一、网络社会发展的必然选择

全球建设电子政府热潮的兴起有其丰富的技术背景和现实背景。首先，计算机、网络技术和因特网的不断发展，为电子政府提供了技术条件和适宜的平台环境。从某种意义上说，电子政府的出现是计算机和通信技术以及因特网发展到一定阶段的产物。其次，为了提高国际竞争力，各国政府都在想尽办法精简政府机构、提高工作效率。电子政府的建设、因特网的应用恰恰满足了政府的这一要求。政府政策的发布可以利用因特网，这使信息的存储、管理、检索、查询更为方便，信息传递更为快捷。最后，电子政府热潮的兴起与 IT 厂商的推动是分不开的。IT 厂商提倡建设电子政府是为了实现其信息产品拓展市场容量的目的。这是因为政府部门有应用信息产品的需求和可能，同时也有支付的能力。

各国建设电子政府的目的主要有三个：一是提高国家的国际竞争力；二是提高政府办公效率；三是促进经济增长和国民经济、社会的信息化程度。正是基于上述三个目的，电子政府的热潮才会席卷全球。

政府承担着大量的社会、经济、文化的管理和服务功能，尤其在调节市场经济运行方面发挥着很大的作用。随着全球信息化的趋势，政府的信息化程度直接影响政府的竞争力，并成为衡量各国发展水平的一个标准。许多发达国家都在力促政府上网，抢占网上制高点。虽然它们采取的措施各异，但目标都是运用网络技术尤其是因特网技术重塑一个更有效率、服务更直接的电子政府。

二、政府改革本身的需要

从世界范围来看，推进政府部门办公自动化、网络化、电子化，全面信息共享，已是大势所趋。联合国经济社会事务部把推进发展中国家政府信息化作为发展重点，希望通过网络技术的应用改进政府组织，重组公共管理，最终实现办公自动化和信息资源的共享。而在世界各国积极倡导的“信息高速公路”的五个应用领域中，“电子政府”被列为第一位，其他四个领域分别是电子商务、远程教育、远程医疗、电子娱乐，可以说政府信息化是社会信息化的基础。

各主要发达国家为提高其国际竞争优势，相继推出国家信息基础建设，用网络构建“电子政府”，作为提升政府效率及便民服务的重点，以建立一个以反映人民需求为导向的政府，并以更有效率的行政流程为人们提供更广泛的、更便捷的信息及服务。

电子政务的核心不是技术，而是借助技术来实现政府的再造。政府为什么需要再造？网络技术如何帮助政府再造？虽然在现实世界中，政府依然“拥有对其他一切人、一切组织或权利要求的权威，不会遇到来自一个与之平起平坐的权利要求者的挑战”，但是面对新的时代状况，政府机器已经感到力不从心。一方面是刻板的官僚化控制把公务员像齿轮、杠杆和螺丝钉一样固定在系统的某个岗位，系统的运作缺乏弹性，对理性和规范的追求甚至超越了政府工作的目的本身；另一方面是零散孤立的管理职能、基于人力的文书与档案处理、复杂的事件呈报与处理程序，使得系统在不断扩大的同时也不断降低效率。随着社会生活的领域不断拓展，在很多新的问题以及新的事物面前，政府难以做出敏捷的反应，甚至出现管理真空，无人过问、无章可循。正如世界银行报告中指出的那样，改革尚没有适应这种变化以跟上时代步伐的政府，已经成为世界性的课题。

在困境之中，人们发现，新的网络技术将是政府转型最重要的促进器。首先，网络技术的发展促进了信息资源的高度整合与利用，它使“信息”成为权力运作和资源分配过程中最有分量的砝码。电子式的管理手段、融通的信息查询功能以及可以跨越层级实现对话的电子邮件就开启了许多种的可能。其次，网络技术的发展改变了信息收集、处理、储存以及传送的方式，它正以可见的速度逐渐革除那些由手工作业或个人恶劣动机导致的信息匮乏和信息欺蒙的行政弊端；它还能通过最大限度地掌握资讯，来改善决策者的有限理性，提高决策质量。它使得政府尤其是决策者能够从琐碎的具体事务中摆脱出来，专注于公共事务和宏观调控。十分明显的是，网络技术的发展还提供了新的大规模和高强度的政治参与和政治监督手段，它带来的开放性也大大提高了政府行政的透明度与民主化程度。

在这样宏大的背景下，政府如果想继续发挥决定性的影响力，只有跟上潮流，而绝不能固守传统的领地，等待被技术所淘汰。电子政府是人们用来进行自我组织的一种方式。在这个意义上，我们说，电子政府的出现正是政府再造的理性抉择与网络技术飞速进步相契合的必然产物。

三、数字经济要求政府管理全面创新

西方大多数国家的政府机构都是为了适应工业化社会而建立的。建立电子政府，实质上就是要把工业化模型的大政府——其特点是集中管理，分层结构，并在物理经济中运行——转变为新型的管理体系，以适应虚拟的、全球性的、以知识为基础的数字经济，同时也适应社会的根本转变。这种新型的管理体系就是电子政府，其核心是：大量频繁的行政管理和日常事务都通过设定好的程序在网上实施，大量决策权下放给团体和个人，政府重新确立其职能。

从传统政府转变为电子政府将是社会政治史上的一次极为深刻和艰巨的变革。寻求创新、创造性地解决问题显得日益重要。这里的关键就是创新，而不只是提高一点办事效率。

要操作如此深刻的变革，就应当重新审视政府的基本功能。在网络时代，电子政府的职能究竟是什么？集中管理的意义何在？分散管理的好处又是什么？要详尽分析这些问题，再创造性地制定出简明的规则以管理每个单位。要理解电子政府这一概念，就需要重新认识政府的相关特点，并不仅仅是运用新技术提高效率，也不只是把现有职能从中央转移到地方。这里需要做的，首先是规定电子政府的功能；其次是以此为核心建立新的管理体系，以创建一种真正按照设定程序进行数字式管理的模型。

在网络时代，国家的信息基础设施将把整个社会中的每一个公共的和私人的团体以至每一个人都连接在一起，决策权将转移到每一个团体。因为，在网络时代，信息量将大幅度膨胀，信息更新会日新月异，这就不可能要求集中性管理机构的人员随时都能掌握各方面最优秀的知识。相反，只有与某一问题关系最密切的人或团体才有可能掌握最有价值的相关知识。

第二节　电子政府的含义

一、电子政府的定义

电子政府是指在现代计算机、网络通信等技术支撑下，政府机构的日常办公、信息收集与发布、公共管理等事务在数字化、网络化的环境下进行的国家行政管理形式。它包含多方面的内容，如政府办公自动化、政府实时信息发布、各级政府间的可视远程会议、公民随机网上查询政府信息、电子化民意调查和社会经济统计、电子选举（或称“电子民主”）等。

电子政府可以提高政府办公效率。传统的繁文缛节、拖泥带水的作风将被高效、快捷的办公方式取代。各种文件、档案、社会经济数据都以数字形式存贮于网络服务器中，可通过计算机检索机制快速查询、即用即调。社会经济统计数据是花费了大量的人力、财力收集的宝贵资源，如果以纸质存贮，其利用率极低；若以数据库文件存储于计算机中，可以从中挖掘出许多未知的有用知识和信息，服务于政府决策。

电子政府的办公方式从地理空间和时间上看，一改过去集中在一个办公大楼、一周五天、一天八小时工作制。“网上在线办公”创造出“虚拟政府”环境。政府官员和公务人员处理公务不受时空限制。无论他是在家、在办公室、在车上还是出差在外，随时随地都可使用便携电脑，通过有线或无线网络通信，登录到自己的办公站点，处理事务。个人、企业或组织足不出户便可同政府联系。电子政府改变了政府的组织形式。传统的政府机构是层次结构，从中央到地方分为数级，上一级管若干下一级；公务人员多，机构庞大；“麻雀虽小，五脏俱全”。电子政府表现为分布式的网络结构，公务人员的等级表现为一定的网络用户权限；政府高效、精简，公务人员数量大减；国家节省大量人力资源。

电子政府是高度民主的政府。传统的行政方式避免不了“家长制”“一言堂”的官僚风气。人类社会的发展是朝着民主进程前进的；技术的进步使民主化成为可能。由于“电子政府”与千家万户的计算机相连，因此所有公民都可参政议政。人民创造历史，人民的智慧无穷无尽；只有全民参与、群策群力，才能合理决策、减少失误。

电子政府可以减少官员腐败。从概念上讲，“电子政府”中不存在官员，最多可以说官员的身份是以用户权限来体现的，其一切公务活动都可通过日志文件查考。公务处理按计算机程序进行，避免人为干预。“吃、拿、卡、要”在技术机制的制约下受到一定程度的限制。

实现电子政府除了文化、政治障碍外，还应解决以下技术问题：文件存储与归档；信息查询检索机制；多源信息集成与共享；知识挖掘与发现；普遍访问；安全、信任机制。

那么，电子政府的作用与影响又如何呢？

首先，“电子政府”是一个利用信息和通信技术有效地实现行政、服务及内部管理等功能，在政府、社会和公众之间建立有机服务系统的集合。它的确切含义不是简单的“计算机辅助政府办公”，而是更深层次上的“政府网络化社会服务体系”。

其次，“电子政府”就是运用信息及通信技术打破行政机关的组织界限，通过建立电子信息处理中心和电子文书传递系统及其他相关系统，在网上成立一个虚拟政府，实现政府的职能工作，使人们可以从不同的渠道获得政府的信息及服务，而政府机关之间及政府与社会之间也是经由各种电子化渠道进行相互沟通。

最后，“电子政府”的应用将主要体现在电子商务、电子采购及指标、电子福利支付、电子邮递、电子资料库、电子化公文、电子税务、电子身份认证等方面。其功能主要表现在：打破传统的暗箱操作，提高政府工作的透明度，有利于政务公开及廉政建设；提高行政办公效率，各种文档管理负担大幅度减轻，降低办公费用；使政府增加跨时间、跨地域的服务，从 8 小时政府变为 24 小时政府；加强政府与群众间的双向沟通；提高政府工作人员的信息化水平；等等。

二、电子政府的内涵

电子政务最重要的内涵是运用信息及通信技术打破行政机关的组织界限，建构一个电子化的虚拟机关，使得人们可以从不同的渠道取用政府的信息及服务，而不是传统的要经过层层关卡书面审核的作业方式；政府机关间及政府与社会各界之间也是经由各种电子化渠道进行相互沟通，并依据人们的需求、可以使用的形式、要求的时间及地点，提供各种不同的服务选择。

社会是一个复杂的巨大系统，主要由政府、企业、个人组成。政府在一个社会中居于核心的地位，政府扮演着管理者、服务者和消费者的角色，起着对整个社会的协调、控制和管理的作用。经济的发展、科技的进步、文化的繁荣、社会的安定、国家的安全、人民生活的保障等都需要政府来调节和控制。政府的调节和控制功能主要通过广泛收集社会各方面的信息，同时发出有针对性的控制信息来实现，见图 6－1。

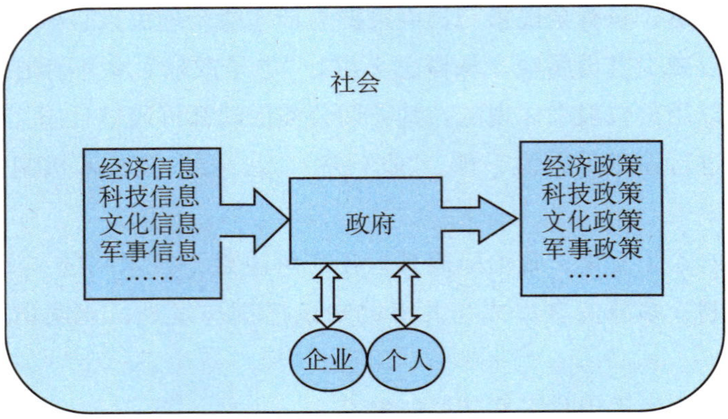

图 6-1　政府的地位和作用

因此可以说，能否快速有效地收集到各种信息，能否快速准确地发出各种控制信息，对政府来说是极为关键的。政府必须拥有稳定可靠的收集信息和传递信息的渠道。

如前所述，因特网最根本的特点就是能实现信息的快速传递和信息资源的广泛共享。所谓电子政府，通俗地说，就是通过因特网在网上建立政府网站组成的虚拟政府。建设电子政府就是运用网络技术打破政府部门之间的界限，构建一个全面电子化的虚拟政府，使人们可以从不同的渠道获得政府的各种政策信息和服务。政府部门之间及政府与社会之间由电子化渠道进行相互沟通，并依据人们的要求和使用的方法提供各种不同的服务选择。因特网把政府、企业、个人及各种社会团体、机构等组成社会的元素联结起来组成一个一天 24 小时运行的网络。通过建设电子政府，政府可以借助因特网强大的信息收集和传递的能力大大增强政府收集各种社会信息和传递各种政策信息的能力。这样一来就增强了政府协调和控制各种社会活动的职能。

三、电子政府的外延

电子政府的物质基础是国家信息基础设施建设，也就是以尖端网络技术和充足的网络相关产品来装备整个社会。这些产品包括计算机、电视、电话和卫星。它将使人们轻松而省钱地相互连接，并获取各种服务和信息。现在世界各国都在加快信息基础设施建设，各国信息基础设施和全球信息基础设施是整个网络时代的物质基础。随着信息基础设施建设的开展和深化，电子政府的轮廓也日益明朗。它包括以下几方面的内容：

（一）完备的网络时代法律系统

电子政府必须解决网络时代出现的各种新问题，为新的世界建立良好的秩序，这就要通过完善立法并结合技术开发与应用来实现。世界各国已经颁布了一些相关法律。其中有些是关于网民基本权利的，如美国的《网络信息公平使用法》规定每一个公民都有权免费获得政府公布的任何信息，政府有义务为此提供网络支持；有些是关于网上知识产权和隐私保护等网上通信安全、数字签名问题的，这部分数量最大，大都涉及加密技术问题如我国的《电子签名法》；还有关于网上道德及贸易等方面的立法。

（二）新型的立法和选举机制

在网络时代，公民投票将变得非常简单。以美国为例，每个公民都可以在自己家中浏览竞选双方的演说及各种相关材料，阅读国会中正在讨论的各种提案及各方对这些提案的评论，同时也可以轻松地发表自己的评论，并投上一票；国家、地方的任何一个重大决策，甚至可以说任何一个决策，都可以通过全民投票方式来决定。但新的问题就出现了——并不是每一个有条件参与国家决策的人都会有充分的责任感。有的人也许不会去投票，也有人会无关痛痒地投上一票，还有人会想方设法进行捣乱。这样整个立法机制将发生变化。首先，使法案通过的投票比例发生变化；其次，应有一定的程序来保证每个投票人都足够负责；最后，应当建立一定的程序防止舞弊。

（三）新的行政管理和司法体制

一方面，大量频繁的日常行政管理、各种政府机构和社会机构以及个人之间的联系都将通过预先设定好的管理程序来实施。如人们办理存款、申领证件等具体手续，可以借助网络自行完成。人们的日常工作和学习都可以在家中通过虚拟环境进行。这样会带来社会在虚拟世界的重组，也会产生一系列新的社会文化和心理问题、一系列新的冲突和不适应。而且社会的变化将非常快，研究如何使一个快速变化的社会保持秩序、如何使一个虚拟的世界充满爱心将显得日益重要。行政管理机构在摆脱大量繁杂事务的同时，将承担起新的职能。

另一方面，行政机构将向网民提供更好的服务。每个网民都将有条件获取大量信息。在既定的法律制度大多通过程序来贯彻时，大量的行政决策权将转移到团体和个人手中。如何使每个决策都能充分有效地发挥作用，而又不致互相冲突，在分散决策的社会进行总体调控，也将是行政管理面临的挑战。

总之，电子政府代替传统政府，意味着系统程序式管理取代政府实体性管理。

第三节　电子政府的特点与目的

一、电子政府的特点

电子商务时代是信息化时代，是数字经济的时代。政府始终起着引导经济、管理经济、调控经济的重要作用。新的时代要求政府必须应用现代化的手段来管理经济，规范电子商务市场，保证国民经济的健康持续发展。为适应 21 世纪电子商务在公共计算机网络上开展，政府职能也应该在公共网络上实现，即形成电子政府。在 21 世纪，电子政府将成为电子商务活动的支撑环境中的重要组成部分。

（一）电子政府是电子网络技术的最大使用者

政府、企业和家庭是经济行为的三个主体，信息化应该首先从政府的信息化开始。政府信息化是先导，企业信息化是基础，家庭信息化是方向。网络技术发展到今天，已经直接影响着我们的生活，信息网络正在成长为“第四媒体”，它将成为人们获得信息的主要载体。在世界范围内，随着电子商务的发展，推进政府部门办公网络化、自动化、电子化，实现信息共享，已是大势所趋。人们认识到必须通过网络技术的应用来改进政府组织，重组公共管理，最终实现办公自动化和信息资源的共享。世界各国正在积极构建自己的“电子政府”，我国也在大力推动电子政府的建设，其目的在于通过推动我国各级政府部门为社会服务，促进公众信息资源上网，实现信息资源共享，并以此来带动我国国民经济和社会生活的信息化，建立良好的电子商务环境。

（二）电子政府是服务大众的新型政府

政府作为一个国家的核心机构，自古以来给人的印象就是拥有统治的权柄，发挥着管理的功能。早在电子商务社会到来之前，各国人民就希望政府机构能像企业那样千方百计地为其提供更好的服务，其实这也是各级政府想要达到的目标。所幸的是各国的政府也都及早地意识到了这一点，正努力地从管理型向管理服务型转变。网络化、信息化时代的到来，为这一转变带来了契机——电子政府呼之欲出。

（三）电子政府是电子商务社会的一面旗帜

电子政府集中了管理和规范国家政治经济等政府职能，同时又具备通过信息交换和商务活动为公民服务的特征。在未来的电子商务社会中，曾推动人类文明进步的纸张将进入博物馆，无纸办公、办公自动化将首先在政府部门中全面实现。由政府掌握的大量社会信息资源再也不会尘封库中，也不会在层层传达中丧失应有的功能。

二、电子政府的目的

电子政府是一个利用信息和通信技术，在公共计算机网络上有效实现行政、服务及内部管理等功能，在政府、社会和公众之间建立有机服务系统的集合。总体来说，电子政府的目的主要体现在以下五个方面：

第一，政府机构各部门实行电脑化、网络化和信息化，帮助提高政府在行政、服务和管理方面的效率。电子政府利用网络技术，积极推动精简组织和简化办公等工作。

第二，政府从被动服务转变为主动服务，企业、公民可以不受地点、时间的限制了解政府方针政策，接受政府的管理。

第三，利用政府内建立的网络，为公众社会提供优质的多元化服务。政府的信息网络覆盖政府的各级部门。电子政府利用统一的信息资源，通过语音导航系统、因特网等现代化手段，为公众提供简便的多元化服务。

第四，以政府的信息化发展推动和加速整个社会的信息化发展。电子政府向公众展示高新技术的应用，让社会享受信息网络的便利，切实地推动全社会信息化的发展。

第五，适应数字经济的发展，引导、规划和管理电子商务的活动，建立电子商务的支撑环境。电子政府的建设并不是某一个地方政府的行为，其最终目标应当是由政府组织、综合税务、市场监督、邮政、交通运输、教育、海关、银行等业务部门，通过语音导航系统和网络为公众提供电子政务服务和电子化商业服务。

第四节　电子政府的发展方向和面临的问题

一、电子政府的发展方向

一体化政府是电子政府发展的一个方向。一体化政府使公众在与其打交道的时候察觉不到不同政府部门之间的界限。在一个政府网站上即可同时进行办理出生证和交税等原来需要到不同的政府部门办理的事务。这里包含两方面的含义：一是同一级政府的不同部门的一体化；二是不同级政府的一体化。传统的政府总是部门林立、条块分割、等级森严，如图 6－2 所示。当公众要办理某项业务时，他有可能需要到不同级别的政府的不同部门去很多次，而且由于不同政府部门之间尤其是不同级别的政府部门之间的公文周转的低效，要想办成这件事情有可能要花上很多时间。一体化的政府使各级政府的各部门拥有了统一的服务平台，如图 6－3 所示。在这样一个服务平台上，公众面对的是一个一体化的政府，他不必关心自己打交道的是哪一级政府的哪个部门，只要获取服务就可以了。这样就使公众可以在很短的时间内完成原来要数天甚至数月才能完成的事情，大大提高了政府的服务效率，为公众节省了大量的时间。

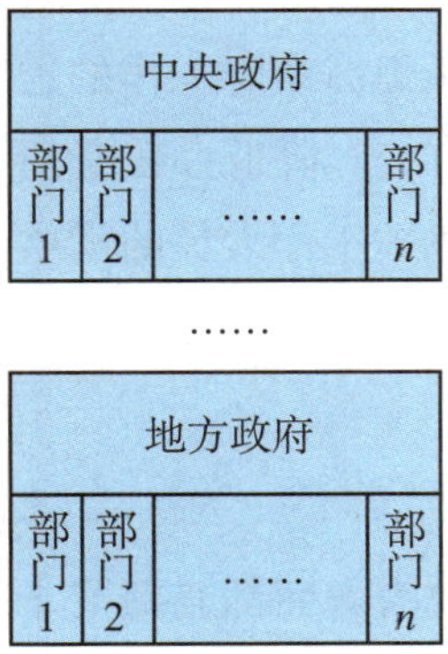

图 6－2　现实中的政府结构

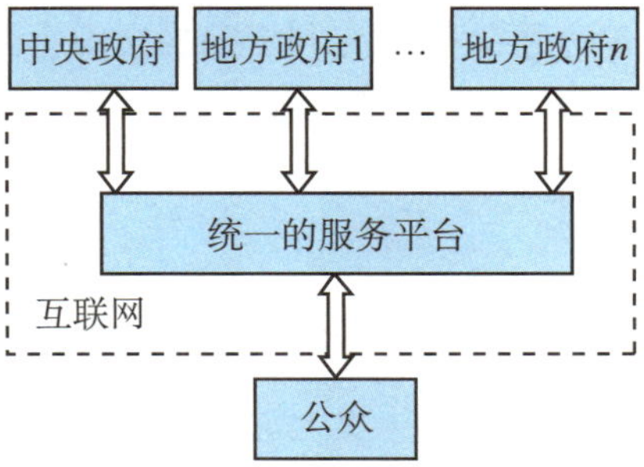

图 6－3　一体化政府结构

毫无疑问，计算机及通信技术对于人类文明的重塑将比当年的印刷技术更快、更彻底。在这一背景下，技术已成为一种资源，它使政府可以向公众提供更好、更有效、更便宜的服务。一体化政府正是这一趋势的产物。首先，它使政府可以每周 7 天、每天 24 小时向公众提供政府的各种服务。公众接受这些服务的时候可以比以往节省很多的时间和金钱，尤其是对偏远地区来说，更是如此。可以说一体化政府打破了偏远地区的不利状况。其次，由于数据都是采用统一的电子化报表形式，多个部门可以同时工作，这样就节省了周转的时间，使政府内部协调统一，减少工作压力和费用，使政府各部门更好地实现它们的功能。一体化政府使政府的服务范围大大拓展，公众更容易获得政府的服务，如可以通过家用电脑、智能手机获得这些服务。

政府信息化的目标是，利用网络技术提高政府的运行效率，使政府的决策建立在及时、准确、可靠的信息基础之上，以便更好地为社会服务。在美国，全国雇主税务管理系统、联邦政府全国采购系统和转账系统等网络的建立，不仅节省了大量的人力、物力、财力，而且提高了政务透明度，堵住了徇私舞弊的渠道。

网络技术的高度发展，分工的日趋精细，全球经济一体化、区域化的进程加速，使整个社会所需要决策的数量越来越多，政府、政治家决策的负担越来越重。在信息社会中，政府更开放，公众的参与性更强，决策更趋科学合理，对政府行为和政治家的监督检查更具体直接。电子政府要求政府机构的设置必须与经济结构、信息系统及文明的其他特征相适应：一是建立一个能将所有部门连在一起并让它们协同工作的安全的政府内部网和中央数据库；二是提供满足公众特殊需要的服务，公众能够从网上方便、安全地得到这些服务；三是建立一个电子政府市场，各个部门可以公布它们需要的物品，得到认可的供应商可以对这些物品竞标，公务员可以迅速、高效地买到低价物品；四是网络民主，政府和政治家必须利用网络增强自己的透明度和对选民的责任感，最终实现网上投票。

电子政府的实施是复杂的，建立电子政府不仅需要远见，而且需要高层具有强大的政治领导能力，并基本熟悉使用计算机和因特网的技术。因特网是通往自助式政府的途径，自助式政府可以使客户通过因特网直接获取解决问题的资料或直接解决问题。

实现政府信息化，为政府管理导入全新的观念，有利于提高政府工作的透明度，从而提高政府办事效率；有利于减少文山会海，实现无纸化办公，降低办公费用；有利于信息资源共享，及时、快捷地发布信息；有利于提高政府机关工作人员的素质，促进政府的全面建设。[①]

二、电子政府发展中的问题

面对这一场人类历史上深刻的变化，各国在建设电子政府方面都遇到了非同寻常的困难，一般来说，有以下问题：

① 陈庆修．未来的电子政府．人民日报，2000-09-04.

（一）公共政策问题

现在的因特网虽然发展很快，但仍在开始阶段。人们常用电子开发区来形容今天的网络界，对任何一个开发区而言，制定什么样的政策就会带来什么样的未来。网络化会影响到每一个公共政策领域，包括安全、隐私、知识产权、普遍接入、电子税制和合同法等。其中，加密技术和制度非常关键，但大多数政府管理人员都不了解技术，这给立法和规范带来困难。而且，更重要的是，政府必须平衡社会目标和大众服务，同时还要保护商业、言论和价值观。

（二）安全保障问题

这是电子政府成功的关键之一。如果无法有效防御黑客攻击造成的电脑恐怖活动和计算机病毒，电子政府就无法建立。电子政府的可靠性就取决于如何解决这些制度和技术方面的问题，为此，一方面要建立和完善相关法律，给予电子签名与手写签名和盖章同样的法律保障；另一方面要完善密码技术，国际标准化组织已在建立相关国际性标准，为电子交易的数据和隐私提供最高标准的保护。电子政府不仅能增强政府本身提供网上服务的信心，而且对全国电子商务的发展也是一种促进。电子政府整体模式的建立，从安全技术发展和确保企业竞争力来看，也是极其重要的。

（三）理论创新问题

进入网络时代，社会变得进一步复杂化，电子政府意味着整个社会政治管理体系将焕然一新。西方学者也开始研究网络时代的政治理论问题。其中，IBM 主办的电子政府学院的一些学者提出了新的电子政治学理论，其立论基础与通常的政治学和社会科学截然不同，是借用生物学的理论，以新增长经济学和综合理论为基础建立起来的。它认为在信息时代，社会变得越来越复杂，而且每一个社会单位为了自身生存和发展，变化也日益频繁，集中管理已不再能够奏效。我们若想在迈向未来时代的道路上稳操胜券，就必须用数量相对较少的简单规则来管理自己，这些规则之间的相互作用会自动产生出智能化结果。自然界就是通过简单规则来维持秩序的。在自然界，每个自治单位都通过反馈网络连接在一起，形成一个内部相互批判的群体。这些规则都是在每个自治单位即组成部分内部起作用，而不是在中心起作用。这种管理系统会自发创造出不断增长的群体秩序和智能化效果。典型的例子就是蜂房和大脑。一个综合系统会依据每个单位拥有的智能和自治水平逐步复杂化。

思考题

1. 如何理解电子政府的背景？
2. 如何把握电子政府的含义、内涵及外延？
3. 电子政府的特点和目的是什么？
4. 电子政府在发展中有哪些问题？

第七章 电子政务与政府组织

学习目标

❶ 了解组织结构变革的扁平化、网络化、虚拟化、知识化、人本化特点；
❷ 把握权力结构的分散化和知识化趋势；
❸ 掌握网络时代的政府组织运行特点。

基本概念

政府组织　扁平化　网络化　权力结构的分散化　权力结构的知识化

导　言

网络社会的发展，无疑给政府组织的变革、政府运作的方式和效能带来很大的挑战。正如托夫勒所言："第三次浪潮不仅仅是个技术和经济学的问题。它涉及道德、文化、观念，以及体制和政治结构。""更令人感到意味深长的是，政治权力正不断从我们正式的政治结构——国会、白宫、政府机构和政党——转向由电子网络联结起来的基层团体和媒体。"

第一节 网络时代的组织结构

一、组织结构变革的扁平化

几乎从人类社会诞生以来，在人类所有组织结构形式中，占绝对统治地位的就是金字塔型的、自上而下的科层制组织结构形式，它甚至是政府行政管理的唯一组织形式。金字塔型的等级制是工业时代政府行政体系的主要组织形式，它是与当时集中管理的大工业及高度集中的权力结构相适应的。其重要的特征是讲究权力中心，讲究"官本位"，讲究等级制。这种结构形态，在科学技术不够发达的工业社会能够发挥其功能作用，但是随着信息时代的到来和外在环境的变化，它越来越暴露出明显的弊端。首先，外界信息流动加快，而其信息流动慢；外界信息变化快，而其反应迟缓。与此同时，这种形式也有副作用，如对外界环境的变化反应迟钝、各层级缺乏有效的沟通、规章制度作茧自缚、机构臃肿、人员膨胀、效率低下等。这种结构在提供了众多权力职位的同时，也带来了比较严重的官僚作风、衙门习气。随着时代的发展，这种结构赖以存在的基础发生了变化，弊病也日益明显。

网络时代给政府组织带来的突出影响是减少组织管理的层次、扩大管理的幅度、使组织结构从金字塔型向扁平型发展，并且更具有机性、灵活性和适应性。当人类社会进入后工业社会和信息社会时，环境变得更为多样化和复杂化，社会也要求政府的管理和服务更加多元化和个性化。因而对传统科层制的改革就不可避免。网络技术被广泛应用于行政组织系统，无疑为对传统的金字塔型科层制进行改革提供了强有力的支持。网络时代下的政府组织结构，将对现有的金字塔型科层制组织结构进行重造，并积极创造新型的政府组织。普遍做法是：减少或者取消组织中间管理层次，压平组织机构，推行网络化的组织结构形式。

理想的网络式组织是有机性、扁平化的组织，层级较少而功能较专精，各种内部作业整合成任务小组式的单位，随时可以独立出去作业，也随时能够为了新的事务而整合新的功能小组到组织内，共同执行新的任务。它的结构是易于改变的，所以也被称作变形虫组织。这种组织是动态的，可塑性高，适应性强，易于调整结构以吸收外部的资源，容易变胖也容易减肥，所以特别能够适应多变的环境。大科层生产组织像是一部金字塔型的大机器，内部零件环环相扣，结合在一起不断生产出标准化、规格化的产品。网络式组织则像乐高积木，功能小组有机地整合起来，可加可减以适应多变的外在环境。社会学家韦伯理想中的科层组织是正式化的、非人性化的组织，制度规章明确，各职位权利义务清楚，权力集中，层层节制，所有交易都形诸笔墨、留下记录。网络组织的原则刚好相反，从集权化转向分权化，从层级化转向扁平化，从法律、制度控制转向社会控制与分享意愿的“思想控制”，从精细分工转向易于外包的企业流程分工，从机械式的功能部门组合转向有机式的工作团队组合。

扁平化管理是相对于等级式管理构架的一种管理模式。它较好地解决了等级式管理的层次重叠、冗员繁多、组织机构运转效率低下等弊端，加快了信息流的速率，提高了决策效率。

扁平化管理模式的特点，是精练了管理层次。但是，由决策者直接面对职能部门和基层生产单位的一对多的组织构架，只是物理意义上的扁平化管理。由于实施面对面的管理，大量的数据和管理信息的交流只能在决策者和所面对的管理部门之间进行，而部门与部门之间的信息资源的交流及相互调用亦只能通过决策者来进行。此时的决策者在扁平化管理平台上只起到一个数据库（存储和交换信息资源）的作用，无法集中有限的精力去研究企业的市场对策和企业发展的战略问题。面对企业内部各种管理信息流（资金流、物资流、计划流……）的迅速汇集，决策者如何把握时效、有序整合相关的数据、合理配置企业资源、提高决策效率，是实施扁平化难点所在。

总之，扁平的政治组织结构强调信息共享，重视横向的联系、沟通与协作，支持与目标联系起来；重视权力分散、自我管理和民主管理，强调人力资源的开发。它适应的社会技术基础是网络技术的应用，适应的环境是动荡的、多变的和复杂的，适应的需求是多元化和个性化的。

二、组织结构变革的网络化

由于网络组织信息流通的社会化，且网络的结构可以比任何其他现有的组织以速度更快、更富有情感、更节省能源的方式沟通信息，因而将使社会组织结构向网络化的方向演变。因特网的独立、开放、互动的特性，将使整个社会组织成为纵横交错的复杂系统，使我们生活在一个虚拟与真实交织重叠的新的社会环境之中。正如工业时代的代表性组织是垂直整合、多部门、多功能的大型科层组织，网络社会的政府组织将会在政府内部以网络组织原则取代科层组织原则，从内到外彻底地网络化。科层式组织过时了，网络式组织正在兴起。

网络社会的政府组织源于网络式企业组织的兴起。20 世纪开始于生产方式泰勒化的风潮，在 20 世纪 50 年代达到了高峰，造就了以大企业为主体的“管理资本主义”。毫无疑问，20 世纪是大企业组织的天下。

然而，随着消费环境的变迁，消费者要求个性化消费，市场变得破碎而多变，大量生产、大量消费的时代结束，大型科层式组织也失去了昔日的光彩。

大型科层组织的没落在 20 世纪 80 年代已见端倪，美国 500 强企业的销售总额到了 1989 年只占全国国内生产总值的 42%，12 年间影响力下滑达 16%。垂直整合上下游、多部门、多功能、层级分明的庞大企业已走完它的辉煌岁月，正逐步让座于弹性而专精的企业，以及能够整合大、中、小企业于一炉的网络式组织。网络式组织之所以兴起，正在于它弹性专精的特质，可以适应快速、不稳定、多变且多样化的市场需求。

互联网的使用是促成网络式组织形成的一大功臣，一方面网络使在家上班者与外包商增多，网络式组织是有效运用这种劳动力的组织结构，另一方面网络使分散各地的组织较容易沟通，所以网络式组织能有效率地管理。再加上信息技术带来的经济环境的变化，快速变迁又不稳定的市场以及分众化的生产，也使得网络式组织得到发展的良机。少了网络，网络式组织既少了左膀右臂，也少了用武之地。

由于网络的结构可以比任何其他现有的组织结构以速度更快、更富有情感、更节省能源的方式沟通信息，并使网络中的一切东西趋于平衡，从而使金字塔式的等级结构失去了效力，进而将对社会组织结构的网络化产生影响，表现为：(1) 社会中各组织的内在组织系统功能完善、相对独立；(2) 组织之间的开放性强，组织与组织之间的交流频繁；(3) 组织之间的互动，以及组织受外在环境影响，使组织的变动更频繁。独立、开放、主动、变化使整个社会组织呈现纵横交错的复杂系统。

三、组织结构变革的虚拟化

网上多数虚拟组织是互联网上的一个纽结、一个节点，但这一纽结以其开放性、交互性、平等性的优势，一方面可以与其他组织互通信息，更深层次地交往；另一方面，它使任何一个组织可以同时与几百个、几千个组织沟通，扩展组织的广泛联系，丰富组织的内容。网上任何一个虚拟组织，将既保留组织自身的特点与个性，具有自己的人文精神，同时又通过其联系广泛的触角，在互联网中汲取其他组织新的思想、文化与经验。

虚拟组织有三个要素：人员、目标和连接。虚拟组织的人员构成将由“组织内”变为“跨组织”；工作方式将由“当面沟通”变为“网络沟通”；管理方式将由“奖罚控制”变为“目标导向”。其中有些正有待于我们去创造。

四、组织结构变革的知识化

美国管理学家彼得·德鲁克指出网络社会的特色，就是知识成为最主要的资源。以往生产资源主要是土地、资本与劳力，而现在则主要是知识。以往的产业是劳动力密集产业，要靠剥削劳动力取得利润，或是资本密集产业，要靠大规模生产的规模经济获取利润，而今天，主要产业都是技术密集产业，只有知识创新才能赚到利润。以往的产业分类只有农矿业、制造业与服务业，如今已有学者提出第四个分类——知识产业。后资本主义社会中，最主要的“资本”是知识，而不是金融资本。

知识已然是最主要的生产工具，是企业赢得市场、累积财富的关键，所以知识传承、相互学习、组织学习就成了创造资源、节省成本、组织取得竞争优势的关键。一再宣传“学习型组织”的彼得·圣吉就指出，过去的管理哲学是围绕着如何低廉地开采资源（土地、劳力与资本），以降低成本为竞争关键，但未来的组织则置重点于如何管理人们的知识创造力。

除了弹性之外，知识的共享是网络式组织的另一个竞争优势。技术合作原本就是公司间结成网络的重要原因，硅谷的策略联盟除了外包生产之外，也常常包含了知识共享与技术互换。知识转移不像货物转移，不是一个我有你无的零和游戏，而可以让双方共同享有，是一个双赢策略。知识的交换可以节省大笔的研发费用，通过联盟，一家公司可以取得它需要的关键技术而不必投入大量资源。在技术密集产业内，对成本的节省尤其重要。但是技术又往往是商场决胜的关键，是企业刻意保护的资源，没有足够的信任又怎么敢保证大家会开诚布公精诚合作，而不是各怀鬼胎互偷技术呢？所以长期的商业互动建立起来的信任关系是知识共享的基础。

五、组织结构变革的人本化

人本化就是“以人为本”，以人的需求的满足、人的才能的发挥、人的价值的实现、人的生命质量的提升为根本宗旨。现代政府组织设计强调尊重人的人格，重视人的需求，开发人的潜能，为各类人员提供施展才华的舞台。传统的政府金字塔结构正是在这方面具有不可忽视的缺陷。因此，扁平化组织才应运而生。与扁平化组织几乎同时出现的还有“柔性化组织”“变形虫组织”等。“柔性化组织”强调组织的柔性，包括组成的柔性、管理的柔性、工作时间的柔性。“变形虫组织”则强调组织成分的随机组合，打破单位内的组织壁垒，吸收组织外最适合做某种工作的人一起组成一个临时性组织，在完成某项任务后，自行解散。人们就是这样在不断实现个人才能增长的过程，一步步走向成熟、成功的。

在未来的政府组织中，对人的知识与才能、对人的创造性、对人的协作性要求将普遍上升。那么反过来，在政府中工作的人，对政府组织的要求又是什么呢？那就是更能够吸纳知识多、才能高的人，更能为创造性、创新精神提供机会和舞台，更有利于人与人之间的交流与协作。总而言之一句话——更加符合人性。政府的组织结构是为人服务的，唯有人性化、人本化的组织才能具有无限的生命力。

第二节　网络时代的权力结构

一、权力结构由控制型向分权型发展

在工业化社会中，为了将生产要素有效地组织起来进行生产，有效地利用社会资源，必须要有控制型的企业组织权力结构，以保证大工业的有效进行。作为经济反映的权力结构，一般也采用控制型方式。从中央到地方，从上级到下级，权力明确，地方服从中央，下级服从上级，通过由上而下的控制型权力模式，能使全国形成共识，为共同的目标而奋斗。但控制型权力结构也有明显弊端。高税收、浪费、僵化及低效率几乎成了多数国家政府的通病。

我们正处于全球激烈竞争的环境，信息泛滥，知识爆炸。大众已不再满足于僵化、低效率的控制型权力结构，而要求能提供多样化选择及具有分权式、高效率的政府。大众希望能够有参与政府重大决策的权力。信息社会的发展，给这种转型带来契机，也为提高政府能力创造了条件。

集权与分权是行政管理领域议论的焦点。工业时代，中央集权式的管理被视为工业社会最先进的管理方式，行政集权在现代化过程中起到举足轻重的作用。但随着科学技术的发展、后工业社会的来临、社会利益的分化以及国际经济的一体化，行政管理中出现了集权危机，在瞬息万变的情况下，若都等待中心权力机构作出决定，会降低效率，错过时机。传统管理中，起巨大维系作用的许多单一性很强、排斥性很强的行为准则、规范和价值观正在被多样性、包容性很强的准则、规范和价值观所取代，使得整个社会的全体成员现实的或预期的行为空间和思想空间大大扩展。“放权”正在成为一个全社会性的进程，而不仅仅是一个行政权力关系的变化。分权成了一种目标取向。与集权式管理相比，分权具有以下优越性：第一，分权比集权有更大的灵活性。因为分权对于环境和顾客需求的变化能迅速地作出反应。第二，分权比集权更有效率。下级人员接触问题的机会最多，了解问题的症结，权力下放能使他们独立地设计出解决问题的最佳途径。第三，分权比集权更具有创新精神。因为好的思想、观点常常来源于实际工作中，来源于同公众打交道的雇员，分权更能调动雇员的积极性、责任感，从而产生更高的生产率。因此托夫勒和奈斯比特把权力从集中到分散视为社会发展的一大趋势。

二、权力结构的分散化趋势①

权力分散是一个注定的大趋势，信息时代是在人们早已关注科技之未来的大背景中逐渐向我们逼近的。但是在这一过程中，人的局限时时暴露无遗——人们的感官由于每天都在承受着瞬间的、猛烈的刺激，反而在许多意义深远的问题上缺乏应有的灵敏度。

无论未来社会以什么面目来临，权力分散都已是大势所趋，这种趋势已得到普遍的认同。如果说过去这种观念多少带有对现存制度的愤世嫉俗，那么今天它已取得了技术的支持。

在 21 世纪里，知识以创造更多财富而成为比以前任何时期都更容易获得的资产。真实的权力——只要不是形式上的权力，其分配状况正在改变之中。网络化智慧的年代会带来新的权力和自由，特别是给那些知识工作者。权力分散是一个注定的大趋势，即使没有因特网，也有什么别的力量保证这一根植于人类心底的追求成为现实。早在 20 世纪 80 年代初，网络还只是在局部得到运用的时候，一些学者就已经钟情于这种能带来力量转变的新事物，并预言崭新的格局就要呈现。约翰·奈斯比特在他的名著《大趋势》中引用迈阿密大学人类学家弗吉尼亚·海恩关于网络结构一段话：“不论原因、目标或信仰如何，也不论是何种运动——政治、社会、宗教……，一旦人们组织起来，要改变社会某一方面的事物，似乎就会出现一种非官僚式的但非常有效的组织结构。”②

---

① 王强．权力分散：信息时代的新格局．中经网，1999－09－16.
② 约翰·奈斯比特．大趋势．北京：中国社会科学出版社，1984.

三、权力结构的知识化趋势①

权力知识化的第一个表现是权力来源的知识化。皮鞭、刀棒、导弹常常可以改变人们的行为和意志，但它们赋予的是强制性的权力。强制性的权力不仅难以维持，而且容易招致反抗。黄金、白银、钞票也可以影响人们的行为和意志，但这种改变是收买来的。靠收买得来的权力代价较高，并可能缺少忠诚度。信息、观念、逻辑等导致的权力则可以称为“知识权力”。知识权力是一种非强制的权力，或曰“软权力”。它依靠引导、吸引和劝服而不是收买和胁迫改变人们的行为和意志。

在农业社会和工业社会，知识与权力的联系往往不如暴力和财富与权力的联系直接、紧密。西方迫使中国接受了鸦片贸易，不是靠说服，而是凭借洋枪洋炮。第一次世界大战的结局，不是正义的胜利，而是经济和军事实力的胜利。“炮舰政策”“金元外交”“金钱政治”等说法，都明白无误地强调了武力和财富在以往政治生活中的突出地位。

不过，随着人类的知识呈几何级数甚至爆炸性增长，知识对于权力的重要性正愈发显现出来。权力的知识化在世界上的发展并不平衡，但这种现象具有警示性。在有些地方，构成权力来源三要素的暴力、财富和知识的相对地位发生了变化，权力暴力化和权力金钱化受到权力知识化的冲击。

知识权力的凸显不仅改变了权力的形式，也改变了权力的运用方式。我们已经提到，暴力赋予的权力使用时带有强制性，而知识赋予的权力则带有劝诱性。另外，运用暴力和金钱带来的权力往往带有独占性，而知识权力存在共享的可能。

运用知识权力的第一个方面是努力控制信息的生产和流动。信息是思维的材料。它不仅包括科技信息、金融信息、军事信息，还包括社会信息、政治信息等。在我们正在迈向的这个时代里，信息是知识的支柱，也就成了权力的衍生器。生产和传播什么样的信息，决定了人们的所见所闻，而所见所闻制约所思所想。在信息的生产和传播中，新闻媒体扮演着重要的角色，学会利用新闻媒体并建立自己的可信形象，将是知识权力时代的每一个政治家必备的本领。

运用知识权力的第二个方面是推销自己的价值观念。价值观念是一套判断善恶、是非、美丑的标准。如果说信息是人们赖以作出决定的“原材料”，那么价值观念就差不多相当于“模具”。价值观念是文化的产物。过去，人们常说权力是文化的载体。不错，依靠暴力和金钱，也可能把自己的价值观念强加给对方。但是，在知识时代，强加的价值观念应被视为政治上的失败。在价值观念上征服对方，才是真正的“不战而屈人之兵”。文化，将日益变成权力的载体。利用知识产品——那些凝结了价值观念的书刊、

① 范士明．权力知识化和信息时代的国际关系．战略与管理，1999（6）．

影视、游戏等，是推销价值观念的重要手段。

运用知识权力的第三个方面是争夺对“博弈”规则的支配权。规则是在信息和价值的基础上得出的“公认的”道理。地球在变得越来越小，人们的世界却变得越来越大。社会化和一体化需要各种规则规范人们的行为，以保证秩序。可是，谁来制定规则？按照什么标准制定？制定后谁来维护？这些问题的答案中包含了各种不同的权力组合和利益分配。对信息的取得和支配占优势的一方，毫无疑问地在制定规则时处于有利位置；在平等享有信息的条件下，以“主流”价值观念出现的一方又处于有利位置，因为他可以运用自己的概念和逻辑去主导甚至直接制定规则。规则就是权力。处于不利的一方，要么遵守规则，要么就做局外人——不过，信息时代是相互依存的时代，孤立不仅难以做到，而且代价高昂。不仅凭借财富和暴力而且利用规则达到自己的目的，就是在硬权力的基础上又加上了软权力，是软硬兼施。

第三节　政府组织运行的发展趋势

一、决策结构向交互式发展

在传统的工业社会中，作为政府重要职能之一的决策活动，往往采用垂直式进行，决策信息往往从上往下流动，上级政府机构决策后，下级必须无条件服从，而且决策的最高层也很难了解最底层的基本情况。作为政府管理的中间层，往往缺少横向沟通，容易产生政出多门的弊端。而在网络社会，公众通过因特网可以对高层的决策直接发表意见，甚至表决。部门之间也可以加强联系。网络也可将各部门的决策情况列在一起，让公众进行选择，从而形成交互式决策机构。

二、行政管理向信息化发展

在政府的内部运作方面，主要是组织和管理、运用好信息传播技术。网络技术的快速发展，决定了它在不同的政府部门以不同方式运用和存在；即使在同一政府部门，信息传播技术的应用也因实际工作的不同而采用多种不同的形式。例如，英国电子化政府的重要目标之一，就是要求各个部门根据本身特点有效地组织、管理和运用网络技术。

在知识经济时代，信息化程度的高低已经成为衡量一个国家现代化水平和综合国力的重要标志。从世界范围看，推进政府部门办公网络化、自动化、电子化，全面信息共享，已是大势所趋。西方国家积极倡导的“信息高速公路”的五个应用领域中，网络化政府被列为第一位，可以说政府信息化是社会信息化的基础。

政府信息化主要有以下几个方面：（1）政府信息服务。政府设有自己的网站，向公众提供不保密的政府信息和检索服务。(2) 电子化的政府服务。第一，电子商业在政府采购中的应用，不仅有很大的经济效益，而且增强了政府采购作业的透明度；第二，电子支付、电子文件交流、咨询信息服务等方式的应用，便于民众获得政府服务。通过政府网站，公众可以明了和理解政府的目标、计划、意图，政府还可获得公众的反馈信息，以改进政府的工作，这就等于是让民众参与了政府的决策过程。(3) 从工作方式来看，以前政府与公众的交流界面是在办公室、柜台、窗口，公众必须到政府部门或机关去才能解决他需要解决的问题，现在，政府与公众的交流界面只在计算机屏幕前，公众只要与计算机展开“人机对话”，问题就可以获得解决，这样就产生了一个政府再造的问题——有些办公场所可拆掉，而屏幕前原来没有的政府工作岗位则需要增加。

三、行政行为向伙伴关系发展

“顾客取向”本是一种企业行为。就政府而言，“顾客取向”表明了政府的服务性质与传统的服务不同。传统的服务方式是由政府单方面行使权力，提供服务、维持管制等，而新的服务方式是以伙伴关系和合作关系为准则的，它不是发号施令，而是互相协商。平行结构使政府趋向于用磋商、谈判、解释、说服的方式，致力于政府与市场、政府与社会、政府与企业、政府与公民之间互动状态的构建与实现，最大限度地调动和发挥各种社会力量。就国与国政府间关系而言，处理国际事务也要奉行磋商、解释、谈判、说服的方式。“强权即真理”的时代已越来越为世人唾弃。“如果民主进程只被看作是一种打败或统治其他人的斗争，那么，民主社会就不可能获得长期的生存能力。”因此，平等和协商成为重要的社会价值观念，既是竞争对手，又是伙伴，有冲突也有合作。

在政府的服务方式方面，网络可使政府的公共服务更具有可选择性、普遍性、跨时空性。传统行政服务是整齐划一的单向供给服务，人们缺少自由选择度，加上政府公共服务本身的垄断性质，人们只得接受，别无选择，更无可能提出更高的服务质量要求。而网络时代，政府的各项公共服务可以通过电子化方式进行。人们只要打开因特网的电脑，即可以在网上找到自己所需要的服务种类和服务方式。政府服务的本质是公共服务。所以，政府服务应当贯彻普遍的国民待遇，而不是只对某些人提供服务。网络时代为这种理念的实现提供了技术条件。网络社会政府公共服务的另一个优越之处是跨时空服务。24 小时的全天候，延长了服务的时间；公众还可以享受跨部门的政府服务。

在政府的服务水平方面，政府在公共服务应当具有公正性和公平性。这是人们追求的一种理想状态。只有在网络时代，它才可能变为现实。政府必须确保公共服务的制度化、程序化，人们没有必要再担心“门难进，话难听，事难办”。只要是规定的服务，具备资格和条件者在网络面前都会得到一视同仁的待遇；公共服务的公开性和透明性，也减少了政府部门提供公共服务时人为的推诿和怠慢。

四、行政运营向民营化发展

在政府的管理模式方面，为提高政府的效率，必须创造新的管理模式。对政府来说，成功的模式主要依赖于恰当的流程和信息管理以及技术的恰当运用。这种可能的模式包括三种：一是相对小的“决策”部门；二是一组向公民和企业提供基于流程进行服务的代理机构；三是公民（企业）与政府部门之间一种互动的作用机制。

公营主要指由政府直接提供基础设施和公用事业，如道路、电信、邮政等。它具有垄断性，目的在于控制，其森严的指挥系统无法适应迅速变化、具有高度竞争性、信息丰富的社会经济。而民营化能使政府在一个千变万化、纷繁复杂的世界面前，将重点放在具有战略意义和优先发展的项目上，民营化并不意味着完全私有化。

民营化进程反映出这样一个特点：行政管理注入了市场规则和企业管理经验，有的国家提出了“用企业精神改革政府行为”的口号，其目的就是减少政府的官僚主义，提高服务质量。民营化从根本上反映了政府官僚机构在效率上不能与民营公司相匹敌，也反映了政府旨在引进民营企业运营的方法来提高公共管理效率的努力。

五、行政管理向情感并重的方向发展

在西方传统管理原则中，人与物始终处于二元对立的零和状态，而主流的管理原则是执着于对物的追求，即使强调人的地位、作用，也是在这一前提下进行的。在这种价值取向下设计的行政体制是对专门技术的崇拜和依靠条块分割的“鸽笼式”的专业单位来解决新老问题，这样就造成了“技术统治”及部门与部门的重叠、机构与机构的交叉，形成官僚主义的大迷宫。技术的依靠使人成为没有感情的机器的附属物。专业化的增强，肢解了作为有机整体的人，使各行业间的协调出现了问题。但是在信息社会中，由于人类获得信息途径的创新，人们掌握的信息总量大大增加了。信息源和信息加工者的产生也大大超过了以前，人的自我价值提高了，人的形象更加丰满，个性和情感需求更加多样化、复杂化。政府的行政管理改革必须适应这个潮流，重视人的价值，满足人的情感需求，否则就会影响到政府行政效率的提高。

六、行政管理的范围向国际化发展

当今世界政治发展变化的特点是国内政治国际化，国内政治的任何波动都与国际形势紧密相连，都有特定的国际背景，因而一国的政治主权的实现决不再是传统封闭意义上的“独立”与“完整”的原始含义，而是越发具有国际色彩。单靠一国的政治权力来解决本国的政治问题常常是力所不及的，特别是经济发展所形成的市场国际化状态，使国家越来越不可能单独对经济事务作出决断并达到目的。这意味着人类正处于相互依赖的时代。作为一个国家，狭隘的民族主义、夜郎自大的心态都已过时，人类越来越融为一体。在这种情况下，行政管理的范围也越出了国界走向国际化、全球化。政府的行政行为不再仅仅受制于本国政治系统内部的诸因素，同时由于政治系统与外界环境的相互作用的加强而受外界的影响越来越深。因此，一国的行政管理的设计、发展需要从两方面着手：一方面要充分考虑本国的历史、社会、文化状况；另一方面又要扩展视野，放眼世界。这就要求政府在制定各项政策时要依据国际规则，在政府作用的诸领域加强国际合作。

思考题

1. 如何理解组织结构变革的扁平化、网络化、虚拟化、知识化、人本化特点？
2. 如何把握权力结构的分散化和知识化趋势？
3. 如何掌握网络时代的政府组织运行的发展趋势？

第八章 电子政务与政府决策

学习目标

1. 了解网络技术对行政决策的积极影响;
2. 了解网络技术对行政决策的消极影响;
3. 理解网络时代行政决策的理性选择。

基本概念

行政决策 行政决策的理性选择

导 言

当政府部门通过因特网与人们进行互动式交流和社会管理时，它必须对现行的办事方式进行根本性变革，加强竞争优势，改进社会服务质量。行政决策是政府运作的核心，网络技术在行政领域的应用与推广，必将改变决策的条件与状态，从而深刻地影响着行政决策。一方面，网络技术有助于推动行政决策的发展，促进行政决策的科学化、民主化；另一方面，网络技术作为行政决策中的新因素、新力量，在与行政决策的结合中，也会出现一些非耦合点，从而对行政决策产生负面影响。

第一节 网络技术对行政决策的积极作用

行政决策是行政决策者为达到某一特定目标，对若干备选方案进行选择，以确定行动方案的过程。网络技术发展对行政决策的影响是围绕着提高行政决策的有效性和行政决策的效率展开的。网络技术发展改变了人类生活的环境，为此对公共行政提出了新的要求。对于公共产品的提供者——政府而言，一切应以公共产品的消费者的满意为决策的根本目标，决策过程的民主公开就成为一种必然选择。随着各地政务公开活动的开展，群众对政府的满意度也相应提高。

网络技术作为一种最新的高科技技术，一旦被纳入行政决策的支持系统，就必然会发挥出巨大的潜能。网络技术能保证行政决策信息的高质、多量，提高决策过程的透明度，缩小决策范围，强化决策执行的监督，有利于行政决策的科学化、民主化。与此同时，网络技术会对行政决策产生重大影响，主要表现在下述几个方面。

一、改善行政决策者的有限理性

网络拓展了行政决策信息源，有利于改善决策者的有限理性。造成人类理性有限性的原因主要是信息的缺失、信息量不足。在 21 世纪的“网络中国”，因特网将各终端用户都发展为潜在的行政决策信息源，他们的意愿、要求可以随时向网络上发送。由于网络终端交互联系，其意愿表达往往会牵发网上信息的集聚，即某种意愿的表达有可能带动其他用户就相关问题发表各自见解，表达各自意愿，从而能逐步实现在恰当的时候把恰当的信息提供给恰当的决策者，避免信息不完全产生的有限理性。网络化电子政府的实现，使得公共行政决策者可以在广泛了解决策所需信息的前提下进行决策，避免了靠经验决策和决策信息不完备导致的决策的盲目性现象，从而提高了行政决策的科学性和合理性。

二、支持与强化行政决策过程

行政决策可分为程序化决策和非程序化决策两类。以计算机为基础的网络技术完成程序化工作的效率与功能是不言而喻的。在计算机尚处于实验室阶段时，美国 10 年一次的人口普查只能用制表机来处理普查数据，以至于在人口普查结束 4 年后，数据仍未处理完毕。第一台专门设计用于商业目的的计算机 UNIVAC①，就因总共服役 7 万多个小时并成功处理了美国人口普查局的人口普查数据而被载入电脑史册。这是计算机处理程序化决策的成功范例。而对于非程序化决策，网络技术也可以提供强有力的信息支持。1952 年下半年，美国政坛内外都忙于为次年大选做准备。候选人分别是在第二次世界大战中立下赫赫战功的艾森豪威尔将军和演说家阿德莱·史蒂文森，由于前者早已解甲归田，新闻界舆论一边倒地认为后者获胜的把握更大。出于好奇，新闻界请 UNIVAC 来做个预测。数据分析结果出乎人们的意料，电脑认为获胜者是艾森豪威尔将军，而且票数与史蒂文森相差悬殊。记者们对此不以为然，因为 UNIVAC 依据的不过是 5%的选票统计数据，根本不足为据。然而，大选结果却是艾森豪威尔将军大获全胜，

---

① 实际上第一台生产出来的商业计算机是 BINAC，但由于 BINAC 是利用了 UNIVAC 的专门设计技术而抢先“克隆”出来的，所以第一台设计用于商业目的的计算机的桂冠应非 UNIVAC 莫属。叶平．第一家电脑公司的命运．中国电脑教育报，1999（14）.

且选票数超过对手五六倍。[①] UNIVAC 又一次证明了网络技术在非程序化决策中的强大作用。

三、收缩行政决策的范围

从信息角度考虑，非网络时代政府对社会具有的服务、管理、协调、指挥等职能，可概括为信息不对称时的协调。信息不对称起因于信息传递工具的欠缺和信息流通渠道中人为因素的作用。政府为确保社会的秩序化运行和发展，必须承担起社会调控中心的任务，用公共服务与监督抵消信息不对称的破坏力。

目前，我国网络信息的主要提供者是政府，政府对信息资源的控制与利用，是其实现调控功能的重要支撑。而社会各组织由于在信息享用上不同程度地受控于政府，从而在自身决策领域中就要接受较多的外部力量的影响，自主性的发挥受到限制。当网络技术能普遍渗透到各社会组织、公众的日常生活与工作时，政府也会自行收缩行政决策范围，实现“小政府、大社会”的价值追求。因为在“网络中国”，大量共享信息流通于因特网，并且信息不会因传播渠道障碍而失真，信息的公开性、共享性、保真性使信息占有上的不对称现象大量减少。信息占有的不对称向对称的发展决定了政府职能范围要适当收缩，即政府因信息不对称而具有的协调作用要减少，某些权力要归还社会。这种行政权向社会的回归集中表现为决策权的回归，即某些原本由政府决策的领域或事项交由民众自己管理、自行决策，这是特定意义的决策民主化，这种民主化决策将民众对决策的影响由参与扩大为主导。

四、提高决策过程的透明度

网络技术能提高决策过程的透明度，从而有利于民众的广泛参与。民众对决策的参与主要表现为集体决策取代个人决策，即决策过程广泛吸纳民众意见，吸收民众加入决策过程中来。当前，我国政府采取信访、社会协商对话等多种形式，加强与人民群众沟通，把与群众利益密切相关的重大问题的决策和工作进展情况，向民众通报，听取民众的意见和呼声，获得决策的依据。网络技术的发展和应用使这一体制的效用得到了强化。因为，从政府的角度考虑，因特网使大范围民意测验成为可能，政府可以在政务公开的保障下，使决策过程吸纳民众的智慧，确保民众有充分表达意愿的条件和机会；同时，决策“拍板”仍由行政领导进行，这样既保证了集体决策又能对意见进行必要集中，避免政府工作因民主扩大而失去效率。从民众的角度考虑，网络技术替代了许多以前由人工做的工作，使人们有充足的时间和精力拓展兴趣范围，关注周围生活的变化，关注国家权力特别是行政权的运作，进而寻找更多的机会，更积极地参与行政决策过

① 叶平．第一家电脑公司的命运．中国电脑教育报，1999（14）．

程。而且，由于“网络中国”的政府运作透明度大大提高，人们可以轻易揭开行政决策的帷幕，将决策目标、方案的选择项与个人利益作对照，确定自身立场，发表自己的见解，从而使决策过程由孤立、封闭的暗箱操作过程，变为下级、民众积极参与的开放、民主过程。

五、强化行政决策执行的监督

网络技术能强化行政决策执行的监督，降低决策执行变形的发生率。“上有政策，下有对策”等执行变形情况是当前中国行政决策执行中的主要弊端，造成这些弊端的主要原因在于行政监督不力。中国早已建成内外部相结合的行政监督体系，但是，这一体系作用的充分发挥，特别是民众监督，作为一种最能体现人民当家做主的重要监督形式，还“要有立法监督、司法监督和政党监督作保障，其监督权利必须通过法律及各种政治力量的活动来实现和加强”①。而政治力量对民众要求、意见的整合难免会有一定的曲解。网络技术发展则有利于实现并强化这一监督机制的效用。

第一，网络技术简化了监督信息反馈的传输渠道。现在的行政监督信息主要经过繁琐的行政流程输往决策层，监督者与决策者被人为阻隔。为应对这一状况的负面效应，我国许多地方政府网站开通了“县长信箱”“市长信箱”“省长信箱”等。这些行政首长的“个人网页”，直接与广大民众的网络终端相连，只要民众能拥有一个网络终端，便可以通过网络与行政首长进行直接“对话”。计算机网络对决策监督反馈环中的中间环节的替代，避免了反馈信息传输过程中的失真。监督能否到位就只取决于监督者的意愿，而不会出现“拦路虎”，这无疑有利于充分发挥民众的监督作用，形成强大的监督网络，规范、理顺政府行为。在网络发展的推动下，相信政府也会以积极有效的措施将这些“个人网页”渗透于民众的日常生活，以利于民众的监督。

第二，网络技术以“秘密投票”的方式确保监督者尤其是民众敢于监督。目前的监督方式与监督运行机制使受监督者极易获知监督者情况，因此，监督者往往放弃监督权或使监督形式化，造成监督缺位和监督缺威。网络上的监督反馈不会产生面对面的担忧和笔迹泄密的隐患，能更有效地保障监督者的利益，打消他们监督的顾虑。换言之，网络监督安全系数高，不易发生打击报复现象，为监督活动的顺利进行提供了保障。

六、保证行政决策信息的高质与多量

信息是行政决策的基础，科学化决策要有信息的质与量的保证。但是，我国目前行政信息工作的水平还不是很高，决策层获取信息的主要渠道之一，是下边一级一级汇报上来的书面材料（如工作汇报、调查报告、统计报表等）。这些材料的形成和上报过程

① 彭和平．公共行政管理．北京：中国人民大学出版社，1995：337.

要历经多个层级，这些层级的信息人员凭借信息传递渠道的单一，可能从局部或自身利益出发，报喜不报忧，对信息进行有选择性的传递或利益倾向性的修饰，造成信息失真。同时，信息传递渠道单一与流通不畅，使信息的收集工作落后，造成信息的缺失与不完整，而信息缺失、不完整造成了行政决策者的有限理性，是决策科学化的禁忌。网络技术的发展对行政信息的汇聚与收集起到了不可替代的作用。

网络技术大大提高了信息保真率。网络技术在我国行政领域的推广，会极大地影响到现行信息传递模式与组织结构。基层工作人员或民众借助网络可将信息直接传至决策层，使信息传递渠道多元化，同时消除了信息源与决策层之间的人为阻隔，使信息传递迅速、及时，有利于避免在信息传递过程中出现的信息失真。

第二节　网络技术对行政决策的不利影响

网络技术作为行政决策中的新因素、新力量，在与行政决策的结合中，也会出现一些非耦合点，造成一些不利于行政决策的新情况，从而对行政决策产生负面影响。①

一、网络技术下过量信息的提供会引起盲目决策

目前，我国行政决策中的失误现象多与信息量的不足有关。行政领导不注重信息的收集与整理、忽视决策的可行性论证、决策中盲目拍板等现象还时有出现。科学决策需要适量适时的信息的支持。21世纪的中国行政决策领域在网络技术支持下，改变了信息量过少的弊端，但又易导致信息量过多，而信息量过多也会产生盲目决策。这是由于：（1）信息量过多使方案抉择困难。在过量信息下，多种方案的利弊权衡更加困难，更难决定取舍，决策层由于无所适从，只能闭起眼睛“跟着感觉走”，从而使方案抉择过程呈现较大的随意性。（2）带有个人倾向性的过量信息，使决策者疲于应付。公众对决策层的信息输入，不可避免地带有较强的个人倾向性，从而使信息出现偏差。因此，当大量信息汇聚决策中心时，信息中的夸张成分可能使决策者疲于分辨真伪，贸然决策。

二、网络技术促使行政决策权走向集中

在当前中国的行政运行机制中，上级对下级特别是中间层级有很强的信息传递依赖性，而下级凭借对信息传递通道的控制，依据个人利益进行选择性过滤，从而削弱了行

① 孟华．21世纪网络技术对中国行政决策的影响．厦门大学学报（哲学社会科学版），1999（2）．

政领导的决策权。在未来的网络社会，中间层级的功能被虚化，民众和基层行政人员与行政领导可以通过网络进行直接对话，信息的集中化程度比以往任何时候都更高。在当前我国已有的系统网络中，这一趋势也已体现出来：中央层级的行政领导通过网络可掌握全国范围内本系统运行状况，无须借助下级人员层层传递的书面汇报。决策权的集中具体表现为中间层级权力的虚化与政府对社会控制能力的增强。权力集中化的过程是信息被权力者用于权力的运作和维护，并凭借它获得权力的加强和放大的过程。

三、网络上的虚假信息影响准确决策

网络自身的传播特点为虚假信息的产生提供了生存的土壤。虚假信息泛滥给企业或个人带来的损害比起传统媒体来有过之而无不及，互联网具有高度的开放性和交互性，任何一个网站都能生产和发布信息，为所有传播信息和发表观点的人开辟了一个几乎不受限制的空间。正是这种无限的自由性使一些信息造假者和谣言传播者能够在网上发表不负责任的言论，或有意散布虚假信息，制造混乱。

网络不是第一媒体，但却是注意力经济时代的第一传媒。这就是百度、谷歌等大型门户网站以及娱乐服务型网站能够迅速超越传统行业成为当今世界经济航母的原因所在。网络在当今社会的影响力迅速膨胀，但是网络媒体本身也是一把双刃剑，我们一方面感受着互联网对社会发展的促进作用，另一方面也必须重视它给人类社会带来的诸多负面效应。

毫无疑问，媒体在给我们提供了大量信息的同时，也在左右着我们的思维。根据媒体这些可得性信息做出判断，也可能使我们落入陷阱。

总之，网络技术在行政领域的广泛应用是必然趋势。我们在谋求行政决策网络化支持的同时，也要充分认识网络技术对行政决策的负面影响，从而有意识地扬长避短，既充分利用网络技术带来的机遇，又积极有效地避免它的负面冲击，以利于网络技术更好地为行政决策服务。

第三节　网络时代行政决策应注意的问题

一、科学决策的注意事项

为了确保行政决策的民主化、科学化，在日常的行政决策实践中，我们必须注意以下几个问题：

第一，正确的行政决策应该建立在信息全面、准确、系统的基础上。要进行准确有效的行政决策，必须全面了解和掌握与决策有关的实际情况，特别是要尽可能获得与决

策有关的可靠的统计数据。信息是决策的基础，是任何决策者进行决策的不可或缺的依据，在信息不全、不准、不系统的情况下贸然决策，必然造成失误甚至失败。

第二，行政决策必须贯彻可行性和时效性的原则，这也是衡量行政决策准确与否的重要标志。任何行政决策都是为了实施，因此必须具有可行性，要从实际出发，分析各种有利或不利因素，应该考虑决策在政治、经济、社会、道德等方面的影响和后果。实践证明，只有经过科学论证、慎重评估的行政决策才是科学的决策。决策不仅要可行，还应契合时机，果断决定，快速发挥决策的功能，使决策发挥效应的时机合适并且具有长效性。

第三，行政决策必须体现政治性、科学性和艺术性的高度统一。正确的行政决策要有政治意义和科学价值，还应该有艺术性。为达到相同的决策目标，不同的决策艺术水平可能导致不同的结果。因此，正确的决策应该以群众喜闻乐见的形式出现，才更容易为人们所理解、拥护并为之奋斗。中华民族光辉灿烂的历史文化遗产、人民的聪明才智和优良传统是行政决策艺术的不竭的源泉。世界各国包括资本主义国家在内的一切优秀的文化和反映社会化、现代化生产以及市场经济的成功经验是行政决策艺术的重要借鉴。

第四，重大的行政决策程序及其贯彻执行的过程应该符合系统科学的原理。必须坚持历史的科学分析、准确的态势判断、足够的信息采集和提炼，搞清各个系统之间的互相作用，在集中精力于主要矛盾的同时，要尽可能预见寄生现象和减少负面作用。这都要求决策者通过系统的、科学的研究和分析去认识科学规律，只有这样，决策者才能做到高瞻远瞩，咬定目标，才能防止主观随意性，确保行政决策的高屋建瓴和稳握全局。

第五，在行政决策的全过程中，必须充分掌握系统、信息和控制这三要素。准确的行政决策最重要的依据是可靠的系统数据和对其所包含的信息的科学分析和准确抽象。对于行政决策来说，仅仅有抽象的概念和良好的愿望是不能保证决策的正确性的，在一个复杂的事物中，尤其对于社会问题而论，对个别现象或事情的分析不能代替系统的、科学的数据分析和集约提炼，虽然对个别现象的详尽分析也是很重要的，因为它有时能带来重要规律的发现，但是，这毕竟不是事物的主流，我们需要的是研究全局的态势。

第六，行政决策必须遵循集体决策的原则。集体决策是行政决策成功的又一重要保证，现代的行政决策日益复杂，单凭个人智慧难以胜任，所以必须实行集体决策。这就要求我们重视民主集中制的集体领导原则在决策中的应用，同时必须发挥决策的参谋机构即“智囊团”的作用。应该意识到，集体决策，并不等于简单的集体讨论，也不等于简单的少数服从多数，而是决策者与专家学者和管理工作者组成的“智囊团”的有机结合，这样才会集思广益，形成正确的行政决策。

二、决策支持系统与行政决策

行政决策是行政决策者为达到某一特定目标，对若干备选方案进行选择，以确定行动方案的过程。随着社会复杂程度的加深，整个社会所需要的决策的数量越来越多，政府决策的负担越来越重。由此，决策支持系统对行政决策产生了重要的影响。

（一）决策支持系统的应用

决策支持系统（Decision Support System，DSS）以管理科学、运筹学、控制论和行为科学为基础，以计算机技术、仿真技术和网络技术为手段，辅助中、高层决策者的决策活动，是具有智能作用的人机计算机系统。DSS 的研究起始于 20 世纪 70 年代，美国麻省理工学院的 M. S. 斯科特和 P. G. W. 凯恩等人最早进行此项工作。

DSS 的目标是提高决策的效益，可将此目标分解为六个目标：（1）追求对半结构和非结构决策问题的支持；（2）为各层次的管理者提供决策支持，在需要时也可对整个管理层提供全面的支持；（3）支持相互依赖的决策和相互独立的决策；（4）支持决策过程的各个阶段；（5）支持各种各样的决策过程，而不只限于某一种或某几种；（6）便于用户使用。

DSS 的主要任务是：（1）分析和识别问题；（2）描述和表达决策问题以及决策知识；（3）形成候选的决策方案，包括目标、规则、方法和途径等；（4）构造决策问题的求解模型，如数学模型、运筹学模型、程序模型和经验模型等；（5）建立评价决策问题的各种准则，如价值准则、科学准则、效益准则等；（6）多方案、多目标、多准则情况下的比较和优化；（7）综合分析，包括把决策结果或方案放到特定的环境中所作的“情景分析”，决策结果或方案对实际问题可能产生的作用和影响的分析，以及各种环境因素、变量对决策方案或结果影响程度的分析等。

DSS 是一个由多种功能协调配合而构成的、以支持整个决策过程为目标的集成系统，由对话、数据和模型等三个子系统组成。其中，模型子系统使决策者能够提出和比较各种备选方案，从而对有关问题进行全面分析和作出决策。其软件系统由数据库管理软件、模型库管理软件及管理用户和系统接口软件组成。这通常称为二库系统，在二库系统上增加一个方法库称为三库系统，在三库系统上增加一个知识库则称为四库系统，使之成为知识化决策支持系统，它是将人工智能技术引入 DSS，使系统智能化、知识化，实现对生产规律、决策规律以及模型、方法、数据等方面知识的存储和管理，在管理判断和推论方面为决策者提供依据，提高决策的效益。

我国已经开展 DSS 的应用。例如由国务院办公厅与大连理工大学联合开发的“智能化综合信息管理与决策支持系统”是国内较成熟的 DSS，它可实现多媒体综合信息、管理信息系统的生成和管理以及经济运行的评价、比较、监测等决策支持功能。

（二）DSS 对行政决策的影响

DSS 对行政决策的影响是多方面的。

首先，它削弱乃至消除了决策者与执行者之间的严格分界。在马克斯·韦伯所设计的科层制中，组织内部层层授权，下级对上级严格负责，“只有处在金字塔顶端的人才能掌握足够的信息而作出熟悉情况的决定”[1]。而 DSS 技术的发展使每个人都能及时获得所需要的信息，在工作现场就可以作出必要的决策，无须事事先向上司汇报，再执行上司的决策，真正做到“将在外，君命有所不受”。

其次，改善行政决策者的有限理性。管理决策的基石是由西蒙提出的“有限理性”学说，而信息的不完备是影响人们进行理性判断和决策的直接原因之一。DSS 的发展可逐步实现在适当的时候把适当的信息提供给适当的管理者，这样就改善了决策者的有限理性。网络化电子政府的实现，使得公共行政决策者可以在广泛了解决策所需信息的前提下进行决策，避免了靠经验决策和决策信息不完备导致的决策的盲目性现象，从而提高了行政决策的科学性和合理性。

最后，支持与强化行政决策过程。行政决策可分为程序化决策和非程序化决策两类。以计算机为基础的 DSS 完成这两方面工作的效率与功能都是不言而喻的。

此外，决策过程包括客观与主观两种因素。客观因素指的是同决策问题相关的自然规律，主观因素指的是决策者的价值观。决策过程中包括结构化、半结构化与非结构化三类问题。结构化问题，指的是人们已经完全掌握其规律的那些问题，因此可以建立模型交给计算机去处理。非结构化问题，指的是人们尚未掌握其规律的那些问题，只能由决策者处理。半结构化问题，是上述两者的混合。因此，决策的成败是同决策者的素质紧密相关的。DSS 在这一过程中只能起着辅助决策者的作用。决策科学与网络技术的进步与发展，为群体决策提供了强有力的理论依据与技术手段。但是，复杂决策过程的全自动化是完全不可能的，必须注意提高决策者的科学素质与精神素质，建立正确的价值观，才能在 DSS 的帮助下作出正确的决策。

思考题

1. 网络技术对行政决策会产生哪些重大影响？
2. 网络技术对行政决策产生的消极影响主要表现在哪几个方面？
3. 如何实现网络时代政府决策的理性选择？

---

① 戴维·奥斯本，等．改革政府：企业精神如何改革着公营部门．上海：上海译文出版社，1996：16.

第九章　电子政务与政府人员

学习目标

❶ 了解行政人员受网络技术发展影响的具体表现；
❷ 了解政府信息化建设的人才结构层次；
❸ 掌握复合型人才的基本要义；
❹ 了解电子政务的实现对公务人员的素质提出的新要求。

基本概念

网络技术　政府信息化人才队伍建设

导　言

在电子政务建设中，人才无疑是起决定作用的因素。针对政府信息化建设的特点，尤其需要一批具有现代化知识、坚忍不拔、思想开放、斗志昂扬的领导和业务骨干来形成一种金字塔式人才结构，以开创这一艰巨而重大的工作。根据电子政务建设的实践，这是决定电子政务建设成功与否的关键所在，能够让电子政务真正成为深化行政改革、建设政治文明和建设高效廉洁透明协调的服务型政府的助推器。在保障电子政务建设和应用可持续发展的过程中，电子政务人才队伍建设尤其具有其重要性和紧迫性。

第一节　网络技术对行政人员的影响

在信息时代，网络技术是最基本和最为普遍的技术手段，在人类社会生活的每一个领域、每一个方面都必然会应用网络技术，公共行政领域也不例外。当前，我们正处在公共行政网络技术化的起点，预测网络技术在公共行政中带来变革的合理形态，对于我们在公共行政领域中自觉接纳和应用网络技术是非常有意义的。行政人员由于身处现代信息社会，不可避免地要受到网络技术发展的影响。具体体现在下述几个方面：

一、开阔视野，提高行政人员的管理能力

网络技术的广泛应用，可以使行政人员开阔视野，不断提高判断、分析和解决问题的能力。因特网提供了获取信息的极大便利，使得行政人员“秀才不出门，而知天下事”“运筹帷幄之中，决胜千里之外”成为可能。行政人员及时获得大量信息，有助于他们逻辑地、辩证地和系统地思考问题。

二、节省精力，拓展行政人员的管理时空

借助于网络技术，如电脑办文办事、远程会议，打破了时空限制，行政人员可以完成以前体能上无法完成的工作。

网络技术的应用还可以节约行政人员处理信息所消耗的时间和精力。网络技术能够跨越时空，从而降低了信息传输的时间成本、人力成本。

三、更新观念，激励行政人员的全面发展

行政人员要适应信息时代的要求，就必须更新传统观念，树立效率观念、创新观念、服务观念、竞争观念、民主观念、法治观念等现代化观念。

网络技术的运用，对行政人员需掌握的知识和技能提出了更高的要求，成为行政人员不断学习与培训的直接动力。网络技术带来的教育方式的更新（如网络学院）更为行政人员学习现代化的管理知识、掌握与运用现代化的行政管理技术和工具提供了极大的便利。

第二节　政府信息化的人才需求

一场席卷全球的信息化浪潮正向我们涌来。这是一场真正意义的社会革命，通过这场革命，人类社会将由工业化社会过渡到信息化社会。在这场革命中，我们每一个人、每一个单位都要接受新的考验，特别是政府，更是面临新的选择，跟上时代进步的节奏，才能使国家保持繁荣和昌盛；电子政务的发展关键是组织好一个政府信息化建设的人才队伍，也就是说，选择何种人才是实现政府信息化的关键问题。

一、人才构架

政府信息化建设的人才资源可以分为三类：总体规划管理者、实施开发者和应用操作者。

总体规划管理者，其中包括政府最高层领导人和中层部门领导人。对于国家而言应是国务院总理、工业和信息化部部长、其他各部委负责人；对城市而言则是市长、各部门的负责人等。他们素质的高低，会直接影响整个信息化工作的水平。

实施开发者，主要应由技术管理者、信息系统开发者、信息分析处理者及相关行业的科技人才组成。他们深刻了解和熟练掌握信息技术及其相关专业的知识，具有较强的组织协调能力。

应用操作者，也是政府信息化最终使用者，分布在政府各个部、委、办、局的业务工作岗位上。他们具有基本的计算机操作能力，深刻理解信息技术的应用对政府工作带来的改变并对此作出积极适应；同时善于发现电子政务在实际运行中所出现的问题，并能够对此提出改进的建议和意见。

这三类人组成了政府信息化建设的金字塔式人才结构：最上层是决策层，位于塔尖的是政府的领导者，在其下面的是有关副职领导和掌握最新科技动态的设计者，其中最重要的是信息化建设的总体设计者；中层是开发层，其组成可以是各类网络技术公司的开发人员、专业技术工作人员及政务业务分析人员；底层是操作层，人数是最多的，是行使政府各职能的具体业务工作人员。

二、人才融合

目前政府信息化建设中出现各种问题，原因可能有多种，但其中很大的一个原因则是这三层人员之间的不相容。特别是中层与底层，由于彼此在信息化业务上的切入点不同，从事网络技术的专业技术人员与行使政府职能的具体工作人员往往在对信息化的概念上、操作上都存在着很大差别，因此，促使各类人员在对信息化的认识上互相融合是政府信息化建设的一个要点。

在实现政府信息化的过程中，决策者在促使各类人员在知识上、岗位上互相融合的同时，还应特别加强各类人员在工作上互相融合。在组织开发、设计时，让底层的职能部门业务工作人员参与，以消除信息处理中的专业壁垒。而在组织信息资源、应用于政府职能等工作上，也应让设计者参与，目的是通过工作上的人才融合，优化政府组织机构，使所有政府职能充分发挥作用，消除臃肿部门和不合理机构。

网络技术人员应该与政府各职能部门加强联系，熟悉其业务流程。还可以采取开展网络技术培训、邀请信息专家举办知识讲座等形式，使网络技术人员与底层的具体工作人员广泛交流，加强融合。

三、复合型人才

政府信息化的建设不仅需要有高明的领导和精通网络技术的专业技术人员，还必须拥有既通晓网络技术又善于管理的复合型人才，由他们牵头可以事半功倍。这类人应是决策层的成员之一，这样他们不仅可以深入了解信息化建设的短、中、长期发展计划，而且由于通晓网络技术且洞悉全球网络技术的发展，还可以提出具有超前性的实施方案和避免资源浪费的对策。

复合型人才在政府信息化建设中将处于非常重要的地位，起着极为重要的作用。随着网络技术的不断发展，信息化的要求也在不断提高，专业化的程度也将越来越高。只有复合型人才在紧追专业技术发展趋势的同时又能灵活地考虑到政府职能管理上的需要，及时调整实施方案，才能最终求得技术与管理的最佳平衡值。因此在政府信息化建设的初期，应努力寻找和培养优秀的复合型人才，并给予其充分施展才华的天地，组织协调好政府的信息化建设工作。

第三节　网络时代的公务员建设

一、自身素质的提高

电子政务的实现对政府公务员的素质提出了新的要求：

一是道德要求。信息公开化程度提高，对公务员的道德自律无疑是一大考验。

二是技术知识要求。从整体上看，公务员队伍素质较高，但是 IT 业飞速发展，知识爆炸时代知识更新极快，要求公务员不断更新知识与改善自身知识结构体系。事实上大多数政府机关的计算机硬件档次颇高，但是操作人员的技能却与之不相匹配。一些公务员缺乏更广泛快捷的网络信息获取意识，造成资源浪费。所以，各级政府应充分利用政府上网的契机，提升公务员素质，以顺利登上电子政务的工作平台。

三是精神和体力要求。网络信息无穷无尽，政府官员和政策制定者等情报用户不再受信息缺乏之苦而有信息过多之忧，大批量生产的信息所引起的超负荷工作对公务员的心理与生理提出了考验。

二、服务态度的改善

今后我国公务员制度改革将加大公务员社区化服务、电子政府建设力度，推行社会化服务、公开性服务，积极探索提供信息、网上办理、管理监督三位一体的更加廉价、高效、优质的公共服务。

公务员制度创新、能力建设、社区化服务和电子政府将成为我国今后一个时期完善公务员制度的着力点。

科技革命的影响和经济全球化的加快对政治体制改革提出了新要求。为深化人事制度改革、完善公务员制度，今后一个时期将着力完善考录竞岗制度，完善激励机制，改进公务员分类管理和年终考核制度，使薪酬福利制度更趋科学合理；着力提高公务员素质，改进工作方法，加强能力培训，提高公共服务质量和技术能力水平；政务公开，让公众了解办事程序和规则，接受群众监督；创建“电子政府”，加强信息化建设，减少公共行政成本。

三、人力资源的开发

对于电子政务专业人才队伍来说，其成员的要求既与传统的行政人员有共同之处，如要求有较高的政治素质、业务素质、大局意识、全局意识、责任意识等，又有别于传统行政人员。它要求这支队伍不仅对政府工作流程、运行机制熟稔于心，而且要具备深厚的计算机、网络通信、信息处理等专业技术功底；既要有对新技术的敏锐感知能力、前瞻性思维，对管理中可以使用新技术的环节有准确的判断能力，又要对新技术的应用有良好的组织管理能力，从而使电子政务系统发挥作用。更重要的是，要有这样一批人在关键位置推动电子政务系统的应用，才能带动整个社会对电子政务应用的开展；当然，还需要各级政府工作人员对电子政务系统的积极适应、熟练运用。只有这样，电子政务系统的建设效益才能得到最大限度的发挥。

（一）领导层

领导层对计算机技术在政府工作中的应用前景和所能够发挥的作用有深刻的理解，了解现代信息技术发展趋势，深刻了解政府工作流程和运行机制；能够承担电子政务系统建设的整体规划、决策、组织和协调。他们的态度决定着电子政务的发展趋势，影响着电子政务的建设速度和普及应用程度。

（二）技术决策层

技术决策层对信息技术及其相关技术的现状和发展趋势有深刻了解和掌握，了解政府工作流程和运行机制，深刻了解电子政务在政府工作中所应发挥的作用，善于将信息技术和现行的政府运行机制相融合；能承担电子政务系统建设的技术规划、设计、决策以及工程的组织实施。

（三）应用层

由于不断有新鲜血液注入公务员队伍，这个层面的公务员比例越来越大，为此应强化其创新和安全防范意识，培养其一定的数据分析能力，让这个层面的公务员参加到信息的整合中来，为进一步提升我国的电子政务的实效性而努力。这个层面应该是目前电子政务培训的重点所在。

（四）技术层

技术层具备较高的技术水平，了解电子政务系统的内核，需进一步强化构建数据仓库和数据挖掘技术的能力。这个层面的公务员是政府电子政务的中坚力量，同时具备“政务水平”与“电子技术”双高素质，肩负着利用政务系统构建决策平台，并进行知识分析、数据挖掘，为政府提供决策性建议的重任，他们是政府部门的CIO。

思考题

1. 行政人员受网络技术发展影响的具体表现有哪些？
2. 政府信息化建设的人才结构可分为哪三类和哪三个层次？
3. 电子政务的实现对公务人员的素质提出了哪些新的要求？

第十章　电子政务与政府公文

学习目标

1. 了解网络时代行政公文的特点；
2. 了解网络技术对行政公文的影响；
3. 把握网络时代档案工作应采取的对策。

基本概念

电子公文　电子档案

导　言

随着电子政务的推进，新产生的公共文件都要以电子方式存储与检索。这些电子形式的公文是政府的重要资产，这些文件用于政府的信息发布、为公众提供服务以及满足政府其他职能要求与归档的需要。归档后的电子公文，可供政府决策者与公众在今后的任何时候查阅并了解政府当时的工作情况。可以说，电子公文是电子政务的血液，管理电子公文是电子政务活动中不可忽视的重要环节。

第一节　网络时代的行政公文

一、网络时代行政公文的特点

行政公文，是指机关、部门、团体在处理公务活动过程中，按特定体式形成与使用的、具有法定效用的文件。[①] 网络技术日益渗透到办公或其他业务环境，如行政部门的

① 赵国俊．文件工作的科学管理．北京：中国经济出版社，1993：1.

办公自动化系统和电子商务等，便产生了电子文件，这是一种特殊性质和特殊形式的行政公文。它具有许多与传统行政公文不同的特点：第一，信息的非人工识读性；第二，系统依赖性：电子文件的使用依赖于一定的硬件设备、操作系统和应用软件；第三，载体的无信息性：从远古的甲骨、丝帛、竹简到纸张，载体的意义远大于“承载物”这一项，它和载于其上的外部特征，如字迹、书写材料、签字、印章等，共同构成文件原始身份的“证明人”，但对于电子文件，载体本身及其上面的外部信息消失得无影无踪；第四，信息的灵活处理性：制作电子文件时，我们可以任意地增、删、改，单纯从电子文件本身来看，修改的痕迹荡然无存。

二、网络技术对行政公文的影响

网络技术对行政公文产生了深远的影响，主要表现在以下几个方面：

（一）文件记录的原始性、凭证性受到冲击

严格意义上的法律证据必须是原始文件，其形式与内容同等重要。如审理经济纠纷所依据的主要是合同原件。传统的文件，内容一旦依附于某一载体之后，一份“原件”就产生了。即使被更改，也会在原件上留下痕迹。电子文件由于其复制的简便和编辑功能中的标准字体和字号，已很难确认其原始性。传统文件利用封泥、骑缝、按指纹、画押、签字、盖章等方式来确认身份，而对于电子文件，这些方式则无能为力。出于维护某种既定的社会秩序或维护某种经济利益的目的，人们对电子文件提出了身份认证的要求。现在诸如数字签名、存取控制、信息追踪加密和防火墙技术为这一要求的实现提供了部分可能。但是，黑客侵入、某些网站主页被篡改等都说明了电子文件的脆弱性。

（二）重要原始文件易流失

如果不采取相应的措施，电子文件会随着电子脉冲而消失，或者是许多管理信息系统具有在适当时候自动删除或更新某些数据的功能。电脑遭遇病毒或者是受到黑客袭击，也可能使你的重要电子文件消失。形成文件的业务人员不仅要考虑用这份文件处理当前的事务，还要考虑今后的利用以决定是否保存。对传统文件的管理，已经形成了一整套严密的收、发、签、办、归档等工作流程的规章制度，因此传统文件的管理井然有序。而电子文件的管理也需要形成类似的严谨而有效的措施。这就要求文件及档案管理人员在信息系统设计的初期积极参与，提出有关功能要求，在系统运行的适当环节，加入签发、签收、鉴定、制作原数据信封、归档保存等管理步骤，最后将电子文件保存在系统硬盘或光盘上留存备查。

（三）数字文献的长期可读性低

电子文件的载体有硬盘、U 盘、光盘等。杂散磁场，氧化作用，材料的老化变质、污染、划伤和皱褶，都会很容易地抹掉这些载体上记录的信息。另外，因为不断有新

的、不兼容的媒介形式和存贮格式出现，存贮数字式文献的媒介常常会在还没有破损之前就不再被使用了。涉及电子文献长期可读性的另一个因素是计算机病毒。大多数电脑系统都很容易受到病毒的侵害。

第二节　网络时代的公文处理

公文处理遵循规范统一、信息共享、优质高效、快捷便民、公开透明、权力制衡的原则。

一、电子公文管理应纳入电子政务建设范畴

人们生活在一个既定的公共管理环境中，并按照已经确定的制度进行运作。当环境发生改变时，若政策不作出相应的调整就会出现混乱。电子政务活动已经在其他领域产生了深刻影响，政府如果将政府信息管理视为与电子政务建设无关的、可分离的其他工作，会出现诸多不协调的问题政府信息管理应纳入电子政务建设并制定一个综合性战略框架，针对电子政务所带来的变化，对现有的法律与行政管理规划进行修改与完善，使电子公文管理与电子政务的需求同步。

二、明确电子公文管理系统的建设途径

对于新开发的政府信息系统，应把电子公文管理的工具整合到新的“信息时代政府”系统和业务程序中去，并且通过有效管理保证电子公文被捕获与可长期有效地保存、获取。对于已有的政府信息系统，要进行控制，使电子公文能够以一种保证其真实、完整的方式得到访问、维护和恢复；并且能使电子系统与既有的纸质文件保存系统协调一致。

这需要通过电子政府策略的多个方面来协调文件保存问题，它涉及文件管理和信息管理的合作问题，包括：（1）政策和策略问题：如何用政府的政策与策略保障部门内和部门间的合作与协调；（2）信息政策问题：公文信息的鉴定、隐私权和数据共享、信息公开与信息自由等；（3）新开发的政府信息系统和网络中的系统设计问题；（4）互操作问题：元数据使用标准、描述电子公文的通用方法，以及开发完整的资源发现和信息恢复系统的能力，等等。

三、规范政府信息系统开发和电子公文管理

政府信息系统与电子公文的技术属性、安全保障、证据能力、共享能力等密切相关，它直接影响到电子公文的信息质量。政府信息系统应当既具有电子公文管理的功

能，又具有电子文件管理的功能，这是电子政务对公共文件管理的基本要求，同时也是发展趋势。但现实中，今后可能归档保存的电子公文与普通的电子公文是混合在操作系统内一起管理的，只是到了终端用户的鉴别阶段才会进行分流。在政府信息系统的设计中，电子文件管理的功能需求是没有得到充分认识与重视的，这些很少在信息系统的设计与开发中得到优先关注。

尽管文档一体化与前端控制思想早已提出，但实现起来难度很大，它要求政府信息系统必须同时满足三个基本条件：(1) 更高的质量：满足电子公文归档要求，便于将政务信息作为资产管理。(2) 更快速地存取：满足最新政务信息的共享与发布，提升公共服务能力与服务质量。(3) 功能整合：政府部门应把业务流程分析与信息构建工作衔接起来，即使是电子政府环境中的电子服务传输系统，也必须把对电子文件管理的功能需求考虑在内。

第三节　网络时代的电子档案

电子政务作为一个虚拟的社会管理服务体系已经引起社会各界的广泛重视。从本质上看，档案工作既为电子政务的内部管理功能服务，又是整个服务体系的有机组成部分。因为电子政务应用中的电子资料库是一个有利用价值的集合体，这个集合体中必不可少地也包含了档案资料库。电子政务的另一个应用——电子化公文，更是直接体现了档案工作的内容。因此可以得出这样的结论：档案工作在电子政务中处于一个比较特殊而重要的位置。档案工作在电子政务时代充满机遇和挑战。

一、认清电子档案面临的机遇和挑战

第一，电子文件是电子政务主要的内部管理对象之一，贯穿于电子政务运作的全过程。电子文件的运转、传递和利用方式都区别于纸质文件，它的归档方式也不同于传统的纸质档案。其收集、整理、利用、存储等的复杂性决定了未来档案工作的复杂性和艰巨性。

第二，由于电子文件的可变性特点，档案工作必须向前延伸到电子文件的管理。在电子政务中，传统的文书工作已经成为档案工作的一部分，电子文件一生成就开始按照文档一体化方式进行管理——收集、整理、鉴定、归档等，只有这样才能最大限度地保证电子文件的原始性、真实性和准确性。另外，档案工作必须由事后管理变为适时管理，甚至是超前管理。

第三，电子政务中，电子文件相对于档案工作已经完成了由“量”到“质”的飞

跃，它的普遍性使档案已完全纳入社会信息服务系统，档案信息与其他信息互相交叉、渗透，档案信息再也不会成为“孤岛”。档案的服务功能增强了，就会使“死”档变“活”，由静态向动态转变，原来束之高阁的档案信息资源也就可以借助电子政务的网络为社会各界提供快捷、有效的服务。

第四，从电子政务的应用方面来讲，档案是电子资料库的重要数据库来源之一。将馆藏档案信息数字化，经过组织、整理、加工，建立档案信息数据库，将成为各级档案部门今后一段时期的一个主要任务。电子政务的实现，还可以极大地提高档案工作的社会地位和知名度，档案事业任重而道远。

二、电子政务的档案管理应该统筹安排

由于电子政务建设毕竟是在政府部门开展，除了一些本身就具有较强的专业技术性的部门外，大多数部门习惯于对有形的东西如文件、简讯形成的纸质文件进行存档；但对于电子政务建设中所产生的专业性很强的无形的信息，诸如网络架构图、用户账号、用户密码、用户数据、系统数据、程序设计框图、软件等，建立档案的意识不强。而后者对于电子政务的可持续运行和安全性管理是必需的，否则有可能因为这种数字档案资料的缺失而造成不可挽救的损失。例如，在电子政务系统出现问题时，因档案资料的缺失有可能导致无法或难以查找原因，进而造成不必要的人力、物力和时间上的浪费，严重时甚至影响系统的持续运行或者出现安全性问题，等等。因此，必须从电子政务建设之初就重视并开始建立电子政务建设和运行的信息档案。

三、电子档案工作应采取的对策

电子政务对我国政府部门的电子化、信息化的发展将产生重大的影响。因此，要求广大档案工作者都应迅速适应信息时代的变化，不断吸收新知识、新技能，充实信息化社会所需的专业知识和专业技能，使自己能够胜任电子化、网络化环境下的档案工作。

第一，统一思想，达成共识。各级档案部门要弄清电子政务的概念及含义，充分认识到档案工作在电子政务中的重要性。抓住机遇、迎接挑战应该成为广大档案工作者的共识。

第二，建立法规，完善标准。建立健全我国电子档案管理办法、标准体系，使电子文件的传递、归档、利用等有序化、标准化和规范化。法规、标准的建立一定要有前瞻性，一定要适应电子政务的需要。可以借鉴国外经验，也可以邀请国内网络技术权威和法律权威参与制定。

第三，争取同步，率先上网。各级政府在构建电子政务过程中，统筹规划之后要投入大量人力、物力、资金。档案部门要抓住机遇，积极争取主动，拿出实施方案，争得政府的支持，最大限度地争取人才、资金和设备。档案工作是构建电子政务一根重要的

经纬线，各级档案部门要“乘第一班车”上网，抢先进入角色，管理好电子政务初期的电子文件，这对电子政务的逐步完善具有重要意义。

第四，培养人才，提高素质。电子政务中的档案工作需要“复合型”的高级人才，在人才匮乏时可以暂时引进“外援”加以过渡。各级档案部门今后要引进竞争机制，尽快吸纳和培养既懂计算机又懂档案业务的高级人才。同时，提高档案管理人才队伍整体的现代化素质也迫在眉睫。

思考题

1. 网络时代行政公文的特点是什么？
2. 网络技术对行政公文的影响表现在哪几个方面？
3. 如何做好网络时代的电子档案管理工作？

第三篇

电子政务的体系与结构

第十一章　电子政务的结构体系

学习目标

❶ 了解电子政务系统的两大构成部分；
❷ 了解三网合一的电子政务系统实现的功能；
❸ 理解构建电子政务系统的基本原则；
❹ 了解电子政务的系统结构；
❺ 了解电子政务系统的网络体系结构。

基本概念

电子政务系统结构体系

导　言

为了提高政府的工作效率、改善政府的决策质量、增强政府办公的透明度、缩短政府和公众的距离、保证政府的廉政建设，需要建立一套完善的、可用的、可扩展的、基于当前网络系统分布式计算环境的电子政务系统信息交换平台。电子政务系统主要由两部分构成，即信息交换系统与协同工作系统。

第一节　电子政务系统的体系

电子政务系统主要由信息交换系统与协同工作系统两部分构成。

一、信息交换系统

主要内容有：

第一，办公自动化子系统，包括办公套件、多媒体处理工具、网络应用工具以及各种政务专用软件。这些软件运行在办公业务网和办公业务资源网上，处理来自政府公众信息网、办公业务网、办公业务资源网的信息，输出的信息存储到电子信息资源库。

第二，数据共享子系统，包括数据集成软件、应用集成软件、电子政务专用中间件等。电子政务系统的数据资源开放、信息共享等特点，使得在传统等级森严的层次管理中所形成的“信息孤岛”实现联合，从而为电子政务所体现的“扁平式管理”提供了可能性。

第三，电子政务协同办公专用软件子系统，包括数据标准化软件、业务映像软件以及协同工作调度软件。由于原有的各类办公软件只是对单个政府职能部门政务流程的映像，缺乏协同工作机制，因此需要电子政务协同办公专用软件子系统将各个不同政府职能部门的政务流程映像为一个统一的软件模型，并将其在网络中实现。

二、协同工作系统

主要内容有：

第一，政务数据集成与挖掘系统。数据挖掘就是在一些事实或观察数据的集合中寻找模式的决策支持过程。根据不同的数据挖掘对象，数据挖掘分为内容挖掘、结构挖掘以及用法挖掘三个部分。

第二，政务决策支持系统。电子政务协同工作平台借助资讯工程技术、集成化思想，构筑了智能型、交互式、集成化的决策支持系统，并为决策层开发了主管信息系统与主管支持系统。这需要系统平台的支持，更依赖于多源数据的采集、建库、维护、更新，以及最终对资料的管理、统计、分析。因此，可围绕网络环境中政府信息的采集、处理、管理和服务等应用为内容，建立基于数据库的政府信息资源应用系统。

第三，应用集成技术系统。多年来各政府部门各自为战形成的“信息孤岛”已不能满足日益增长的信息处理和协同工作的要求，必须通过集成技术在系统中架设数据和应用的“桥梁”，使整个系统能够具备信息交换和协同工作能力，才能满足新经济时代的信息化要求。

第四，安全保障系统。这是电子政务中的重要环节，整个系统安全的设计必须从物理安全、网络安全、信息安全以及安全管理等全方位来考虑。

第二节　构建电子政务系统的基本原则

一、三网合一的电子政务系统①

随着近年来因特网应用的日益普及，各政府部门陆续开展了Web站点建设，把业务上网以更好地服务于民。由于政府工作的特殊性质，其Web站点和应用在形象、内容、安全、稳定上较一般企业主页有更高的要求，上下级单位、相关部门在页面风格、应用模式、安全准则、内容更新诸方面也需有相应的行之有效、易于维护和实施的规范。但由于各级政府在信息化进程中发展的不同步和采用技术的差异，各级政府部门目前亟待完善一套系统化的页面制作、内容、应用开发、安全管理、后台应用集成的规范。三网合一的电子政务系统（如图11－1所示）在这方面做得较好。

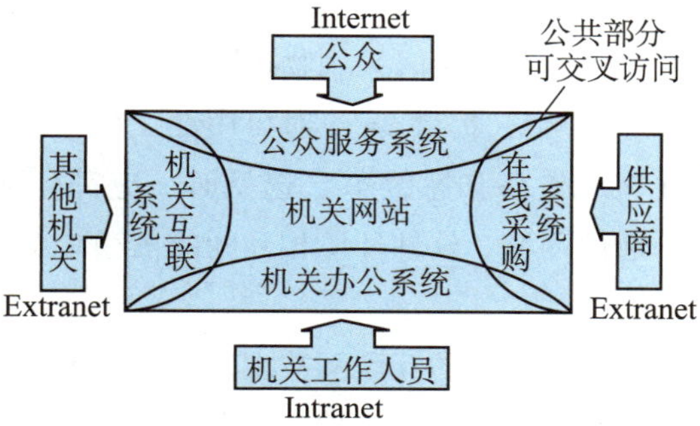

图11－1　三网合一的电子政务系统示意图

本系统实现了机关办公、机关互联、机关采购、公众与机关互通等政务功能。

（1）机关互联系统实现的功能：机关之间的文档传输及事务处理。

（2）公众服务系统实现的功能：机关信息发布、公众意见收集、公共事务处理等。

（3）在线采购系统实现的功能：发布采购计划，在线招标、投标，订单发送、接受，查询发货、付款情况等。

（4）机关办公系统实现的功能：与机关内部的事务管理系统相连；上、下级机关的公文传输；管理公众服务系统；管理机关互联系统；管理在线采购系统等。

建议按如下顺序实施三网合一的电子政务系统：建立机关内部信息管理系统→建立机关办公系统→建立公众服务系统→建立机关互联系统→建立在线采购系统。

① http：//www.websky.com.cn.

二、构建电子政务系统的基本原则

政务信息化已逐渐从可有可无的处于从属地位的辅助工具演化为必不可少的主要工作手段。为保证电子政务的顺利实施，一些基本的原则应遵循：

（1）实用性原则。系统必须保证实用，切实符合政府部门管理、决策、服务及办公自动化等各项业务和职能要求。要以公众为中心提供服务。服务对象既包括政府机关内部，也包括其他机关、团体、企业和社会公众。联机提供服务的同时也加强其他服务手段，包括受理各种申请、投诉、建议和要求，既有信息的发布与接收，也有交互的数据处理。

（2）可靠性原则。在网络设计时关键部位必须有高可靠性设备，对于重要的网络节点采用先进的高可靠性技术。

（3）开放性原则。网络系统的开放性要好，应支持多协议。能充分利用政府内部资源，有完善的信息发布管理机制，针对不同类型的用户而提供不同的信息。信息内容包括机关内部信息、可在一定范围内流动的信息和可公开发布的信息。

（4）安全性原则。应有完善的安全防范措施，从硬件、软件以及行政管理等方面严格管理，杜绝非法入侵和泄密，在必要时采用物理隔离的方法。建设坚固、稳定、强管理功能的因特网/内部网网络平台，提供 24 小时可用性。

（5）标准化原则。在网络设备和系统平台选型时，应符合国际网络标准及工业标准，使系统的硬件环境、通信环境、软件环境相互间的依赖减至最小，使其各自发挥自身优势。

（6）先进性原则。采用国际先进的互联网技术、网络技术模式、技术路线和体系结构，具有强大的数据访问、存储、操作与管理功能。

（7）扩展性原则。在网络设计时要充分考虑到将来网络扩充的可行性，并能够将各种格式的信息集成在电子政务平台上，解决新旧系统间的信息更新与数据导入问题。有易扩展、易二次开发的应用平台。

电子政务系统的建立能使政府工作人员及时地了解到普通老百姓时下最关心的问题，使政府部门制定出的政策和规章目的性更加明确，能够提高政府的办事效率，树立政府廉洁高效的形象，拉近政府与百姓之间的距离，搞好干群关系，维护社会稳定。

政府可以从网上不同的数据源快速获得普遍性的群众意见和呼声，对这些信息全面的、准确的、最新的了解有助于工作人员有的放矢，作出正确的决定，取得更大的社会效益和经济效益。

第三节　电子政务系统结构[①]

一、电子政务系统网络体系结构

电子政务系统应当涉及公众、政府的各个业务管理机构，以及这些机构之间的各种资源信息共享和交换，也就是面向公众的 Internet 网络、面向政府机构内部业务处理的 Intranet 网络、各个政府机构之间的互联专用 Extranet 网络，以及对各种数据信息管理资源库，形成“三网一库”体系框架。为实现公众用户、内部用户和跨机构的信息共享和交换，应面向三个领域建立各自的电子政务门户系统，达到单点登录即可全面获取登录者所有的可交互的信息，使其具有个性化的特点，全面展现电子政务业务各个领域的不同层次的内容。

电子政务系统的不断扩大和完善，以及应用的需要，必须保证网络系统和应用系统的不可间断性，以及网络系统和应用系统的容灾能力，这时需要建立政务数据中心（GDC）将数据信息集中，同时对网络系统、应用系统、安全系统、防灾系统、容灾系统、防毒系统、管理系统等方面进行专业化的技术支持和服务。

在电子政务网络结构中，一个非常重要的内容是建立安全的服务器网段，这里主要是防范内部用户有意或无意地对服务器系统及其应用系统所造成的危害。在建立政务网络系统时，需要建立高安全的服务器网段，同时选择高安全应用服务协议来加强应用系统的安全程度。高安全服务器网段主要应从以下几个方面考虑：边界系统主机系统的安全等级；网段内服务应使用简单的、安全的应用协议，如 HTTP 协议；严格区分系统资源和应用资源，也就是不能将通过网络传输的资源应用于系统资源；防范病毒传播和定期对高安全服务器网段进行防毒扫描；使用安全扫描系统或软件，检查网络存在的安全隐患，在满足应用需求的前提下，修补安全漏洞；定期审核系统日志，总结可能存在的安全漏洞，且记录在案，以便未来借鉴。

二、电子政务系统模块功能简述

（一）待办事宜系统

待办事宜系统是整个电子政务网上办公系统的重要组成部分，收文系统、发文系统、信息采编、督办查办、领导讲话、会议管理等系统产生的用户传递信息都由待办事宜系统来完成。待办事宜系统是电子政务网上办公系统面向领导和具体工作人员的一个

---

① 李志明．构筑安全政务网络基石．中国计算机报，2002－05－13.

窗口，系统正常运行后，上报领导的公文、请示、信息都集中在领导的待办事宜系统中，领导转办的事项集中在办理人员的待办事宜系统中；领导只需查看、处理待办事宜系统中的文件，批示、审批、审阅等工作就都可以完成，这极大地方便了领导办公。同时工作人员需要经常查看自己的待办事宜系统，办理领导交办的事项，以免应办事宜被延误。

（二）公文系统

1. 收文

完成收文所涉及的一系列操作：公文上报、登记、拟办、中转、转发、处室拟办、领导审核、承办单位办理、归档、相关单位查询公文等。在系统中特别注重数字化数据的一次性录入，力求减少重复劳动，提高办公效率。

系统能够自动接收下级单位的上报公文，并自动填写收文登记单。

系统允许用户自定义流程，使系统可以适应各种公文流程需求。

系统支持领导手写、语音批示，方便领导办公。

系统采用收文和待办事宜配合使用的方法，使流程更加直观。一般用户只需经常查看并办理待办事宜即可进行日常办公。

系统采用了完善的流程跟踪和控制。系统对收文的整个流程进行跟踪，详细记录公文的当前状态、办理的过程和拟办、批示意见以及办理结果。

2. 发文

完成发文所涉及的一系列操作：处室拟稿、领导审签、文字初审、文字复审、领导签发、文书印发等。

系统允许用户自定义流程，使系统可以适应各种公文流程需求。

系统支持笔迹保留，方便发文稿件修改。

系统采用发文和待办事宜配合使用的方法，使流程更加直观。一般用户只需经常查看并办理待办事宜即可进行日常办公。

系统具有完善的流程跟踪和控制。系统对发文的整个流程进行跟踪，详细记录发文的当前状态、发文审核的过程和领导审签、签发意见。

（三）信息采编系统

本系统完成上报信息收集、采编、网上发布为电子刊物等工作，是电子政务网上办公系统的主要模块之一。在系统中，从信息上报到发布为电子刊物全部为数字化操作，避免了数据的重复录入，提高了采编效率，节约了办公费用。

系统自动接收下级单位的上报信息，实现政务信息的经济、方便、快捷传输，真正促进政府体察民情。电子刊物发布的滞后时间仅为两个小时。

1. 信息电子刊物

信息采编人员可以使用本系统产生信息电子刊物采编稿，提交领导签发。领导签发完成后，采编人员可以将信息电子刊物上网。

2. 政务信息系统

这是整个电子政务网上办公系统的重要组成部分，其特点如下：

（1）信息量大。收录了全国各地的最新上报信息，其中包括全国各地的经济形势、市场动态、地方民情、突发事件等重要信息，对于本地的相关政策、制度的制定具有参考价值。

（2）信息及时、准确。地区内信息从本单位上报到进入电子政务网上办公系统只需5分钟时间，加上信息部门的采编时间，在30分钟至2小时内即可上网发布，由于从编辑、上报、采编都采用计算机网络实现，因此信息不仅及时而且准确，便于重复引用。由于政务信息产生的整个流程均以数字化的方式传输，因此只需一次输入，其他单位就可以方便地引用，减少了文字的重复录入，提高了工作效率。

（3）全文搜索功能。在系统中提供了功能强大的全文搜索功能，无论系统中存有多么海量的信息，使用者都能在几秒内找到需要的信息。系统的信息来源有两种：一是各下级单位上报的，经过信息部门认真选择可供所辖各单位查询的信息；二是上级单位下发的其他单位的上报信息。

系统提供了对信息按照不同的分类进行查询（按类别、按日期、按关键词、按上报单位、当日信息、本周信息）的功能，同时还提供全文搜索功能。另外，用户可以将感兴趣的信息引出至本地的文档中，以便其他文稿采编使用。

（四）领导日程安排系统

领导日程安排系统的主要目的是辅助安排领导的活动日程表，并通过计算机网络供本单位内部人员进行查询，以便各部门安排本部门的相应工作。日程安排一般按周进行。本系统的特点如下：

（1）提供了直观的日历格式视图，可以按一天、一周、一个月等日历格式显示领导日程安排；

（2）提供了针对某个领导活动的查询功能，方便了用户查询。

（五）督办查办系统

督办查办系统的主要目的是利用计算机网络辅助进行政务督查和建议提案督查的登记、信息反馈、查询、统计工作；实现督办查办流程的实时监控，通过计算机网络及时发送督办查办部门的有关交办单、答复等文件，及时反馈交办单位办理意见，供领导和有关工作人员查询、统计，提高督办查办的效率。

在这一系统中，各类用户可完成各项想要完成的任务，例如：

（1）督办查办工作人员可登记督办查办事项；

（2）主办、协办单位可填写办理意见；

（3）主管领导可随时查询督办查办事项的办理过程，并可以填写批示意见；

（4）主办、协办单位可填写办理结果；

（5）督办查办工作人员可确认督办查办事项办结；

（6）督办查办工作人员可按以下办理结果对登记的督办查办事项进行统计：所提问题已经解决或基本解决；所提问题正在解决或列入规划逐步解决；所提问题因条件所限或其他原因需以后解决；所提问题留作参考。

（六）部门工作简报系统

部门工作简报系统为各部门（处室）提供发布信息或者向领导提交工作计划、工作总结、工作报告等功能，利用计算机网络和软件技术使发布信息经济、方便、快捷；同时支持多种格式的字体、颜色，可以将要发布的内容编辑为式样新颖、重点突出的格式；简报内容中还支持多种图形格式，可以将图片通过复制、粘贴的方式贴在简报中，在其中还可以指定“发布范围”，指定某些用户可以查看本工作简报。

下属单位可以通过远程上报功能模块将需要报送有关领导的工作简报传到“部门工作简报”模块中，下属单位指定的“上报领导”可以在“部门工作简报”模块查阅上报给本人的工作简报。

本系统具有很强的权限控制功能，只有起草用户和在工作简报的“发布范围”中指定的用户可以查看本工作简报信息，其他用户对此工作简报没有查阅权限。

（七）领导讲话管理系统

起草领导讲话稿是政府机关内部工作人员的主要工作内容之一，本系统可以有效提高拟稿人员的工作效率，降低劳动强度。其功能如下：

（1）提供了公用和私有素材库。拟稿人员可以建立素材库，收集历年的中办、国办、上级单位下发的多种文件等重要素材，方便领导讲话拟稿。

（2）提供了归档稿件库。将领导采用过的稿件及时存档，方便了稿件的查询和讲话拟稿，便于重复引用。

由于领导讲话管理系统的整个流程均以数字化的方式进行，因此只需一次输入讲话稿，其他单位就可以方便地引用，减少了文字的重复录入，提高了工作效率。

（八）会议管理系统

会议管理系统是整个电子政务网上办公系统的重要组成部分之一。其特点如下：

（1）建立了会议议题库。会议起草部门可以方便地查询、组织会议议题，确保议题尽快得到处理。

（2）提供了领导审核会议议题的功能。每次起草会议安排前可以通过待办事宜系统请主管领导审核会议议题安排，然后根据主管领导的审核意见起草会议安排。

（3）提供了会议安排、会议通知单、会议纪要、会议议题归档库，可以对归档库中的内容按指定的方式进行查询和统计。

（4）提供了对会议通知单反馈信息的实时跟踪。系统通过待办事宜系统发出会议通知单，用户对会议通知单的反馈信息包括查看、回复，这些宝贵的实时信息有助于管理者对会议安排动态的掌握。

（九）组织人事系统

1. 党员资料

实现对党员基本信息（如民族、参加工作时间、受教育程度、专业技能、工作情况、接受培训记录、奖惩记录等）的有效管理，便于开展组织生活、宣传党的政策。

2. 公务员资料

与企事业单位的人事管理系统类似，记录了公务员的基本资料信息，如民族、参加工作时间、政治面貌、受教育程度、专业技能、工作情况、接受培训记录、奖惩记录等，便于机关内管理人事及选拔人才。

3. 部门领导资料

政府机关有着明显的层次结构，上级领导经常到下级单位考察、指导工作，如果能对下属各级领导的资料如工作业绩、受教育经历等信息比较了解，将有助于各级领导之间的交流，也有助于选拔人才。本模块为领导提供了随时查询下属各级政府领导的基本资料的功能，方便了工作，促进了领导之间的互相交流。

4. 培训园地

“以人为本”的概念已经在各行各业得到普遍认可，工作人员的素质既决定了机关的发展，也决定了机关能否充分发挥其职能。机关工作人员需要不断学习新知识，拓宽视野。本模块提供了工作人员学习新知识的场所，提高了培训效率，降低了培训成本。

5. 规章制度

规章制度是任何单位都必备的管理性文件，包括行政管理、奖励制度、考勤制度、福利制度等相关文件，用来保证单位内各种事务的有效运转。电子政务网上办公系统中的“规章制度”模块可以方便工作人员随时查询各类规章制度文件。

（十）用车管理系统

用车管理特指单位办公用车的管理，包括车辆状态信息、用车申请、出车登记等。所有车辆作为资源登记到系统中，工作人员用车之前要进行预约，在预约单中可查询某段时间内的可用车辆，或者查询某车辆的可用时间，以帮助用户进行合理预订。

（1）车辆信息：车辆信息包括车辆的档案资料、当前状态（预订情况）。

（2）用车申请登记：所有人员用车之后，应由本人或其他人代填“用车登记单”。所有人员的用车记录公开，任何人均可查阅。查阅方式可按车型分类、按日历表方式显示。

（3）出车登记：登记车辆出车日期、时间、行驶里程、耗油等情况。

（4）出车统计：针对车辆的出车情况、司机出车情况、总里程数、总耗油、月耗油等进行统计。

（十一）文档管理系统

文档管理系统是整个电子政务网上办公系统的重要组成部分，其特点如下：

（1）信息量大。收录了上级单位下发的多种文件及本单位发布的文件，对于有关单位的相关政策、制度的制定具有指导意义。

（2）信息及时、准确。文件从下发当天就可以进入电子政务网上办公系统，由于从编辑、采编都采用计算机网络实现，因此信息不仅及时而且准确。

（3）便于重复引用。由于文档管理系统的整个流程均以数字化的方式进行，因此，只需一次输入文档，其他单位就可以方便地引用，减少了文字的重复录入，提高了工作效率。

（4）全文搜索功能。

（十二）公用信息系统

本系统中包括电子公告牌、办公办事指南、社会公用信息、电话及通信名录、网上论坛五个模块。

1. 电子公告牌

电子公告牌提供电子政务网上办公系统内发布电子公告的功能，公告中可以包括字符、图片，可以编辑为美观大方的格式。系统具有发布公告流程审核设置，领导审核通过后的文件才可以发布。

2. 办公办事指南

办公办事指南模块为来本单位办事的工作人员提供单位简介、领导分工、机构分布等信息。

3. 社会公用信息

社会公用信息模块为网上用户提供了列车时刻表、航班时刻表、长途区号、邮政编码等信息查询服务。

4. 电话及通信名录

电话及通信名录模块提供本单位及所属单位的通信名录信息服务，联网用户可以将本单位人员的通信名录输入本系统，以方便查询和交流。

5. 网上论坛

网上论坛为电子政务网上办公系统联网用户提供了相互交流的场所，在这里用户可以讨论技术问题、社会热点问题，可以发起话题，也可以针对其他用户发起的话题发表自己的意见、看法，还可以在其中指定某些主题如精神文明建设、市政府本年度为市民办的几件实事等进行讨论。

（十三）电子邮件系统

电子邮件系统是电子政务网上办公系统的通信平台，在整个电子政务网上办公系统中的作用非常关键，它不仅是系统中各种流程衔接的纽带，同时也可以非常方便地促进工作人员之间信息的交流。

思考题

1. 三网合一的电子政务系统中实现了哪些功能？
2. 构建电子政务系统的基本原则是什么？
3. 如何理解电子政务的系统结构？

第十二章 电子政务的标准制定

学习目标

1. 了解统一电子政务标准的必要性和重要性；
2. 理解整合资源是电子政务信息化建设的重要问题；
3. 了解制定电子政务标准的内容；
4. 制定电子政务标准的建议。

基本概念

电子政务标准　资源整合

导　言

标准化是我国电子政务建设的基础性工作，是电子政务系统实现互联互通、信息共享、业务协同、安全可靠的前提。目前，国家电子政务标准体系建设的重点在于建立一套具有自主知识产权、适合我国政府办公特点并与国际标准兼容的电子政务标准，研制相应的开发工具、建模语言和方法，研究和建立维护机制及相应的平台，建成我国的电子政务标准体系。

第一节　电子政务建设标准化趋势

一、统一电子政务标准的必要性

在推动信息化建设的这些年间，我们走了不少弯路，也遇到了不少问题。其中最值得一提的，就是规范性问题。国内许多企业经常是一哄而上进行信息化建设，信息主管部门未能就信息系统的建设制定相应的全国性规范。其结果，自然是条块分割、接口各异，上下级单位之间、跨行业跨地区的单位与单位之间资源无法共享，数据无法传递，仅能够满足本单位的需求，而无法适应大系统、大网络建设的需要。因此电子政务建设在全面铺开之前，一定要吸取前车之鉴，制定一套统一的规范，使各单位在建设电子政务系统时有标准可循，从而为构建全国一体化的电子政务大系统做好充分的准备。

尽管国务院信息化工作办公室已经公布了全国电子政务的建设指导意见，但是在实施过程中还是遇到了很多具体的问题，因此必须建立电子政务建设的标准，且标准应具体化，只有这样才能避免在电子政务的建设过程中出现重复建设等问题。

标准尚未制定，电子政务开展就会受到制约，从而导致资金上的浪费。有些部门在信息化方面开展得比较早，如果电子政务的标准不能与现有信息系统兼容，就会带来一些问题。此外，电子政务标准推出的时间，也会影响其他政府部门电子政务推广的时间。在信息共享方面，出现信息的重复采集，表面上是工作的重复，实际上对信息的可靠性不信任，因此信息共享需要严格的界定。

目前，电子政务正在国内大规模地展开，不同技术标准所引起的兼容性问题已经日益突出。及早解决软、硬件的兼容已经迫在眉睫。

二、统一电子政务标准的重要性

随着国家信息化建设工程逐步发展壮大，关于电子政务的探讨便成为当前各行各业积极介入的一大热门话题。以电子政务为核心的政府信息化是推动我国国民经济信息化的关键，规范化和标准化已成为当前发展电子政务的重要环节。

为此，国家标准化管理委员会和国务院信息化工作办公室专门成立了电子政务标准总体组，负责研究跟进国内外与电子政务有关的标准的发展动态，及时调整工作思路及方向，与国内各政府部门、技术专家及开发商一起研究制定中国电子政务标准，推动我国电子政务健康、有序地建设。当前，与电子政务相关的行为主体主要是政府和公众，电子政务的业务活动主要是围绕政府内部的互动、政府与政府的互动、政府与公众的互动三个方面展开。

建设电子政务基础设施这一工作亟待标准的形成。我们的 IT 产业发展相比发达国家较滞后，其中十分重要的一个原因就是，我们还没有形成自己的标准在建设中国的电子政务这一重要命题前，必须严肃地讨论建设标准的重要性。如果没有统一的标准，那么所开发的应用系统就无从互通；没有国家级的标准，那么地方级的电子政务系统就无法互通；再进一步谈，没有世界级的标准，政务工程就无法与世界沟通，无法适应全球化电子商务的需要。

三、统一电子政务标准的迫切性

众所周知，形成标准是一个社会发展的必然。作为社会信息化的重要组成部分，政府信息化应该是信息标准化的倡导者和实践者，信息标准化应该优先于信息化建设。

研发过办公自动化应用系统的单位和部门都有这样一个体会——改造和统一已有的多个应用系统比新建一个统一的、新的应用系统要困难得多，它要解决的不仅仅是系统之间的技术协调问题，还需要解决已经在使用的部门和单位之间的协调，而后者比前者要付出更大的代价，比技术方案的协调更为复杂、更为困难，将要付出更多的人力物力。放弃以前的系统，改变每一个人已经习惯了的工作模式，这样的压力远远超出一个新的应用系统推广的压力。其中的一个主要问题就是新的系统标准和各单位的系统标准的不一致。由此可见，电子政务的标准必须在所有部门的办公自动化系统建立之前制定，用其指导办公自动化系统的建立，否则它的推广将会面临更大的压力和困难。

因此，我们需要为电子政务应用构建一个真实的标准，使在此标准之下建设的电子政务应用，包括依照此标准进行了改造的原有的电子政务范畴的应用，能够消除它们之间的壁垒，实现真正的应用层面的协同。换句话讲，我们要构建协同的电子政务应用的基础设施，利用这些基础设施使各个应用开发商能够很好地开发出标准的电子政务应用系统，而且使各个开发商所开发的应用之间能够实现业务过程的调用和共享协同，而不是简单的数据调用。举个实际的例子，现在各级政府都热衷于建设政府的一站式服务平台，事实上，这样的平台就是基于上面提到的协同电子政务基础设施进行构建的。基于这样的基础设施所建立的政务系统，才能够真正实现系统间的自由调用和协同，实现真正的一站式服务，而不是简单地构建一个指向相互割裂的若干应用系统的门户网站系统。

第二节　电子政务标准的内容

一、电子政务标准的框架

在目前的《国家电子政务总体框架》中，电子政务标准体系以国家标准为主体，充分发挥行业标准在应用系统建设中的作用，由总体标准、应用标准、应用支撑标准、信息安全标准、网络基础设施标准、管理标准等组成。

总体标准，包括电子政务总体性、框架性、基础性的标准和规范。

应用标准，包括各种电子政务应用方面的标准，主要有数据元、代码、电子公文格式和流程控制等方面的标准。

应用支撑标准，包括为各种电子政务应用提供支撑和服务的标准，主要有信息交换平台、电子公文交换、电子记录管理、日志管理和数据库等方面的标准。

信息安全标准，包括为电子政务提供安全服务所需的各类标准，主要有安全级别管理、身份鉴定、访问控制管理、加密算法、数字签名和公共基础设施等方面的标准。

网络基础设施标准，包括为电子政务提供基础通信平台的标准，主要有基础通信平台工程建设、网络互联互通等方面的标准。

管理标准，包括为确保电子政务工程建设质量所需的有关标准，主要有电子政务工程验收和信息化工程监理等工程建设管理方面的标准。

二、电子政务标准的应用

政府信息化的发展过程大致可分为三个阶段：

(1) 信息数字化：以桌面字处理工具为典型的个人办公工具软件阶段，是通过计算机的应用解决和提高个人工作效率的问题。

(2) 信息网络化：基于数据库技术，是以 C/S 体系结构应用为特征的阶段，这一阶段基本实现了整个部门的数据与信息处理、公文处理等的自动化，目前急需解决的是信息共享、交流、协同，因为它可以提高一个部门的整体工作效率、信息化程度、市场的竞争力。

(3) 电子政务：是基于符合因特网/内部网技术标准的平台应用阶段，这一阶段不仅在技术上有了很大进步，而且应用范围已从部门内部、部门之间扩展到行业/系统内部，乃至跨部委、跨系统，达到信息资源共享、互通互联。

三、办公软件标准的制定

由于市场上存在多种操作系统和办公软件，其用户界面各不相同，因此会给使用者带来极大不便。尤其是在我国一些政府部门的正版化软件采购中，选用了包括中软 Linux 在内的国产 Linux 和国产办公软件，使中文办公处理软件用户界面的标准化工作显得更加迫切。图标方面则要把中文处理软件的菜单名称、格式、风格及软件图标等趋于统一。

例如电子政务公文文档格式标准问题。目前许多国内的专家、媒体、竞争对手都指责微软的 Word 文档格式不公开，造成了很多兼容性问题和安全性问题，例如用金山 WPS 打开微软的 DOC 文件时就会出现格式丢失现象，用微软 Word 打开金山 WPS 文件时也会出现类似情况。其他办公软件如 RedOffice、永中 Office、StarOffice 相互之间的兼容性也存在这样的问题，给我国电子政务的开展带来了很多麻烦。金山 WPS 取得了北京市政府软件采购订单之后，由于政府用户以前大多使用 Word 作为文字处理软件，因此金山公司承诺，只要遇到文件格式不兼容问题，都可以把文件送到金山公司由其技术人员负责进行文件转换。但这是一个治标不治本的临时措施，不仅浪费成本，也无法长久应对种类不断增加的办公软件和规模不断扩大的使用人群。

只有统一了电子政务公文文档格式标准，才能彻底解决这个问题，为电子政务办公软件领域的竞争者提供一个公平的竞争环境。

第三节　制定电子政务标准的建议

一、建立统一标准的注意事项

电子政务的性质决定它首先是政府行为，是现有政府的一种表现形式，具有完整和部分完整的政府职能，行使国家和人民赋予政府的行政管理权力。所以，电子政务的核心必须由能够代表政府最高权力机构的行政主管部门来建立或委托建立，由它们直接管理，否则可能会造成现实政府与电子政务产生偏离，甚至造成政府的双重性。电子政务是应用于政府、服务于政府的。因此，为它建立一个统一标准需要注意以下几点：

第一，电子政务的建立必须由政府来指导、监督。由全国具有最高行政管理职能和最高技术权威的领导机构，决定中国电子政务的整体框架、网络技术走势和标准，指导各部门的办公自动化工作，领导全国电子政务建设，对政府部门的信息化建设进行行政和技术的监理，已成为当务之急。

第二，标准的制定应遵循以最高行政主管部门为主导，网络技术、档案部门和各级行政部门参与的原则。

第三，制定标准的目的首先是政令畅通、互通、互联和信息资源共享，解决各单位、各部门的信息交流，服务于社会。是利用现有的信息资源，而不是整合现有的应用系统，它应该是信息资源的标准。

第四，标准具有开放性、兼容性和公正性，不能成为市场垄断的手段。标准不是技术壁垒，更不是服务某个经济集团利益的工具，而应成为市场发展的原动力。同时，标准也要具有发展性和延续性。标准的制定应是有一定的技术导向和对技术发展及应用有一定的前瞻性，同时也确定技术市场的发展方向，不能把制定标准变成技术壁垒或技术发展的阻力。

第五，建立标准是一个基础工作，标准的内容也应是最基础的，越基础的越可以称为标准，其他只能称为规范。

二、建立统一标准的要求

标准化工作是一个全社会的工作，必须坚持开放性、广泛性的原则，积极吸收社会力量，采取民主的方式共同进行标准的制定工作。

在标准的制定过程中特别要注意标准的实验验证工作，特别是在一些示范城市和示范部门中的验证。电子政务标准化工作需要在行业、相关部门、地方、科研单位和企业等的工作基础上协调与扩展。

电子政务的信息标准化建设直接关系到电子政务建设的成败，电子政务的信息标准化同时可以强化和规范各单位、各部门的办公自动化的信息标准化。在一个部门、一个单位建立的办公自动化系统解决的是一个部门、一个单位的信息化标准，而要建立一个真正意义上的电子政务，则必须解决各级政府部门及其相关信息标准。

三、加强信息安全标准化工作

信息安全标准是我国信息安全保障体系的重要组成部分，是政府进行宏观管理的重要依据。从国家意义上来说，信息安全标准关系到国家的安全及经济利益。标准往往成为保护国家利益、促进产业发展的一种重要手段。信息安全标准化是一项艰巨、长期的基础性工作。我国从 20 世纪 80 年代开始，在全国网络技术标准化技术委员会信息安全分技术委员会和社会各界的努力下，本着积极采用国际标准的原则，转化了一批国际信息安全基础技术标准，为我国信息安全技术的发展作出了一定贡献。同时，公安部、国家安全部、国家保密局、国家密码管理委员会等相继制定、颁布了一批信息安全的行业标准，为推动信息安全技术在各行业的应用和普及发挥了积极的作用。但是，信息安全标准化是一项涉及面广、组织协调任务重的工作，需要各界的支持和协作。因此，经国家标准化管理委员会批准，全国信息安全标准化技术委员会（简称信息安全标委会）于 2002 年 4 月 15 日在北京正式成立。信息安全标委会的成立标志着我国信息安全标准化工作步入了“统一领导、协调发展”的新时期。信息安全标委会是在信息安全的专业领域内，从事信息安全标准化工作的技术工作组织。它的工作任务是向国家标准化管理委员会提出本专业标准化工作的方针、政策和技术措施的建议。信息安全标委会将协调各有关部门，本着平等、公开、协商的原则组织提出一套系统、全面、分布合理的信息安全标准体系，以信息安全标准体系为工作依据有步骤、有计划地进行信息安全标准的制定工作。

四、我国电子政务标准制定的情况

为有效支撑我国电子政务工程的建设，加快电子政务标准的研究和制定工作，国务院信息化工作办公室和国家标准化管理委员会于 2002 年 1 月在北京成立了电子政务标准化总体组，全面启动电子政务标准化工作。国家电子政务标准化总体组由来自各级政府部门、各行业主管部门、科研院所和企业的专家组成，其中北京航空航天大学、中国电子技术标准化研究所和中国标准研究中心分别担任总体组的组长单位和副组长单位。电子政务标准化总体组的职责是提出我国电子政务的标准体系框架和实施计划，组织制定电子政务建设需要的标准，参与解决我国电子政务网络建设和应用过程中产生的互联互通问题和其他与标准有关的问题，完成国务院信息化工作办公室和国家标准化管理委员会交办的其他事宜。总体组成立后，组织专家进行了大量的调研和认证工作，按照优先解决共性问题和关键问题的思路，提出了我国电子政务首批 26 个标准研究制定项目。

总体组主持研究制定的《电子政务标准体系》，阐述了电子政务标准化的意义、电子政务标准化的组织结构和工作思路、电子政务标准体系，并给出了电子政务标准项目的管理办法。这些工作为我国电子政务标准化的有序和规范发展打下了良好的基础。总体组开通了电子政务标准化网站（www. egovstd. org. cn），在网上公布与电子政务标准化相关的内容、项目进展情况等。

2002 年 7 月 31 日，国家电子政务标准化总体组在北京召开了工作会议，通过了《电子政务标准化研究项目工作组工作制度（试行稿）》，并依据该工作制度投票确定了电子政务标准化研究项目的召集单位及副召集单位。

为了进一步落实 7 月 31 日的会议决议、加快标准的制定进程，国家电子政务标准化总体组秘书处于当年 8 月 8 日在北京召开了首批六个标准项目的启动会。首批启动的六个标准项目的所有召集单位和副召集单位均参加了会议，并以项目工作组为单位针对标准项目的目标、计划及组织形式等问题进行了讨论。这六个标准项目分别是：（1）电子政务数据元；（2）基于 XML 的电子公文格式；（3）电子政务业务流程设计方法通用指南；（4）电子政务主题词表；（5）XML 在电子政务中的应用指南；（6）信息化工程监理规范。

作为此次国家首批启动的六个电子政务标准化研究项目的重要内容，XML（Extensible Markup Language，可扩展标记语言）是互联网联盟（W3C）提出的下一代 Web 发布语言，目前在电子政务中得以广泛应用，也已经得到业界普遍重视与认可，建立 XML 统一的应用标准也势在必行。

作为网络技术的重要基础，我国加快了电子政务标准化体系建设步伐。2002 年国家标准委和国务院信息化工作办公室联合印发《电子政务标准化指南（第一版）》，即总则部分。该指南涉及的工程管理、网络建设、信息共享、支撑技术、信息安全等五部分内容也陆续印发。我国电子政务标准化的总体目标是：建立并不断完善电子政务标准体系，为电子政务建设提供支持与服务；制定一批电子政务关键标准，为实现互联互通、信息共享、业务协同、信息安全打好基础；建立电子政务标准贯彻实施机制，为标准的实施提供有效服务。

随着网络技术在世界范围内的迅猛发展，特别是互联网技术的普及应用，电子政务正在成为当代信息化的最重要领域之一。电子政务的推进有利于加快政府职能转变，提高政府办事效率，增强政府的服务能力，促进政务公开和廉政建设。

国内外信息化的实践证明，信息化建设必须有标准化的支持，尤其要发挥标准化的导向作用，以确保技术上的协调一致和整体效能的实现。

思考题

1. 如何认识统一电子政务标准的必要性和重要性？
2. 如何看待电子政务标准的内容？
3. 你对制定电子政务标准有哪些建议？

第十三章　电子政务的信息处理

学习目标

1. 了解政府信息化的目标和任务；
2. 明确政府信息化的内容与功能；
3. 理解政府信息化的深层次含义；
4. 了解全国统一的政府信息化建设原则。

基本概念

政府信息化　社会信息化　信息资源管理　信息公开　社会管理

导　言

网络技术的发展，正在改变着人们几千年来形成的信息传递方式、人际沟通方式和社会管理的组织方式，并深刻地影响着社会生活和政府运作的方式。从世界范围来看，信息已成为战略性资源管理，信息资源管理和知识管理已成为各行业的核心管理领域。在国民经济和社会信息化过程中，政府信息化处在关键和核心的位置。这是由政府在推动国家信息化中的主导地位和特殊角色，以及政府管理对信息的广泛依赖所决定的。为迎接信息社会的挑战，不少国家一方面积极发展国家信息基础设施，另一方面致力于政府信息化，利用网络技术改革政府，构建电子政务。

第一节　实施政府信息化的必要性

一、政府信息化的目标和任务

政府信息化是指政府部门为更加经济、有效地履行自己的职责，向全社会提供更好的服务，而应用网络技术、开发利用政府信息资源的过程。

政府信息化是政府履行职责的必要组成部分，是政府机构重组和职能转换的一个重要步骤，是建设一个理性的、负责任的、有效率的、透明和廉洁的、能对外部变化作出及时恰当反应的政府的必要条件，是政府迎接 21 世纪挑战的必由之路。

政府信息化的主要任务是：开发能满足政府履行各项职责所需要的高质量的信息资源；建设其性能、规模与政府职能一致的数字化、网络化的业务系统；建设联结各级政府的专用计算机高性能信息网络；在业务系统和专用网络的基础上，建设政府外部网，向社会提供包括信息和业务在内的各种服务。

政府信息化正在向电子政务发展。电子政务是政府信息化的高级阶段，是政府信息化应用深度和广度达到较高层次的表现。政府信息化的主要目的有三个：一是使政府能够更加有效地履行政府职责；二是促进本国信息产业的发展；三是引导其他领域的网络技术应用。

二、电子政务——政府信息资源管理的新动向

电子政务是 20 世纪末为迎接网络时代政府行政职能的现代化、民主化、公开化和高效率的挑战而提出的，是社会信息化和信息网络化发展的大势所趋。电子政务建设的核心和实质就是构建电子政务，推动政府上网，包括制定适应网络时代特点和要求的开放式、原则性的法规，统一相关技术标准及规范，将现有的、未来要建设的纵横向的各级政府网络和应用系统联结起来，使之成为有总体规划的互联互通的国家政务服务平台，为国家机关、地方政府、企事业单位、社会公众等各类用户提供个性化的智能服务。目前许多国家都在因特网上建立了自己的政府站点体系，实现政府部门内部工作人员以及政府部门与社会公众的信息交流，或将需要公开的政府信息资源及时发放到网上，供社会公众了解和使用。“电子政务”是政府信息资源管理的新动向。

政府信息资源是一切产生于政府内部或虽然产生于政府外部但对政府活动有影响的信息资源的统称。由于政府总以某种方式与人们的工作和生活的每一方面直接或间接相联系，因此，其总量常常多得惊人，甚至达到无法计数的地步。据统计，目前各级政府部门大约集聚了全社会信息资源总量的 80%。这些信息资源还常常比一般的信息资源更有价值，质量和可信度也较高，直接关系到国民经济与社会发展的状况和水平。如何加强管理、综合开发和有效利用这些资源已经成为各级政府工作的当务之急，也是一个值得研究和探讨的新领域。

政府信息资源管理的起源来自各种记录的管理。记录是各种社会组织业务活动情况的记载，包括关于组织在过去一段时间里的职能、政策、决策、程序、运作和其他活动以及对未来所做的安排和打算等信息。记录产生于组织内部。记录的最初目的在于反映组织在过去一段时间里的工作绩效、存在问题，以便备忘及作凭证，或为未来的工作提

供指南。也就是说，记录主要是为了内部使用。

政府最早关注记录的生产、保存和管理领域，主要是因为不论哪个时代的哪个国家，政府部门在业务活动过程中都会产生大量的原始记录。这些记录在数量有限时，即使不经过任何系统的组织，其使用也不会存在问题。但是，随着记录日积月累特别是政府职能不断扩展、工作节奏不断加快、业务范围迅速扩大，记录产生与利用之间的矛盾加大。由于政府是自国家诞生以来规模最大、系统性和延续性最强的社会组织，因此，对这种矛盾比其他任何社会组织都更迫切希望得到解决。例如，自 20 世纪中期以来，随着政府机构职能的不断增多，政府记录开始呈现爆炸性增长趋势。文献记录多得惊人，甚至连政府机构自己也不清楚它到底产生了多少条记录，对这些记录的质量、存储位置、效用更是无从掌握。可见，现代信息资源管理概念及相关理论最早就是政府为解决其内部记录爆炸式增长以及由此带来的记录利用低效率和政府决策低效率问题而提出来的。

与现代信息资源管理相比，记录管理在管理内容和手段上有其局限性。记录管理的内容产生于政府内部的业务工作，一般不包括产生于政府外部但对政府日后的业务活动有影响的信息。记录管理的对象仅限于记录，而不包括记录生产者、记录设备、记录技术、费用等系统活动要素。记录管理主要靠行政手段和法律手段。政府是当之无愧的发号施令者，将行政手段和法律手段延伸到记录管理领域是很自然的事情。记录管理目前已被公认为是现代信息资源管理特别是政府信息资源管理的起源。

三、社会信息化——政府信息资源管理不竭的动力

社会信息化是人类社会发展过程中的一种特定现象。人类对信息资源越来越依赖，而对物质资源和能源资源的依赖程度则相对降低。美国、日本等经济发达国家早在 20 世纪 60 年代中后期就提出了社会信息化问题。新兴的工业化国家和地区以及广大发展中国家和地区为了使其经济尽快起飞，也纷纷把加速社会信息化作为超常规发展战略的主要内容。例如，我国政府在“七五”期间已投资约 200 亿元，重点建设了经济、金融、铁道、电力、民航、统计、财税、海关、气象、灾害防御等 12 个国家级大型信息系统；从 1993 年起，政府先后部署和实施了“金桥”“金卡”“金关”等“金字号”系统工程计划以及包括中国经济信息网（CEINET）、中国教育科研计算机网（CERNET）、中国科学技术信息网（CSTNET）等在内的政府信息资源网建设计划。国务院信息化工作领导小组在 1997 年全国信息化工作会议上提出了国家信息化的定义和框架，即国家信息化就是在国家统一规划和组织下，在农业、工业、科学技术、国防及社会生活各个方面应用现代网络技术，深入开发、广泛利用信息资源，加速国家实现现代化的进程。国家信息化体系框架包括六个方面的内容，即信息资源、信息网络、网络技术应用、网络技术和产业、信息化人才队伍、信息化政策法规和标准规范。《中共中央关于

国民经济和社会发展“十五”计划的建议》指出：“大力推进国民经济和社会信息化，是覆盖现代化建设全局的战略举措。以信息化带动工业化，发挥后发优势，实现社会生产力的跨越式发展。”2001 年 7 月，信息产业部主办了国家信息化指标工作会议，正式对外宣布开始试行“国家信息化指标评估体系”。该体系借鉴了美国和日本的信息分类方法和相关研究成果，是国际上第一个由政府公布的指标体系，它的出台对我国的信息化建设和社会发展产生重大影响。

社会信息化给人类带来了新的资源、新的财富和新的社会生产力，也使政府信息资源管理活动直接架设于各种新型信息系统和信息资源网上，并在此基础上不断发展和完善。以美国信息高速公路为例，美国政府预测，它的建设可以显著提高政府工作效率，减少开支。如果建立电子福利信息传递系统解决食品补贴问题，不仅使政府人员对全国食品补贴动态有更深更快的了解，还可以节省大笔的工作费用，使现有的办公方式由集中转为分散，使现有的交通流量大大减少。在我国，“金关”工程不仅实现了对外贸易无纸化，降低了贸易成本，而且使配额许可证管理差错率减少了 70%。社会信息化对政府信息资源管理活动的影响极其深远，是政府信息资源管理不竭的动力。正因如此，在 2001 年召开的国家信息化领导小组第一次会议上，“政府先行，带动信息化发展”被列为推进国家信息化必须遵循的五大原则之一，并且特别强调，政府的信息化建设要从中央政府抓起，进一步加快和完善“金关”“金税”“金卡”“金盾”等工程的建设。

2020 年 10 月 29 日，《中共中央关于制定国民经济和社会发展第十四个五年规划和二〇三五年远景目标的建议》经审议通过。文件指出：“加强数字社会、数字政府建设，提升公共服务、社会治理等数字化智能化水平。建立数据资源产权、交易流通、跨境传输和安全保护等基础制度和标准规范，推动数据资源开发利用。扩大基础公共信息数据有序开放，建设国家数据统一共享开放平台。保障国家数据安全，加强个人信息保护。提升全民数字技能，实现信息服务全覆盖。积极参与数字领域国际规则和标准制定。”

四、开发政府信息资源的紧迫性

政府信息是政府部门为履行职责而产生、获取、利用、传播、保存和负责处置的信息，它是人们全面考察社会情况，从事政治、经济、科技、军事和文化活动所必不可少的国家资源。政府信息资源开发和利用的程度，是一个国家信息化、网络化发展水平高低的重要标志。

然而，从我国目前的情况来看，信息采集和流动的主渠道仍是自上而下的，信息流动多远甚至是否流动都是政府决定的事。这种内向型的自我信息服务功能，是过去几十年计划经济遗留的产物。

人类已经从工业文明进入信息文明。信息社会最为宝贵的资源就是信息。信息如同货币，只有公开并充分地自由流动，才能产生最大的经济效益与社会效益。然而，在我国长期以来，诸如“民可使由之，不可使知之”“法不可知，则威不可测”等观念影响甚远，加之信息的控制者往往能从垄断信息中谋取实惠，这对我国建立政府信息公开制度造成了一定的阻碍。因此，我们有必要全面认识政府信息公开制度在我国的必要性。

第一，信息社会要求政府信息资源能自由流动，以促进经济增长。

在所有国家，由于政府是最大的信息所有者和控制者，国家信息化或者信息社会的前提是政府信息化，而政府信息化的核心是政府信息资源的有效开发和利用。由于信息化发展程度的差别，西方发达国家对政府信息资源的开发与利用比我们要早，即使这样，这些国家仍在不断检讨政策，在更高的层面上关注信息社会与政府信息资源的利用问题。欧盟在 1999 年发表的关于信息社会中的公共信息资源的绿皮书中，从经济、社会发展与欧洲的一体化等许多方面提出了“公共信息资源是欧盟的关键资源”的观点，并对政府信息利用过程中的立法、适用范围、政府信息定价、公平竞争、版权保护、个人隐私保护与商业秘密等问题进行了全面的审视，为欧盟及其各国的信息公开制度建设注入了活力。美国图书馆与美国信息科学全国委员会在发表于 2001 年的一份权威性报告中，系统地分析了网络技术发展给政府信息资源利用所带来的挑战，明确地将政府信息资源列为国家的战略性资源，与土地、能源、劳动力、资本等资源并列，并提出了 36 条政策建议。

在我国，随着网络技术的发展，政府信息资源的开发面临着巨大的机会，同时也产生了许多新的挑战和问题。应该说，如何保障政府信息充分为社会所利用，推动国家信息化，在制度、技术与市场等方面均存在相当大的创新空间。当务之急是从认识上明确政府信息资源的战略性地位，通过制定政府信息公开条例为制度创新奠定法律基础。

第二，政府信息公开是我国政府公开制度改革与发展的必然要求。

近年来，各种形式的政府公开制度在实践中得到了长足的发展，引入了诸如公开招标、公开竞争、公开招考、公开数据、公开配额、公开办事制度与结果等政府信息公开制度。这些措施推动了政府信息公开制度的发展，保证了人民知情权的实现，并使政府信息公开迅速成为全社会普遍关注的热点问题。

另一方面，必须承认，实践中推行的各种形式的政府公开制度仍然存在着一定的局限，往往具有各自为政的特点，相互之间缺少统一性和协调性，具体做法也大不一样，甚至在名称上都无法统一。另外，由于缺少综合协调机构，对于信息时代的信息公开问题缺少全盘规划和部署，各种改革仍然停留在渐进性改革的思路上。

第三，政府信息公开有利于规范市场经济秩序。

信用缺失，市场秩序混乱，交易成本过高，一直是制约我国经济发展的重要因素。为此，政府多次动员各方面的力量，对市场经济秩序进行治理整顿，以形成一个公平竞争的市场环境。治理整顿市场秩序要求比较大的政府投入和执法力度，社会成本比较高，有时甚至会出现愈打愈多或者久打不绝的后果。结果，执法、处罚甚至刑罚虽然不断加强，政府开支虽然不断增加，但市场经济秩序却未必能够有根本性的好转。另一种思路则是政府信息公开。这种思路不需要增加额外的政府开支和社会成本，也不需要增加额外的执法人员和处罚措施，它只是要求将政府信息对社会公开，民众有权通过一定的渠道和程序获得有关的政府信息。各种欺诈现象之所以存在，一个重要的原因就在于民众无法获得正确的政府信息，一旦真实的政府信息对民众公开，各种欺诈现象也就失去了藏身之所。因此，政府信息公开显然有利于规范市场经济秩序。

政府信息公开之所以能够有利于规范市场经济秩序，在信息经济学家那里有最好的解释。2001 年诺贝尔经济学奖的三位获得者阿克尔洛夫、斯宾塞、斯蒂格利茨均是以研究信息经济学而著称，根据他们的理论，在信息不对称的情况下，市场的运行可能是无效率的，市场选择的结果是“劣币驱逐良币”。因此，不论是在市场中还是在公共生活中，信息的披露都具有非常重要的意义。

第二节　政府信息化的内容与功能

一、政府信息化的内容

（一）政府信息的公开

在我国，有些涉及公众利益的规范性文件，被政府部门作为内部规定对待；公民、法人和其他组织在许多情况下不知道应当遵守何种规则，而这些规则确实存在，并由政府部门内部掌握。

其实，那些一向被认为是“内部文件”“内部材料”的所谓“内部信息”，其中有许多都是可以向社会公开的。公开是现代社会的一项基本特征，它有别于传统社会惯有的封闭、独断、暗箱操作，体现了民主、开放、科学决策的现代管理新思路。

政府信息的公开，是指政府部门通过多种方式公开其政务活动，公开有利于公民实现其权利的信息资源，允许用户通过查询、阅览、复制、下载、摘录、收听、观看等形式，依法利用各级政府部门所控制的信息。

政府信息的利用者主要是我国公民（包括台湾同胞和香港、澳门特别行政区同胞）、法人和其他合法组织。外籍人员和组织也可以依法利用我国的部分政府信息。政府部门应当为信息的利用创造条件、简化手续、提供方便。

1. 政府信息的获取

我国公民，不论民族、出生地、年龄、性别、职业、宗教信仰，不论身体是否健全，均享有平等的政府信息获取权。政府可以拒绝公民、法人和其他组织获取政府信息的请求，但拒绝的权力仅限于法律规定的豁免事项。对政府部门作出的任何免于提供信息的决定，公民、法人和其他组织有权要求政府进行审议，直至向法院起诉。

应当在县级以上政府机构、公共图书馆或其他适宜的场所设立政府信息查询室，并在主要街道设立统一的引导标志，允许公民、法人和其他组织查询开放的政府信息，同时指定专人负责回答公众的提问。政府部门应在这些场所配备可供多途径检索的信息索引，并尽可能利用多种手段开展政府信息咨询业务。

2. 政府信息的发布与提供

信息发布和信息提供是政府向公众传播信息的两种方式。政府部门有义务、有责任向公众发布和提供信息。信息发布是指政府部门以各种形式主动向公众传播信息的行为。政府机构的组织、职权、工作方法和程序、有关的法规和文件、行政许可的标准和条件等内容，政府部门应主动公开。信息一经发布，全社会都可以利用。信息发布应直达公众，避免不必要的延迟和垄断。信息提供是指政府部门应公众的要求，在法规、政策许可的范围内向公众提供信息的行为。所提供的信息可能已经发布，也可能尚未发布。当依法有权获取政府信息者提出获取信息的请求时，政府部门应及时予以回复。

负有特定义务的政府部门应增加有关信息的透明度，保证公民的知情权得以实现，并根据政府部门的类别提出不同的信息发布与信息提供要求。各级政府要充分利用先进的网络技术，不断改进信息发布和提供的方式，并对其表达的信息内容和语言质量负责。

3. 政府部门间的信息共享

长期以来，在我国政府机构内部，跨越行政隶属关系的横向信息传递十分薄弱。不同部门之间，甚至同一部门的不同厅局或处室之间，信息传递不畅的现象十分严重，极大地妨碍了信息资源的共享。不仅如此，由于信息传递过程中的利益关系，还难免造成虚假或冗余信息的扩散。因此，必须冲破政府信息为部门所有这一壁垒，消除政府部门间人为的信息封锁，防止由于信息采集速度太慢、层层汇总而丢失信息或增加时延，确保政府信息的可用性和利用率。

政府部门间，包括上下级部门间和同级各部门间，有相互提供信息的义务和获取信息的权利。政府部门应只产生或采集专供履行机构职责所需的信息以及有特殊用途的信息。在决定产生或采集新的信息之前，首先依法行使政府部门之间的信息获取权。各级政府部门在不违反国家法律、法规的前提下，有义务及时回复其他政府部门为履行职能而提出的信息采集申请，提供申请部门需要的信息，同时对所提供信息的真实性负责。禁止任何政府部门通过获取和利用政府信息妨碍提供政府信息的机构履行自己的职责。

（二）政府信息的开放

随着改革的深入，越来越多的公民、法人和其他组织迫切希望在网上获取政府信息，享受政府服务。作为有重要价值的国家资源，政府信息属公共所有，政府有必要也有责任向公众提供具有权威性和指导性的电子信息服务。因此，政府一方面享有得天独厚的信息优势，另一方面也对全社会负有提供和发布信息等重要责任。这就要求各级政府部门充分利用政府上网这一有利时机，主动面向全社会提供准确、实时的网上信息服务，确保用户在公平、法治和宽松的环境下及时获取和利用可公开的政府信息。

根据我国宪法原则，政府部门行政管理的最终目的是保障和实现人民群众当家做主的权利。这就要求行政管理活动必须民主而公正地实施。因此，各级政府部门依据法律所进行的活动，除因国家安全和利益以及公民隐私需要保密的外，都应当是社会公众可以知悉的事情。公民、法人和其他组织在不侵犯国家和他人利益的前提下，享有获取信息的自由。依法利用已开放的政府信息，是他们的一项民主权利。

政府信息开放有其明显的特点：

（1）面向社会公众，而不是特定阶层或组织；

（2）公民、法人和其他组织不论出于何种需要、何种目的，只要不违法，都有权利用政府信息；

（3）凡是列入开放范围的政府信息，均可自由获取，无须任何授权。

（三）电子政务的外向型信息服务

电子政务的外向型信息服务就是利用高效可靠的政府信息网络，将政府信息快速、方便、廉价、准确地传给社会公众，减轻公众为此需要付出的经济和时间负担，通过适当的信息提供与发布制度，使公众能够享受方便、快捷的信息服务。

建立社会主义市场经济体制，就是要使市场机制对资源配置发挥基础性作用。市场行情瞬息万变，信息比以往任何时候都显得重要。而先进网络技术的应用，可以大大改善政府的信息采集、加工、传递和利用的方式，使政府在履行职责时拥有良好、充分的技术支持手段，以适应国内经济和社会的发展，适应日益激烈的国际竞争和错综复杂的政治经济环境，更加有效地为公众服务。

民主社会以信息公开为前提，政府信息公开化是社会主义民主的必然要求。信息是理性沟通的基础，而理性的沟通又是民主的前提。网络技术为民主的发展提供了物质技术基础，而这一基础又将把民主推向更高的层次。在我国，知晓并监督政府的决策是人民当家做主的重要途径，其中最有效、最快捷的方式就是政府行为过程透明并在广泛的范围内公开，从而吸引社会公众的关注与参与。在法律允许的范围内，将公众关心的热点、难点、重点问题以及涉及公众利益的问题广而告之，使公众有更多的机会了解政府在做什么、在怎么做，并可以及时地以多种方式表达自己的意见，参与决策过程，获得政府具体、个性化的信息服务。

二、政府信息化的功能

（一）政府信息化对政府管理变革的影响

政府作为国家行政机构，承担着大量公众事务的管理和服务职能。在我国，各级政府机关不仅在社会经济文化生活中扮演着管理者和协调员的重要角色，而且其为企业和社会服务的职能在这场信息革命的大潮中日益变得重要。一方面，各级政府部门拥有大量宝贵的信息资源；另一方面，公众、企业和社会对获取政府有关政策法规、各类统计信息、社会保障信息等快捷和透明程度的要求日益提高，对政府部门的办事效率、服务水平等的要求也越来越高，政府机构的信息化应用水平在相当大的程度上影响着社会经济发展和社会信息化进程。

第一，政府信息化系统的应用、实施将从服务、管理、消费三个方面使政府的职能发生重要转变。在服务方面：电子政务通过对外宣传主页发布和管理系统使公众迅速了解政府机构的组成、职能和办事章程、各项政策法规，使政府的服务更加完善，更好地为社会服务。在管理方面：政府信息化系统的作用之一就是实现网上办公。政府通过网上的虚拟市场获得真实、全面、准确、及时的企业信息；由政府建立大型的专门数据库，对数据进行汇总、处理、加工，并建立决策支持系统，帮助政府进行决策，通过电子文件传送政策命令，实现其调控作用。在消费方面：电子政务利用互联网络发布政府采购信息，通过网络进行电子招标，完成采购过程，可以大大提高工作效率，并在网上实现政府采购的国际化。

第二，政府信息化的建立和发展，极大地提高了政府工作效率和政府决策的科学化、民主化水平。政府信息化为政府工作人员提供了现代化的办公手段和应用工具，降低了信息传输的时间成本和人力成本，节约了原来靠人脑和文件处理信息所消耗的大量时间和精力，将政府工作人员从常规的事务性工作中解脱出来。网上办公、远程会议、虚拟机关的产生，打破了政府工作的时空界限，加强了政府部门之间以及政府与公众之间的信息沟通和互动，使以前无法想象、无法实现的政府服务成为现实，使政府管理和服务更加精干高效。

同时，政府信息化在一定程度上打破了传统的政府部门之间条块分割、等级森严的格局。政府信息化使各级政府的各部门拥有了统一的服务平台。公众在这个电子服务平台上，不必关心与自己打交道的是哪一级政府的哪个部门，只要获取服务就可以了。这就大大提高了政府服务的效率。此外，政府信息化使决策实施情况的及时反馈成为可能。政府机关可以将拟推行的重大举措放在网上征求公众的意见；决策后，政府机关又可以通过网络及时获得决策实施过程中的反馈信息，并据此追踪或完善决策。

第三，政府信息化的建立和发展为政务公开提供了方便、有效、快捷的载体，有利于政府的勤政、廉政建设。在信息社会，政府信息化为政务公开奠定了技术基础。国家制定的各种法律规章、政府制定的各种规划方案、重大工程的酝酿决策，都能通过现代化的政府信息网络在第一时间到达公众手里。政府运作成为阳光作业，在最大程度上保证了政府管理的公开性，保护了公众的利益。政府信息化还可以增加政府办公的透明度，它可以防止信息被少数人专用或有选择性地公开，可以防止信息被更改、掩盖，可以建立一套相对严格的制度，防止人为干预。实施政府信息化后，把办事的规范归纳成标准的东西，人为因素被大大减少，降低了不确定的因素，从而增加了政府办事的透明度。

（二）政府信息化对社会变革的影响

网络技术的发展，正在改变着人们几千年来形成的信息传递方式、人际沟通方式和社会管理的组织方式，并深刻地影响着社会生活和政府运作的方式。从世界范围来看，信息已成为战略性资源，信息资源管理和知识管理成为各行业的核心管理领域。在国民经济和社会信息化过程中，政府信息化处在关键和核心的位置。这是由政府在推动国家信息化中的主导地位和特殊角色，以及政府管理对信息的广泛依赖所决定的。

透明、廉洁、高效、理性、负责任是对政府的普遍要求，21 世纪信息化时代的到来使政府在公共管理方面面临历史性变革。为了适应市场经济和经济全球化的新环境，提高政府对外部事件的响应速度，需要调整政府管理模式，广泛采用网络技术，加速政府信息化进程。政府行政管理信息化是一场深刻的革命，必须加快行政管理信息化的步伐，以适应改革开放和现代化建设新形势的需要。

第三节　实施政府信息化的思路

一、应充分理解政府信息化的深层次含义

在政府信息化建设时，要考虑政府职能的重组。政府信息化不能简单地理解为将政府现有的业务电子化，由“柜台式”服务转为“网上”服务。政府信息化的含义在于充分利用现代网络技术，以便能更好地满足人民的需求，更有效地利用政府的信息资源。因此，首要问题就是建立“以公众为中心的政府”。这一点应贯穿电子政务信息化建设的始终，各部门在制定信息化方针时必须考虑到这点。

公众在同政府打交道时，最理想的方式是不需了解政府各部门的职能划分，不需了解某件事应由政府哪个部门负责，而能简单直接地解决问题。现代网络技术的应用，为政府满足公众的这一要求提供了可能。在政府信息化过程中，要求对政府的职能进行重组，要考虑到跨部门的合作，将相关业务按公众的需求组合起来，设计网站时要提供一个良好的界面，使公众不必为一件事登录众多政府网站。

例如，英国 2001 年 2 月正式开通的 www. ukonline. gov. uk，就是按此思路设计的。它不仅将上千个政府网站连接起来，而且将内容按公众的需求组织起来，而不是按政府的机构设置组合，初步实现了《政府现代化》白皮书要求的按照“生活事件”来组织政府服务。首批开通的六个主题是：学车、出行、生育、搬家、死亡及违法行为。人们只需点击所需要的主题，政府关于该主题的所有问题都可以被搜索到，而无须考虑是由政府的哪个部门负责。如点击“搬家”，与搬家有关的所有政府服务都可找到，如买房、卖房、租房、抵押借款、房屋装修与修缮、公用设施（水、电、气）等方面的手续和国

家政策，以及居住地的社区信息，如学校、医疗、休闲、交通等。该网站第二步扩展了求职、退休等主题。该网站的建设规划是每 3 个月就添加一批主题，最终目标是将所有政府服务都集中于此。

二、进行信息化建设时要考虑到社会上的所有人

在实施政府信息化时，可采用的网络技术的手段是多种多样的。政府服务可通过互联网、手机、触摸屏、数字电视、电话咨询中心等多种手段实现。但对于多样化的社会群体，政府服务必须保证大家都能使用并容易使用。因此，在实施政府信息化的时候，既要考虑到熟悉、了解网络技术的人，也要考虑到不熟悉、不了解网络技术的人。这一点也是政府在信息化建设中特别强调的，应该要求各部门在制定电子化策略时要特别注意这一点，要考虑到所有人的利益。

所以，政府服务信息化并不意味着废除传统的服务。传统的“柜台式”服务还要在相当长的时间内予以保留，在某些特定的情况下，它还将是最合适的方法。电话将继续成为远程服务首选的手段，据英国的调查显示，电话咨询中心是颇受群众欢迎的一种服务方式。对传统的服务方法也应该充分利用现代网络技术予以改进，如为从事传统服务的工作人员提供完备的信息支持系统，以便其更好地服务。在制定政府信息化政策和方案时，还应照顾到少数民族及残疾人，考虑到他们的特殊要求。电子政务的实施也使海外公民同政府联系变成可能，因此，政府在制定信息化方案时也要考虑到这点。

三、制定全国统一的政府信息化建设原则

为规范政府信息化，规定了政府各部门信息化所遵循的共同原则。

第一，身份确认方面。利用现代手段同政府打交道，首先遇到的问题就是如何确认自己的身份。政府网上服务及电话咨询服务都需要有一个被公众广泛接受的身份确认方法。为此，政府应出台有关身份确认的导则，提供一个各部门通用的身份确认方法。

第二，安全方面。新方法能否推广使用，取决于人们对所使用系统的信任程度。因此，政府在电子化过程中，保证网络安全是非常重要的问题。尤其对涉及金融、保密、商业安全及网络安全等方面的服务更是如此。为此，政府应出台一份有关安全的导则，提出政府信息化过程中对安全的要求，要求各部门在信息化建设时都应满足这些安全功能。在实践中，政府可要求各部门充分借鉴电子商务中已有的经验。

第三，网站设计方面。为规范网站设计，政府应该出台关于网站设计的导则，目的在于使政府用一致的标准在网上提供信息及服务，使政府网站能在管理和设计上达到最佳。按照该导则设计的网站，将是内容丰富、设计良好、易于同其他政府网站链接的网站。此外，政府还应就智能卡应用问题、数字电视应用问题、保密问题、电子记录管理问题、政府各部门网站协调问题、电话咨询中心问题等信息化中的共性问题制定相应的规则。

第四，注重合作，相互学习。在进行政府信息化时，要考虑到政府职能重组，因此，要求政府各部门及部门内部各职能单位间密切合作。此外，合作还表现在要探索政府服务的新途径。当涉及政府与公众的资金往来业务时，应考虑与银行系统合作，尽量充分利用现有的银行系统。

由于电子政务的最终目的是要更好地为公众服务，这就要求对传统的政府服务模式进行改进。但创新的想法、模式往往很难来自政府本身，而政府同其他部门合作，尤其是同非政府部门合作，会更有利于新思路、新想法的产生。

由于各国政府信息化的目标基本是一致的，因此，在实施过程中有很多东西可以相互借鉴，相互学习。英国在建设 www. ukonline. gov. uk 时，就充分汲取了其他国家的先进经验，如新加坡的 e-citizen，澳大利亚的 Business Entry Point，加拿大的 Government Entry Point 等。

第五，推广电子政务，要大力进行宣传，同时应制定相应的鼓励措施。如同企业推出一件新产品一样，为使政府信息化服务能迅速得到大家的支持，加速信息化进程，各部门在制定信息化方案时要同时考虑到其推广方案。它不仅仅是宣传如何使用新方法，还要针对公众对新方法的反馈信息，有针对性地宣传。

四、整合政府信息资源，实现信息共享

电子政务建设的实质，就是政府按照市场经济和信息化的要求，加快政府管理的变革和流程的重组，并借助技术手段，达到为公众提供社会化的综合服务的目的。这里包含了三个方面的内容：一是政府管理结构的整合，体现为政府管理体制的变革和政府职能的转变；二是电子政务技术手段和产品的整合，体现为建立统一的、标准化的资源整合平台；三是电子政务框架的整合，体现为政府管理和网络技术的相互影响与相互促进。需要特别指出的是，目前电子政务建设存在某种误区，认为设备愈先进愈好，以至于出现了一种盲目追求硬件设备的档次、盲目攀比等不良现象。实际上，电子政务的建设和完善是一个漫长的过程，在这个过程中，我们强调要建设统一标准的政务资源整合平台，绝不意味着要简单地追求硬件设备的先进性，而是强调未来的可连接性和整体布局、应用的合理性，否则就有可能使电子政务的发展脱离方向，造成巨大浪费。

实施电子政务工程，不可能将现有的政府管理、运作的框架简单搬到网络上，或者按照传统的政府管理方式，将电子手段加在其中，而是对现行的政府管理职能、组织以及行政流程进行必要的调整和改革，从而为电子政务的推进创造良好的体制条件。在这方面，关键是要处理好政府组织结构、行政流程和政务信息的重组和整合等问题。从政府组织结构的重组和整合来看，要按照电子政务的要求，深化政府机构改革，通过重组整合，使政府机构的运行更加符合电子政务的发展需求；从政府行政流程的重组和整合来看，必须建立统一的政府部门工作规范，改革现行的行政审批制度；从政务信息资源

的整合来看，要建设和改造政务数据库，打破各级政府和部门对信息的垄断和封闭，实现政务信息资源的整合和互联互通，重视对信息资源的不断开发、更新和维护，并推动政务信息资源对社会的开放，使之发挥巨大的社会效益和经济效益。

五、政府信息化需要解决的问题

第一，目前，适应 21 世纪竞争环境和公共管理需求的政府信息机制还在确立，这一方面的基础研究和准备仍很不足，这是政府信息化建设中最主要的问题。

第二，政府信息化建设的制度、体制和法制没有确立完善，尚不能适应政府信息化建设的要求，不能反映政府信息化建设的特点。其主要问题是：没有统一的、有贯彻力的协调机构，而其运行模式不能满足政府信息系统和网络运行维护的基本要求，政府信息化工作没有法律规范。

第三，与履行政府的业务工作分离，追求工具、手段的现代化往往成为一些部门信息化的目标。

第四，政府部门为履行职责而进行的许多工作中，必需的信息不完整、不及时、不适用、不准确，已有信息可利用性很差。这些问题已经影响了政府正常履行自己的职责，影响了政府的决策能力、工作效率。

第五，政府信息化建设的技术路径、实施策略的理论和实践均落后，对于政府信息化是什么、应怎么做，以及发展的过程、必要的条件、运行机制等方面存在许多理论盲区，设备盲目追求先进，而系统和网络建设工程实践却严重滞后。

第六，政府信息资源的数字化、网络化程度低、共享程度低，不仅公民不能得到大量公开信息，政府机构间的共享程度也很低。

六、政府信息化的工作重点

第一，研究并确立适应市场经济、经济全球化和全球信息化环境下的政府信息机制，重心是政府信息化建设协调管理体制，政府信息的收集、加工、交换和发布机制，信息系统和网络建设和运行、维护机制，信息化建设的考核机制和方法。

第二，建立恰当的政府信息化管理机构，制定政府信息化规划，确立政府信息化项目审批制度。在不太长的时间内，每一个政府部门应设置由本部门最高领导层担任的信息主管，履行本部门所有与政府信息化和信息资源开发利用相关的职责。设立政府信息化协调机构，负责制定政府信息化规划、审议和平衡预算。

第三，制定政府信息化建设的规章制度、法律法规，特别是政府网络技术应用规范、政府网络技术采购条例、政府信息资源管理条例、政府信息收集制度、政府信息登记制度、政府信息交换制度、政府信息获取制度等。

第四，加快支持政府业务工作的信息系统和网络建设，特别是支持政府主要职能的关键信息系统和网络。除少数特殊业务，所有政府职责要求的业务工作、管理和决策能够在网络环境下进行，得到高质量的信息支持。

第五，建设高性能、高可靠的政府专用内部网，包括一个政府部门、一项特定重大业务的专用内部网和跨层次、跨部门的政府信息交流内部网。

第六，通过法律手段强化政府信息发布。所有政府的公开信息，企业和公民至少能有一种方法可以获取，并逐步使通过网络获取成为其主要的获取方式。

第七，建立完善的政府信息化建设评估标准和制度。无论是政府上网还是政府信息化建设，每一个项目都必须紧紧围绕服务政府工作，改善政府工作绩效，为政府履行自己的职责服务。

第八，加大政府信息资源建设的投入，提高政府信息资源的质量，加快数字化、网络化进程。

第四节　实施政府信息化的建议

一、建设全国统一的政府信息网络

当前，政府信息网络是政府信息化的基础。建设统一的政府信息网络，是推进政府信息化的关键。

根据我国的国情和政府的结构、功能、运作方式，出于国家安全和保密管理的考虑，政府信息网络由物理上分离的两个计算机网络组成。一个是外网，直接与因特网相连，供政府与外界交流使用；另一个是内网，供政府部门内部使用，是上下级政府、政府部门之间传递内部信息和保密信息、协同工作的渠道。

我国的一些政府部门已经拥有一定的信息网络资源，如果将这些现有基础网络资源加以整合利用，在较短的时间内便可以建成全国统一的政府信息网络，关键在于要打破行业界限，使政府的资源最大限度公用化。由于历史的原因和管理体制的局限，我国政府信息化建设大多是按部门开展的，在各个政府部门分别进行，形成了各自为政、各自分割、相对独立的局面。信息网络自成体系、横向互不联网，造成了效率不高、建设重复、浪费极大的严重后果，大大影响了政府信息化建设的整体效益发挥和信息资源充分共享。

针对上述现状，实施政府信息化应做到：

首先，要对政府信息化建设统一规划。由于开展政府信息化的行为是政府行为，建设资金大多是财政支出，所以政府信息化规划必须是计划性的，而不是指导性的。要像城市建设规划那样，划出“红线图”，强制性执行。

其次，要对政府信息化建设资金统一管理。以往各部门分头建设政府信息化工程的原因之一是建设资金渠道较多，但绝大多数都是财政资金。如果建立完整的制度，由财政部门统一管理，从资金管理这个源头下功夫，就能够解决各自为政、重复建设的难题。

最后，建立统一对口的政府信息化管理组织机构，具体负责规划和协调工作。

二、加强政府业务规范化、制度化

政府信息化既不是简单的政府上网，也不是单纯地将各部门的计算机网络联网，而是要应用网络技术对政府业务进行重构或再造，要建立以业务流为核心的管理模式。在完整、先进的网络技术解决方案基础上，实现政府在信息流通、工作组合、制度执行、事务控制、时间管理等管理环节的计算机化。否则，将出现在技术与业务的矛盾中徘徊的现象。具体建议有：

首先，可以在政府部门推行信息主管制度。信息主管与原来各部门的信息中心主任有区别，他不是一个主管技术的角色，而是进入管理层和决策层，担当行政业务和网络技术之间总协调的角色。

其次，对政府业务的信息处理作出规范要求，包括对信息的采集、加工、传递等全过程都有固定运作程序和明确要求。

最后，政府信息化必须与政府的职能转变和政府机构改革结合起来。在规范政府行为、依法行政、建立透明公开办事制度的基础上，通过网络技术的应用，促进政府业务管理的重组优化，从而实现政府信息化。网络技术应用是手段而不是目的，但是手段的运用会对政府管理产生重要的影响。

三、加强政府上网的信息化建设

政府上网是政府信息和服务向公众提供的一种形式，是政府信息化建设的高级阶段的产物。政府上网必须是政府行为，由政府主导，在法律规范下进行。政府机构通过网络发布信息。公众通过网络获取信息，是创造政府信息通过网络发布的必要基础。

第一，信息发布要规范，最好以法律或国务院法规形式，明确界定各个政府部门什么样的信息必须公开、什么样的信息可以公开、什么样的信息不能公开；界定各个政府部门在信息发布中的职责，防止同一信息的多重发布或必须发布的信息没有机构承担；规定发布信息部门对信息完整性、及时性、正确性的责任，规定收费与不收费的标准。

第二，网络建设要规范，要有统一的规划。目前，不同的政府机构正在加快建设各自的网络，且在应用层面使用着不同的标准。这种局面将会大大降低网络性能和利用率，增加成本，并给公众带来诸多不便。

第三，政府上网的实施，必须有一个权威的政府部门进行统一协调，必须有一个可靠的第三方承担跨部门、跨层次的政府信息发布和获取的具体工作。

第四，不能孤立地抓政府上网。政府上网只是政府信息化建设的一个部分，如果政府上网和政府有计划的信息化建设不结合，不同单位和地区的网络发展不结合，单独抓政府上网就可能造成成本高昂、质量不高、效益不佳的结果。

四、政府信息化的具体做法

政府信息化应重视规范政府资源开发利用，提高决策水平和工作效率，实现主要业务网络化、信息交换规范化、信息公开制度化。具体做法是：

第一，确立政府信息资源管理体制，逐步推行信息主管制度。

第二，加强法制建设，制定政府信息资源管理条例、政府信息采集和登记办法、政府信息交换管理办法、政府信息公告办法、政府信息网络建设实施标准、政府信息库建设标准等法律法规；围绕政府部门主要业务，建设信息系统和网络，开发相应信息库。

第三，调整政府信息资源开发利用运行机制，引入市场运行机制和竞争招标、外包等模式，实行信息资源开发利用预算管理，建立信息资源开发利用成本—绩效评价规范和制度。

第四，扩大非密信息开放，鼓励信息服务企业对政府信息资源进行商业开发和利用。

第五，强化技术培训，政府工作人员应不定期接受系统的信息资源管理和网络技术应用培训。

第六，实施政府信息工程，建设政府信息交换系统。

思考题

1. 如何认识政府信息化的目标和任务？
2. 如何理解政府信息化的内容与功能？
3. 如何理解政府信息化的深层次含义？
4. 全国统一的政府信息化建设有哪些原则？

网上资料

中国信息化　http：//www.ciia.org.cn

第十四章　电子政务的方案设计

学习目标

1. 了解电子政务系统的建设方案；
2. 掌握电子政务建设中必须解决的关键问题。

基本概念

电子政务系统　建设方案

导　言

电子政务最重要的内涵是运用信息及通信技术打破行政机关的组织界限，构建一个电子化的虚拟机关，使得人们可以从不同的渠道取用政府的信息及服务，而不是传统的要经过层层关卡书面审核的作业方式；而政府机关之间及政府与社会各界之间也是经由各种电子化渠道进行相互沟通，并依据人们的需求、可以使用的形式、要求的时间及地点，提供各种不同的服务选择。电子化政府基本架构的规划，可从应用、服务及网络通道三个层面进行。

第一节　电子政务系统的建设方案

一、建立完善的组织机构

首先应成立包括管理人员、技术专家在内的系统建设领导小组。其次应组成实力雄厚、人员稳定的开发队伍和有关政府部门工作人员相结合的工作小组。

电子政务的实施应分为政府上网、政务上网、内外互联、网间互联、电子社会五大步骤进行。其中，政府上网是实现电子政务的首要步骤。基于此种观点，有学者提出了全面的电子政务解决方案，包括公共信息查询、社会服务系统、社会公益事业、政府信息服务、政府办公自动化、政府辅助决策、网络安全与监控、网络管理与计费、纵向文件交换、横向文件交换等功能模块。[①]

这种解决方案可以实现在网上向所有公众公开政府部门的名称、职能、机构组成、办事章程以及各项文件、资料、档案等，凡是可以公开的，都能上网进行公共信息查询；在网上建立起政府与公众之间相互交流的桥梁，为公众与政府部门打交道提供方便。

二、确定总体目标和阶段目标

整个电子政务系统的建设要以优化政府管理工作的各核心业务流程，提高工作效率，更好地发挥政府宏观管理、综合协调与服务的职能为总体目标。具体实施时应分步骤循序渐进地加以完善，最终形成功能强大的电子政务综合应用系统。

三、进行系统总体设计

结合电子政务系统信息和应用的特点，综合考虑网络体系、支撑安全体系、应用体系等组成部分进行系统的总体设计。同时要建立各子系统所必须依据的统一技术规范、应用平台、指标体系、信息代码、运行管理制度等，以确保整个政务系统成为高效运行的有机整体。

除此之外，还可以利用网间互联进行政务监督，辅助政府决策。可以建一些论坛吸引公众前来参与讨论。如市级网站可以建立一个网上城市市民论坛，从网上直接听取公众的意见和建议，并且对于那些提出良好建议的民众，可以适当地表示谢意。政府部门的日常活动上网之后，公开政府部门的各项活动，可以使政府受到公众的监督，这对于发扬民主、做好政府部门的廉政建设有着积极的意义。

第二节　电子政务系统建设的主要内容

一、构建基本支撑体系

第一，选用 TCP/IP 网络作为基础通信网。

第二，构建安全体系。安全管理体制综合了安全检测、实体安全、运行安全、信息安全、网络公共秩序和人员管理等安全法规的规定。另外，有实效的稽查制度和事

① 吴程．电子政务系统建设方案与关键．中国科技产业，2000（8）.

故应变制度也是管理体制的重要组成部分。适合网络结构的安全技术，能为系统提供保障。安全技术涉及用户身份安全、网关安全、主机安全、网络安全、内容安全和系统安全等范畴。

第三，确定系统可靠性方案，如备份、防病毒、复杂系统的容错、应急体系等。

各种政府部门的资料、档案、数据库上网也相当重要，该解决方案可以实现政府的网内网间的横纵互联。政府部门的许多资料档案对公众是很有用处的，充分挖掘了其内在的潜力，实现政府信息服务。

二、构建应用体系

电子政务系统的应用具备以下特点：随处访问服务，大量的潜在用户，应用必须安全可靠，应用开发周期缩短，与工作流程紧密结合，与现有信息系统高度集成等。因此，在构建电子政务系统的应用体系时要遵循以下步骤：

一是熟悉机关工作规则、明确用户需求和划清业务流程，确定每个节点进入、流出的信息与正常工作的运转情况一致。

二是选择具有高度的可伸缩性、能够实现多系统并存所需的操作能力以及多种资源管理能力的应用开发平台。

三是确定应用开发模式。在构造电子政务系统各子系统和应用环节时，应尽可能投入使用，在应用中发现问题、解决问题，并尽快与已有系统融为一体。可选择以下快速开发模型：现有应用集成、定制化应用包、构件组装等。

四是选用系统开发的方法。在系统规划和分析阶段采用生命周期法确定系统目标、主要功能，共享数据库在具体实现上采用原形法，使系统目标和功能得以保证，而又能较快地研制出满足用户需求的应用系统，同时减少维护代价。

三、进行系统评价

第一，确定待评价系统的边界和范围，明确评估的目的（以系统整体为立足点，从总体上分析各方面的效益与成本及其与系统各构成部分的关系）。

第二，确定待评估系统的状态与所处的阶段（如可行性分析、总体设计、系统开发与运行等各阶段），选择适当的评估方法（如结果观察法、类比-对比法、专家评价法或评分法等），确定适当的评估指标，然后收集有关数据、资料进行分析、计算，得出评估结果，并作出评估报告。

电子政务还应建立起各个政府部门相应的专业交易市场，以推动经济的发展。社会公益事业模块也是不可缺少的一环。建立起面向供需双方的专业化网上市场，这对于搞活经济、繁荣市场非常重要。各部、委、局可以牵头建立起各种不同的网上交易市场，做到“政府搭台，企业唱戏”。由政府部门来牵头组建，既具有权威性，又可避免重复建设，可以更多地吸引大家前来参与，迅速形成规模和气候，产生出巨大的社会效益和经济效益。

第三节　电子政务系统建设的关键问题

一、应用体系与技术体系的关系

分析以往各类应用系统的应用实施过程可以看出，人们往往错误地认为只要采用最先进的设备和技术实现手段就能成功地实施一个信息系统，但从长期应用效果来看，基于这些观点所建立的各类信息系统往往由于技术本身的不断变化而在应用中逐渐遭到淘汰。而不断变化的应用系统最终还会导致各级管理者、使用者对实施电子政务系统的抵触情绪。相反，从一些成功的应用系统中我们可以看到，如果在构建过程中形成了一个稳定而成熟的应用体系，即使在构建信息系统时所采用的技术、设备由于某些原因不得不升级、转型甚至淘汰，整个系统仍能迅速转向新的技术体系，并在短期调整后继续运转。

因此，在电子政务系统的建设过程中，应用体系的构筑是整个电子政务系统能否成功实施的关键，而实现电子政务系统的一些具体的技术体系则是不断变化发展的手段，不应作为设计、实施电子政务系统的核心依据。

二、先进性与技术自主性的关系

从应用角度分析，电子政务系统与其他信息系统的最大区别在于：其中所承载的信息流和数据更为重要，对安全性、可靠性的要求极高，甚至涉及国家的利益，而作为一种先进、复杂的信息系统，电子政务系统又必须尽量采用先进技术和手段。从目前网络技术的发展情况来看，绝大多数关键技术被美国等少数几个发达国家所掌握，在实施电子政务系统中不可避免地要采用从这些国家引进的产品和技术，而从国家利益来看，又要尽量避免在关键部门、要害环节受制于人。因此，在构建电子政务系统时决不能单纯从技术的先进性出发考虑问题。

在这种情况下，应从三个层次处理问题：

首先，对于核心应用系统和关键政务环节，必须确保在各类实施方案中的技术自主性，在此层次的应用系统中，技术的先进性不是首要的。同时，需要指出的是，技术自主性的含义是比较广泛的。以软件技术为例，自主技术的软件并非特指在我国自行开发研制的系统平台上由国内技术人员所编制的软件，它可以包括由国内技术人员依靠国外的系统平台和开发平台编制的软件，甚至包括直接由国外软件公司编制的软件，但其中的关键算法和重要接口必须为我方人员所掌握。

其次，对于位于核心层外部但又与其他外部信息系统（如国际互联网）存在可监控的隔绝层的层次，可以尽量采用先进技术，以提高系统的效率和可靠性。实际上，在整个电子政务系统中，位于此层次的应用系统也是承载信息最多、工作模型和处理流程最复杂的。由于此层应用系统不直接与外部信息系统相接，并能在一定的安全监控体系中运行，因此不必单纯从技术自主的角度考虑而放弃某些先进的技术。

最后，对于直接与外部信息系统相连的部分，也要针对不同情况分别加以考虑。对于安全监控系统，需要在其中的核心部分（如核心加密算法）确保技术自主；对于其余部分，由于所承载的信息基本都属于非关键信息，并且需要与其他信息系统的接口保持通信协议、数据格式甚至软件体系的一致性，因此，不应强求技术自主性。

三、电子政务系统建设策略问题

电子政务系统作为信息社会的重要组成部分，它的最终目标和内容都依赖于全社会信息化的发展，而整个社会信息化发展的层次和环节在目前都难以确定。因此电子政务系统的最终目标和详细内容也是很难确定的。实际上，电子政务系统要管理的内容、达到的效果及运行后的状态等涉及相当广泛。电子政务系统的建设和一般信息系统的重要区别之一，就是难以在规划、设计、开发、实施前完全确定系统的详细目标和内容，也难以通过一个详尽的设计去简单地、全方位地组织和控制电子政务系统的建设。因此，简单地采用一般信息系统的建设方式是无法建设电子政务系统的。

必须明确电子政务系统的建设是一个随着社会发展和政府功能转变而持续进行的过程。因此，在建设电子政务系统的过程中，应以建设关键支撑体系为核心，以建设各个应用功能系统为阶段目标，逐渐与其他各个分立的政务系统及各类信息化支撑体系融合，并最终形成比较完整的政务体系。

四、与其他信息系统的互联问题

电子政务系统实质上是基于内部应用体系、面向全社会的信息系统。与其他各类信息系统（如商务信息系统、科教信息系统等）的互联是建设电子政务系统中的重要方面之一。

由于网络技术本身发展的多样化，目前的应用系统存在大量的异构接口问题。这些问题包括：通信协议与网络系统的异构，操作系统的异构，数据库及数据操作格式异构，应用流程与信息分布的异构等。因此，必须在设计、建设电子政务系统时充分考虑这些问题，并提出相应的解决方案。

思考题

1. 如何认识电子政务系统的建设方案?
2. 如何理解电子政务建设中必须解决的几个关键问题?

第十五章 电子政务的环境建设

学习目标

1. 理解电子政务建设的软环境问题；
2. 认识电子政务建设中的三大难题；
3. 正确处理好电子政务建设中的三大关系；
4. 认识理性推进电子政务建设的重要性。

基本概念

电子政务建设　软环境建设

导　言

在电子政务建设中存在着重硬轻软的问题，有些地方的政府机关添置了电脑、扫描仪、打印机等现代办公通信设备并且建设了先进的网络基础设施，然而在软环境建设上，除了一些内容不常更新的政府网站和封闭式的办公软件以外，并未建立切实有效的电子政务平台，行政行为依然沿用传统的模式，硬件设备没有发挥应有的效率，甚至反而导致行政成本的上升。因此加强电子政务的软环境建设显得十分迫切。

第一节　电子政务建设的软环境问题

我国开展电子政务建设，一定要结合本地的实际情况，根据本地计算机应用与网络建设的基础条件，有计划、有步骤地分期、分阶段实施。既要反对冒进思想，不切实际地赶时髦，一窝蜂地搞形象工程；也要反对保守思想，不思进取、不图创新，抵触新技术的应用。同时，政府决策者还必须对开展电子政务建设所面临的困难和挑战有充分的认识。综合起来，实施电子政务过程中会遇到三大难题、三大关系、四大体系的挑战。

一、三大难题——观念、习惯、权力

（一）观念

其一，各级领导要加强认识。电子政务工程牵涉到各单位的利益权限，如果领导不重视、不亲自抓，是搞不起来的。因此，它是“一把手”工程。领导要带头转变观念，在学习的形式上要多样化，可以举办电子政务专家讲座或者组织参观学习，必须理论结合实际，才能对电子政务的工作模式与重要意义有新的感性认识。

电子政务实施是采用网络和计算机技术进行政府行政管理模式变革的探索，意义十分重大。各方面只有在这一点上形成共识、坚定信心，工作起来才能有热情和动力。

其二，开展电子政务要将“代表人民群众根本利益”的思想贯彻到政府的日常工作之中。电子政务是“以民为本”，它不只是简单地将政府的管理职能复制到网上进行，而是要通过运用网络手段，配合与推动政府体制改革，打破传统的以部门职能为中心的官本位模式，通过优化整合公务流程以及建立信息的共享机制，构建一个“以百姓和企业的需求为出发点、以方便用户办事为目的、以用户为中心”的为用户服务的新型政府管理模式，充分体现“执政为民”的原则。

（二）习惯

长期以来，政府工作人员已经习惯了手工作业、“文山会海”，不容易适应计算机网上办公，因此会有一段痛苦的转型期。尤其年纪稍大的工作人员会感到更加困难一些，再加上刚开始时软件未必好用，有想法是正常的。对此，大家要予以理解，不能操之过急，领导要创造一些培训条件，鼓励大家互帮互学、共同提高。

（三）权力

这是推进电子政务最大的困难所在。电子政务首先是要政务公开，然后是规范流程、制约权力。过去一些通过“暗箱操作”“权钱交易”谋取私利的行为将受到制约，通过“部门壁垒”保护局部利益的本位主义将被打破。因此，政府部门中个别既得利益者可能会以种种理由反对电子政务，反对互联互通和信息共享。所以，电子政务在某种意义上讲也是一场“革命”。

二、三大关系——统与分、条与块、电与政

在构建各省市、各地方的电子政务框架的时候，必然要遇到以上三大关系，如果处理得不好，会造成大量的重复投资，甚至产生适得其反的效果。

（一）统与分

“统与分”指的是从中央到地方、从国家部委到各地方委办局电子政务网络平台建

设的布局。实现电子政务，如果从中央到省市、区县、乡镇，甚至到街道，都一窝蜂买服务器，独立搞一套网络平台体系，那么全国数万个政府单位就需要很大的投入。而全国范围内，就仅在国务院搞一套网络平台，也不可能。因此，电子政务的框架要采用集中与分布相结合的方式，既要考虑到管理的可行性和可操作性，也要考虑节省投资。建议将区域性的网络平台建到地市级，县、乡镇和街道可以租赁电信运营商的有关设备来建设网站。当然，行业管理的模式应当由中央各部委及地方政府协商确定，不能搞“一刀切”。

（二）条与块

“条与块”是指区域性管理体系和行业性管理体系的关系。西方发达国家政府行政管理体系是适应市场经济的、以区域性管理为主导的体系，而我国是适应计划经济的区域与行业管理并行的体系，这是中国特色。在开展电子政务时一定要处理好区域和行业这两套体系的衔接和协调发展问题。建议各级政府加强区域性平台体系的建设，在此平台上进行业务整合和资源共享。

在硬件资源上，应该以区域网络平台为主，通过虚拟专网的方式衔接行业管理体系。

在软件信息资源上，要在区域平台上进行集成共享、联合作业。政府要以一个整体、“一张面孔”对外，通过“一站式”加“一网式”来为社会服务，方便百姓。要做到这一点，就要通过政府立法即政府资源共享法和信息公开法来保障；还要加大地方政府与行业政府的协调力度，从上往下推进。

（三）电与政

“电与政”既指政府电子化与电子化政府的关系，也指电子政务与政府改革之间的互动关系。政府电子化即将政府管理职能上网，只是政府管理手段的变化，是电子政务建设的初级阶段，是迈向电子政府的第一步。随后，要进行政府职能的整合、精简、优化和共享，从独立办公到联合办公，从串联审批到并联审批等。计算机与网络技术为这种“进化”提供了可能。

电子政务建设与政府正在进行的改革，对政府职能的影响是一个互动的关系，不是独立的更不是对立的关系。如果是为一个区域政府搭建的共享平台，而且软件采用多层体系，具有很好的灵活性和适应性，就可以适应政府体制和职能的不断调整优化，而且，通过流程整合和信息共享，还可以推动政府机构的改革。因此，开展电子政务建设，有利于推动政府体制改革。

三、四大体系——安全、标准、法律、应用

（一）安全

在电子政务建设过程中，要特别关注安全问题。在电子政务中，有的部门不重视安

全问题，网站以及内部办公系统甚至不设任何安全措施，很可能由此导致政府保密信息的泄漏，给政府形象以及经济建设带来损害；但也有一些部门过分强调安全性，声称没有100%的安全性就不上网。其实，安全是相对的，绝对安全是不存在的。安全是以损失方便性为代价的，而且成本较高。

安全要进行分级管理，不同保密级别的信息采用不同的安全措施，但不要随意扩大保密的范围，防止某些人以安全保密为借口阻止政务公开与信息共享。现在政府出台了一些硬性规定，要求政府公务网（内网）与国际互联网（外网）进行物理隔离，这种规定是必要的。内网与外网之间必然要进行信息交流，要既保证物理隔离又可以进行信息交换。

（二）标准

现在各省市、各部门都在建设和完善电子政务。应该注意，“不以规矩，不成方圆”。大量的资金投入，建立起各种互不兼容的系统，只会形成新的部门屏障和地方保护壁垒。因此，实现电子政务一定要经过“试点摸索、推广总结（形成标准）、规模应用”三部曲来减少风险。

（三）法律

开展电子政务必然会出现一些现有法律没有涉及的内容，也会出现和已有的法律法规发生冲突的地方，因此，立法部门要加紧研究，出台相应的法律，促进电子政务的开展。

（四）应用

电子政务的灵魂是应用。开发一套电子政务系统较容易，而要让一套系统真正应用起来却很难。其中至少有三个方面的因素要考虑：一是培训，即对政府公务员的培训以及对最终用户的培训。培训做不好，系统就用不起来。二是运行支持。系统开通使用会发生很多问题，有的是业务方面的，有的是技术方面的，政府单位要和开发单位组建相应的运行支持队伍，进行适当的政府业务外包。三是双轨制的问题。它有双重含义，一层含义是指电子方式和纸面方式的双轨制，两者之间要很好地衔接和并行相当一段时间；另一层含义是指老系统与新系统的双轨制。对于已经建立起来的系统，升级或转换新系统时，一定要小心，要平稳过渡。

第二节　电子政务软环境建设的重点

电子政务是一个庞杂的系统工程，它需要各政府部门建立统一的电子政务平台（包括数据共享、公文传递、行政审批、信息汇总、决策辅助等功能）和专业性的子系统（包括财税、建设、公安、交通、农业等）。当前，在电子政务建设中存在着重硬轻软的问题，有些地方的政府机关添置了电脑、扫描仪、打印机等现代办公通信设备并且建设了先进的网络基础设施，然而在软环境建设上，除了一些内容不常更新的政府网站和封闭式的办公软件、专业软件以外，并未建立切实有效的电子政务平台，行政行为依然沿用传统的模式，硬件设备没有发挥应有的效率，甚至反而导致行政成本的上升。因此，加强电子政务的软环境建设显得十分迫切。

电子政务要求政府运用掌握的数据和信息在各级政府部门和社会各界之间进行信息交换和共享，从而完成和协助完成各项行政行为，因此建立数据库是电子政务的基础。例如，户籍管理、社会保障、计划生育、房产管理等都离不开人口信息数据。目前公安部门已初步建立了基本的人口信息数据库，其他政府相关职能部门可以利用公安部门已建数据库并结合自身特征加以扩展和延伸，最终形成一个功能完善、信息丰富、资源共享的人口信息数据库。考虑到数据库部分内容的安全保密性，应建立内部数据库、部门交叉数据库、公共数据库三级数据库构架体系。

电子政务要达到高效、廉洁、科学、亲民的目标，就必须跳出传统行政模式，对政府的组织体系、管理体制、运作模式进行变革，重点应从以下几方面入手：

一、网上办公环境的建立

在行政机关内部的信息传输、文件发送可采用内部局域网。异地上下级机关和企事业单位的文件发送应综合考虑文件的重要程度、发文数量、传输距离、具体用途来区别对待，建立完善的公文信息化管理制度和安全可靠的电子公文库，逐步实现无纸化。

二、行政审批方式的改革

一方面政府要尽量下放或取消可以由市场和社会机构决定的审批权限，另一方面要从健全市场经济秩序和方便为民的角度出发对审批程序实行简化、规范化、集中化、流程化、信息化。例如，建设行政机关对房产开发销售实施规划许可、工程招投标、施工执照发放、质量监督、销售许可、权证登记的全流程审批，这当中牵涉到许多重复的报批材料，考虑到各审批程序的前后关联性，先行审批程序可以在数据库内对报批材料和审批结果进行记录备案，后继审批程序如需调用先行程序的相关材料和重复报批材料，完全可以通过信息网络调用先行程序数据库的备案内容进行认证，从而简化每次审批的大量表格、认证文件（如执照、证明等），杜绝审批用纸越来越多的现象。

三、行政决策机制的变革

信息网络使政府成为一个开放的系统，数据库为行政决策提供了科学量化的依据，对诸如产业政策制定、税率调整等事项可以利用信息汇总、信息分析软件作出决策，使行政决策更具科学性、客观性、先见性。为了使信息化决策更加完善，要加快开发信息分析和智能化决策软件。

四、行政组织形式的革新

行政审批中心本身就是一个新型的信息化行政组织，电子政务为政府机关的精简优化拓展了空间。集中统一的信息化税收征管，使基层税务机关精简在有些地方成为现实。各政府机关应该充分适应电子政务潮流，调整归并职能科室和分支机构，建立跨部门的联合审批机构、联合执法机构、政府采购中心、联合财务结算中心，通过机构改革促进电子政务。

第三节　理性推进电子政务建设进程

我国正在兴起电子政务建设热潮，这股热潮是适应时代发展、推进社会进步的一项重大举措。我国电子政务建设进程尚处在发展阶段。任何事物的发展都是过犹不及，在这股热潮中，很有必要冷静思考，找出一条适合我国电子政务的发展之路。

一、电子政务旨在提升政府竞争力

中国政府之所以发展电子政务，首先是旨在提高政府竞争力。目前人们谈及竞争，大多是指企业之间的竞争，但事实上，目前经济竞争中还有一个重要的层面，就是政府之间的竞争。因为国家的竞争主要表现在各国的中央政府之间，而各个地区之间的竞争也表现在各个地方政府之间。

两个原来条件相似的国家，即经济学上讲的资源禀赋一样，结果为什么发展的差异很大呢？这与政府的作用息息相关。在经济日渐全球化的形势下，经济全球化就意味资源在全球范围内配置，市场竞争在全球范围内展开。资源、资本、人才和技术为什么从这个地方汇聚到另外一个地方，而不是从这个地方转移到别的地方？这里有一个重要因素，就是政府竞争力的问题。政府的能力很强，为当地提供了很好的法治环境、基础设施和人才资源等公共产品，那么资本、技术和人才就可以源源不断地涌入，既而形成良性循环的发展态势。

电子政务有助于改造并提升政府的竞争力，或者说网络时代的政府竞争力必须是基于网络的。因为通过网络，能够提高政府服务与监管水平，提高行政效率，促进政府信息和决策透明化。没有网站的政府和有网站的政府，彼此之间的优劣差异非常明显，而且随着网络技术的进一步深化，这一“鸿沟”势必越来越大。

二、电子政务的切入点

邓小平同志曾经指出，改革也是一场革命。在这个意义上，毫无疑问，电子政务也是一场革命。因为政府信息化会带来权力结构、行政管理方式、官员思维方式甚至官员人数等方面的变化。电子政务能够提高政府服务与监管水平，提高行政效率，促进政府信息和决策透明化等，这些都可能会带来行政程序、机构职能等变化。还有，长期以来，我国政府以监管为主要角色，而现代政府则更强调服务，这也需要在电子政务中得以体现。

革命就是经济基础和上层建筑之间的关系调整，网络带给我们的是一个以各个节点相连接的多样性联系的扁平化组织社会，而我们目前政府组织结构还是按照金字塔式来建构的。我们知道，人类社会不可能一步进入信息社会，因此在这个过程中，既要保留过去的金字塔权力构造方式，又要积极向扁平的政府组织结构过渡，这需要很高超的政治艺术，每一步都要抓住机遇，既要善于局部突破，又要注意整体推进。由于这是一场结构性的革命，因此要看到其长期性和持续性，绝对不能一蹴而就，要注意把渐进性与激进性、长远目标与近期目标相结合。

需要强调的是，要摒弃电子政务建设过程中的“完美主义”“毕其功于一役”“一步到位”的思想，要充分认识到这场社会变革中的渐进性、持续性和长久性。在这个过程中要处理好“层级结构和网络结构”“信息与保密”“各地创新与防止重复建设”“政府服务与管理”等问题。

三、防止花架子和形象工程

树立“用电子、重政务”观念，就是要善于利用网络技术，关键是政务的改造结果。电子政务中，电子是工具，政务是目的，也就是说我们不要“唯电子而电子”，“设备要用最好的，技术方案要选最好，安全措施要选最高级别的，系统运行效果要达到最稳定的”，从技术角度来看，这可能是达到了最优效果，但是从使用的情况来看，结果可能会适得其反。“重政务”就是要求我们在最初的电子政务方案设计中就要注意采用效果评估的方式，如到底通过电子政务能缩减多少流程环节、提高多少服务能力，以及如何改变职能和部门，等等。树立好“用电子、重政务”观念，可以避免我们搞花架子和形象工程，也使电子政务从一开始就落到实处。

思考题

1. 如何认识电子政务建设的软环境问题？
2. 如何认识电子政务建设中的三大难题？
3. 如何处理好电子政务建设中的三大关系？
4. 如何理性推进电子政务建设？

第四篇

电子政务的建设与管理

第十六章　网络时代的政府管理

学习目标

❶ 了解网络技术对行政管理的影响；

❷ 了解网络时代政府管理的改革；

❸ 了解网络时代政府管理的发展趋势。

基本概念

知识管理　管理创新

导　言

网络社会的发展，无疑给政府运作的方式和效能带来很大的挑战。电子化网络政府为政府提供管理和服务，是一场深刻的革命，可以大大提高办事效率和服务质量。

第一节　网络技术对行政管理的影响

一、网络技术时代的管理变革

由于人类进入信息社会的时间不长，在发达国家，为网络技术时代所作的管理变革也只是初露端倪，但我们已经能够发现一些特定的征象，它们表现在下述一些方面。

（一）组织结构的改变

由于信息传输方式的根本改变，建立在逐级上传下达方式基础上的传统金字塔式等级制的科层组织结构正在逐步解体，有时可能会发生突变。20 世纪 70 年代，以阿尔温・托夫勒等为代表的未来学家对社会信息化特征作出过预测：将产生符合时代节拍的新的组织形式，组织结构呈现出频率越来越快的变化，非常规部门快速增长，职能部门依然存在，但越来越多的为解决一个专门问题而一用即弃的小组在其中“时隐时现，快速来去”。新的组织形式将是暂时性很强、适应性很强、变化迅速、充满着稍纵即逝的基本单位和流动性极强的个人。相应的信息系统体系的建设也应是具有灵活性和强适应性的体系，特别是它导致重要的观念改变：过去一直认为并强调人机系统要适应人和机构的要求和工作特点；而现在，情况变得模糊了：人和系统要更多地适应信息时代的变化性的特点，更具体地说，是人在改变，从而要求工作的改变。

（二）工作岗位的流动与业务过程的多层面交互性

组织结构的变化也会带来工作岗位的不稳定性。传统官僚组织包括政府和大企业组织的科层制典型特点是严格的专业分工、部门分工下的业务过程。在网络技术时代，取而代之的方式是跨专业学科、跨部门和跨地域的多层面的交互式业务过程。体现在软件开发方面为：有大量的关于“群件”的产品出现，以适应不同层面的交互性业务过程，如一项设计或一个总体方案是由不同地域、不同部门的人实时交互完成的。支撑所有这些活动的基础设施是环球信息网络。

（三）加快行政领导方式的网络化、数字化进程

科学技术对人类的推动是一种客观的进步力量，信息时代的行政领导者应该把最先进的手段拿来为自己服务。现在，传统的公文、资料正在被电子化的文档取代，网络联系逐步减少了面对面的交流，信息的传播也出现了更多的途径，这些无疑使到处奔波办事、周期长等传统的行政弊病得以改善。“网络领导”的概念，已经受到了越来越多的关注，成为行政领导者的新阵地和新舞台。电子政务、网上办公、数字城市的推广，都促进了行政领导方式网络化和数字化的现代化进程。

二、网络时代行政管理方法的创新

网络技术与行政方法密不可分。所有行政方法都要有相应的信息支持，而有些行政方法就是专门为保证信息流通而创立的。网络技术发展引起行政方法的创新主要通过以下途径：

第一，改善现有行政方法的信息基础和通信手段。例如，目前行之有效的网络规划技术，就运用了先进的网络技术予以支持，从而大大提高了行政管理效能。网络规划技术源于美国学者甘特发明的甘特图，后甘特图发展为横条图形计算法，这是一种较为简单的安排工序和时间的图表，随着科学技术的发展而不断改进成为网络规划技术。

第二，采用全新的行政方法和行政措施。网络技术的发展使决策支持系统（DSS）、电子会议系统（EMS）、远距离控制、分布式工作的统一协调、动态网络计划成为可能。目前，我国政府上网工程就采用了一整套全新的管理方法，如人民银行网上支付系统、海关总署报关单和外汇联网的外汇核销系统、国税总局增值税发票稽核系统和电子报税等。这些管理方法提高了行政效率，降低了行政成本。

三、网络时代行政管理模式的变革

随着因特网的快速发展，网络时代的大潮正以不可抵挡之势扑面而来。它将深刻地改变我们的生产方式与生活方式，同时也给政府的管理模式带来一场革命。政府信息化，就是工业时代的政府（即传统政府）向信息时代的政府（即现代政府）演变的过程。[①] 而电子政府是一个利用信息和通信技术有效地实现行政、服务及内部管理等功能，在政府、社会和公众之间建立有机服务系统的集合。政府机构各部门实行电脑化、网络化和信息化，帮助提高政府在行政、服务和管理方面的效率。电子政府利用网络技术，积极推动精简组织和简化办公等工作。电子政务利用统一的信息资源，通过语音、互联网等现代化手段，为公众提供简便的多元化服务，以政府的信息化发展推动和加速整个社会的信息化发展。只有向公众展示高新技术的应用，让社会享受信息网络的便利，才能切实地推动全社会信息化的发展。

四、网络时代政府管理的目标

在网络时代，政府的公共管理应只为民众而存在，民众是顾客，服务是政府的本质所在。公共部门应该充分地考虑民众和社会对公共服务的要求和期望，消除公共行政管理中的僵化。为此应做到以下几点：

（1）提高透明度和公开信息。民众应知晓他们所拥有的权利以及与公共行政管理有关的保障程序。

（2）鼓励民众的参与。有关公共行政的一些决定，有时候甚至是设想，应该告知民众，征求他们的意见。

（3）谦恭有礼。这意味着要以一种温和、热忱的态度来同民众打交道。

（4）满足民众的需求。要让民众在方便的时刻、通过便利的渠道接近行政运行过程，要废除那些人为的繁文缛节以简化行政程序，缩短政府部门处理问题所花费或所耽误的时间。这样，不仅可以改善政府同民众的关系，而且也可以提高成本与收益的比率。

第二节 网络时代的政府管理改革

一、改革政府运作形式

在政府的内部运作方面，主要是组织和管理、运用好信息传播技术。网络技术的快

① 乌家培．我国政府信息化的过去、现在与未来．管理科学，2000（2）．

速发展，决定了它在不同的政府部门以不同方式运用和存在；即使在同一政府部门，信息传播技术的应用也因实际工作的不同而采用多种不同的形式。例如，英国电子化政府的重要目标之一，就是要求各个部门根据本身特点，有效地组织、管理和运用网络技术。

概括地说，网络时代的政府管理就是使公共利益最大化的政治管理过程。网络时代的政府管理的本质特征，就在于它是政府与公民对公共生活的合作管理。构成网络时代的政府管理的基本要素有以下六个：

（一）合法性

它指的是社会秩序和权威被自觉认可和服从的状态。取得和增大合法性的主要途径，是尽可能增加公民的共识和政治认同感。所以，网络时代的政府管理要求有关的管理机构和管理者最大限度地协调公民之间以及公民与政府之间的利益矛盾，以便使公共管理活动取得公民的最大限度的同意和认可。

（二）透明性

它指的是信息的公开性。每一个公民都有权获得与自己的利益相关的政府政策的信息，包括立法活动、政策制定、法律条款、政策实施、行政预算、公共开支以及其他有关的信息。透明性要求上述这些信息能够及时通过各种传媒为公民所知，以便公民能够有效地参与公共决策过程，并且对公共管理过程实施有效的监督。

（三）责任性

它指的是人们应当对其自己的行为负责。在公共管理中，它特别指与某一特定职位或机构相连的职责及相应的义务。责任性意味着管理人员及管理机构由于其承担的职务而必须履行一定的职能和义务。没有履行或不适当地履行他或她应当履行的职能和义务，就是失职，或者说缺乏责任性。在这方面，网络时代的政府管理要求运用法律和道义的双重手段，增强个人及机构的责任性。

（四）法治

法治的基本意义是，法律是公共管理的最高准则，任何政府官员和公民都必须依法行使权利，在法律面前人人平等。法治的直接目标是规范公民的行为，管理社会事务，维持正常的社会生活秩序，但其最终目标在于保护公民的自由、平等及其他基本权利。从这个意义上说，法治与人治相对立，它既规范公民的行为，又制约政府的行为。法治是网络时代的政府管理的基本要求，没有健全的法制，没有对法律的充分尊重，没有建立在法律之上的社会秩序，就没有网络时代的政府管理。

（五）敏感性

这一点与上述责任性密切相关，从某种意义上说是责任性的延伸。它的基本意义是，公共管理人员和管理机构必须对公民的要求作出及时的和负责的反应，不得无故拖延或没有答复，在必要时还应当定期地、主动地向公民征询意见、解释政策和回答问题。

（六）有效性

这主要指管理的效率。它有两方面的基本意义：一是管理机构设置合理，管理程序科学，管理活动灵活；二是最大限度地降低管理成本。网络时代的政府管理概念与无效的或低效的管理活动格格不入。

网络时代的政府管理实际上是国家的权力向社会的回归，网络时代的政府管理的过程就是一个还政于民的过程。网络时代的政府管理表示国家与社会或者说政府与公民之间的良好合作，从全社会的范围看，网络时代的政府管理离不开政府，但更离不开公民。网络时代的政府管理有赖于公民自愿的合作和对权威的自觉认同。所以，网络时代的政府管理的基础与其说是在政府或国家，还不如说是在公民或民间社会。从这个意义上说，公民和民间社会是网络时代的政府管理的现实基础，没有一个健全和发达的民间社会，没有高素质的公民，就不可能有真正的网络时代的政府管理。

二、改革政府管理模式

在政府的管理模式方面，为提高政府的效率，必须创造新的管理模式。对政府来说，成功的模式主要依赖于恰当的流程和信息管理以及技术的恰当运用。这种可能的模式包括：一组相对小的“决策”部门；一组向公民和企业提供基于流程进行服务的代理机构；一组公民（企业）与政府部门之间互动的作用机制。

传统的管理理论，无论是对一般性的管理还是对企业管理或政府管理的讨论，都存在着一个共同的特征：“主体本位、过程主线、效率至上、管制中心”。现代政府管理应该以一种开放多维模式，动员全社会的力量来建立一套以政府为中心的开放主体体系。它要以最大限度地谋取社会公共利益为目标，通过提供公共产品（服务），来满足民众不断增长的物质与精神利益的需求，实现社会的稳定与公共利益的增进。网络时代政府管理的基本模式大致应具备以下特征：

（一）公共利益与个人利益相统一

所谓个人利益就是个人为了生存与发展所必须具有的资源与条件。所谓公共利益，就是社会普遍利益。在公共管理活动方面，不承认个人利益，就谈不上共同利益，更谈不到公共利益。因为人们在社会交往过程中总是以各自的利益与他人的利益发生联系，并形成了共同利益。其中某些共同利益又被社会成员共享，成为公共利益。公共利益的增进与发展应当以公众的利益是否得以实现和满足为基础，而公众的利益是与无数个人利益的共同要求分不开的，社会对公共利益的尊重、保护与增进，最终也是为了实现绝大多数的个人利益的保护与增进。

（二）政府组织与其他公共组织相统一

不言而喻，政府是公共管理活动的核心主体，但它们不是唯一的主体，相反，西方新公共管理运动的实践已经证明，政府承担的不少公共管理职能及具体内容，由非政府的公共组织来承担，这不仅是可能而且是可行。一般地说，宏观方面的管理职能或全局性的关键事件，更多地应由政府来承担，特别是如国防、外交、重大法律、法规与政策的制定，只能由政府来完成。从微观方面的管理来看，政府可以承担一部分，但更多地应该交给社会的其他公共事务管理部门来做。越是接近基层方面的公共事务，越有可能让相关的非政府部门来完成。

（三）社会问题管理与资源管理相统一

在一般的管理活动中，管理目标是既定的，所以管理的主要问题是在管理过程中如何更有效地配置资源。在企业管理中，只要通过有效手段，把各种资源协调好，就能实现利润最大化。在公共行政活动中，当人们把注意力集中到行政组织内部的管理活动时，“效率至上”也促使人们过多地思考资源配置的效率问题。公共管理则更多的是因为要解决社会问题，即由于社会多数成员所期望的现象与实际现象产生了偏差而提出来的。这些偏差所包含的内容是多方面的，既有要素及其配置有效性问题，也有利益分配的公平性问题。我们不否认资源管理在公共管理中的重要性，因为管理过程中若资源配置不当，就不能实现公共管理要解决社会问题之目的。然而社会问题管理比资源管理所包含的内容更丰富、更复杂。前者需要后者作保证，但即使后者实现了目标，也不一定会使前者成功。

（四）结果管理与过程管理相统一

在公共管理活动中，社会问题管理实际上包含三项内容：一是问题提出的管理；二是问题解决的过程管理；三是问题解决的结果管理。资源管理更多的是关注前两项内容，很少讨论第三项内容。一般来说，传统管理理论总是先设定一个目标，然后围绕如何实现这个目标去协调资源管理，关注管理过程。正如泰勒所言，科学管理要使劳资双方在思想上发生革命，这就是只关注增加盈利，而使如何分配盈利的争论成为不必要。只关注如何有效地实现目标的过程管理，而不考虑目标确定的合理性以及实际分配的公平性，这种观点一直受到许多学者的抨击。过程管理更多地强调效率，而结果管理更多地突出公平。

（五）公平与效率相统一

对公共管理本质的理解使我们清醒地认识到，有效地增进与公平地分配社会公共利益都必须认真加以考虑。但增进公共利益最终还是为了分配给社会的每一个成员。“要分蛋糕，必须先做蛋糕。”蛋糕越做越大，人们获取的蛋糕的份额量也会越大。要分“蛋糕”，就要考虑“公平”。我们认为，效率与公平是公共管理的两大基本目标。效率与增进公共利益有关，公平与分配公共利益有关。引起争论的问题是公共管理的基本目标应重在效率还是公平。在讨论公共政策的本质时，我们曾提出，在政府与市场的关系上，市场机制主要解决效率问题，政府的政策机制主要解决公平问题。这里讲的公平，是广义的公平，包括分配公平、规则公平、竞争环境的公平以及程序公平等。在公共管理讨论中，我们仍然坚持：公共管理主要解决公平问题，而市场机制主要解决效率问题。这里的公平，仍然是广义的公平。

（六）公共组织的外延管理与内涵管理相统一

公共管理更多的是要解决社会公共问题，所以强调公共利益，重在结果管理，突出公平等，实质上都是围绕公共组织对外实施管理展开的。传统的企业管理理论主要研究企业内部问题自然不必多说。在政府管理研究中，围绕着提高“行政效率”，不少人把注意力放在政府内部管理上。加强政府自身管理是必要的，但这种活动的最终归宿还是体现于外部的管理，即对社会公共事务的管理。不论是政府还是其他社会公共组织，都要把对外管理的质量作为衡量其绩效的最终标准。

（七）管制管理与服务管理相统一

社会中大量存在的问题主要有两类，一类是管制性问题，另一类是服务性问题。为了维护政治统治，作为统治阶级工具的政府，凭借着强制性的公共权力，一直在社会管理中承担着“统治型”角色，以至于不少人产生误解，一讲政府的外部管理就认为是政府对社会民众的管制。宪法、法律及政府确定的管制性制度和政策，甚至像价格管制等微观规制措施，都是要解决社会中属于管制性的问题。20 世纪 70 年代以来，西方行政改革的启示之一是如何以民众为对象，引入竞争机制，以企业家精神重塑政府，提高政府的能力与效率，使民众获取更多高质量服务。打破传统管理理论的思维模式，不是从管理主体的角度考虑如何管制被管理者，而是站在社会与民众的立场，要求公共管理的主体特别是政府如何为民众服务，这是公共管理发展中具有里程碑性质的特征。我们认为，公共组织承担着管制管理与服务管理两个任务，但其立足点还是在服务上。

（八）管理制度与技术相统一，重在制度创新

著名经济学家吴敬琏在讨论我国高新技术产业发展时，提出了“制度重于技术”的思想。[①] 我们认为，这一思想也适用于公共管理。管理活动所运用的技术与方法，主要是针对效率问题的。而制度变革与制度建设既要解决效率又要处理公平问题。正是在这个意义上，我们十分强调公共管理活动中制度创新的特殊意义。

三、改革政府服务方式

在政府的服务方式方面，网络可使政府的公共服务更具有可选择性、普遍性、跨时

---

① 吴敬琏．制度重于技术——论发展我国高新技术产业．经济社会体制比较，1999（5）.

空性。传统行政服务是整齐划一的单向供给服务，人们缺少自由选择度，加上政府公共服务本身的垄断性质，人们只得接受，别无选择，更无可能提出更高的服务质量要求。而网络时代，政府的各项公共服务可以通过电子化方式进行。人们只要登录互联网，即可以在网上找到自己所需要的服务种类和服务方式。政府服务的本质是公共服务，是贯彻普遍的国民待遇，而不是只对某些人提供服务。网络时代为这种理念的实现提供了技术条件。

第三节　网络时代政府管理的发展趋势

一、政府职能从管理型向服务型转变

传统的政府管理模式下，政府处于中心地位，企业和公众的活动围绕政府部门展开，企业或公众要办一件事，必须了解各个政府部门的职能权限和分工，然后逐一向各部门申请报批。随着电子政务的推行，政府部门提供服务的方法和方式得以改变，政府提供的各种服务比以前更快捷。电子政务的外向型信息服务功能利用高效可靠的政府信息网络，将政府信息快速、方便、廉价、准确地传给社会公众，减轻公众为此要付出的经济和时间代价，通过适当的信息提供与发布制度，使公众能够享受方便、快捷的信息服务。电子政务条件下，政府管理职能不可逆转地由管理型向服务型转变。这一转变是当前世界范围内政府管理创新的重要部分。

二、政府组织结构从金字塔结构向扁平化结构转变

传统的政府管理模式呈金字塔式的层级结构。在这种模式下，政府各部门之间联系较松散，组织内部的互动通常是垂直的，互动方式是命令、服从和清晰的上下级关系。当代政府创新运动在理念上更加强调行政部门的工作效率、结果和服务质量，并以此作为提高绩效的关键环节，强调明确的绩效合同的机制。在此理念的指导下，电子政务建设在改变政府传统角色的同时，还应对政府的组织结构进行重组。与传统政府管理不同，在电子政务条件下，网络技术可以实现操作执行层与高层决策层的直接信息沟通，免去通过中间层来逐级传递信息的过程，加快了信息传递的速度，从而大幅度减少中间环节，增大管理幅度，推动传统的金字塔型科层制结构向扁平化和网络化转变。

三、政府权力结构进行由集中到分散的调整

传统的政府管理模式是一种高度集权的结构，信息和权力集中于层级体系的上层，

在等级链条的传递中透明度不高，容易产生腐败问题。在当代政府管理理念中，倡导以分权式管理取代高度集中的等级组织结构。电子政务的实施使权力分散、自主管理由一种趋势发展为现实的可能。一方面，电子政务改变了信息流通方式，使得各层级的管理者可以通过网络以极低的成本迅速获取信息，保证了中下级管理部门的自主决策，分散了决策权力；另一方面，电子政务条件下，政府的行政过程基本置于公众视线之内，公众意见可以在行政决策和执行中得到反映，这改变了公众被权力控制、管制的角色。可以说，电子政务通过网络上的信息传递，通过政府内部各层级、政府与社会之间的直接双向互动模式的建立，构建起了一种民主的力量，使公共权力不仅向知识型权力转变，并开始呈现出分散的趋势，呈现出真正公共性的特色。

四、政府信息流动机制由不对称向对称转变

传统管理模式中，政府与公众存在着信息不对称：信息发布权由政府垄断，同时政府也是信息资源主要的采集、应用和扩散机构，这些信息资源多在政府系统内部流动，某种程度上是对公众封闭的。电子政务的建设使公共服务信息从部门和层级的界限中剥离出来，成为共享资源，使公共部门以电子方式广泛而深入地伸向机构、公众和所有服务对象，及时获取信息并快速做出反应；同时各种服务对象也以电子方式广泛而深入地参与到政务活动中来，使公民具有更多的政务信息和参与途径，从而构建起一个对称的信息流动机制。①

思考题

1. 网络技术对政府管理的影响有哪些？
2. 网络时代政府如何进行管理改革？
3. 论述网络时代政府管理创新的发展趋势。

① 胡志军．加快电子政务与政府管理创新的整合．新华日报，2007－04－09.

第十七章　电子政务的安全保障

学习目标

1. 认识电子政务的安全隐患；
2. 了解电子政务的安全体系；
3. 认识电子政务安全管理的内容。

基本概念

网络安全　网络安全基础设施　防火墙　网络安全管理

导　言

电子政务的网络化、电子化和信息化，必然面临各种安全隐患。安全是电子政务正常发挥其应有功能的关键的前提和基础。在电子政务的一般应用中，如果网络犯罪的恶意破坏得逞，将严重影响政府的形象，误导企业和民众，破坏国家和社会的繁荣、稳定和发展。如果说对于一般政务应用的破坏还可以通过其他的媒介进行矫正的话，那么针对高级政务应用的恶意破坏则会对国家和社会的繁荣、稳定和发展造成灾难性的、不可弥补的破坏。

第一节　电子政务的安全隐患

一、安全隐患的分类

从破坏程度出发，可以将安全隐患分为一般安全隐患和高级安全隐患。

（一）一般安全隐患

电子政务的一般安全隐患主要指的是针对电子政务的一般应用进行的、非直接性的、不涉及国家和政府的重要信息的攻击。主要有拒绝服务攻击，如攻击路由器，使得电子政务的站点不能访问，导致站点主机系统崩溃等；非法篡改政府站点的主页；恶意更改有关信息和资料等。

（二）高级安全隐患

电子政务的高级安全隐患主要指的是针对电子政务的高级应用进行的、直接性的和涉及重要政治、经济、科技、社会信息的攻击。如对网络办公自动化进行攻击，非法获取重要的政治、经济、科技和社会信息，伪造公文等；对电子商务和电子支付进行攻击，截获有关的密码信息，进行经济欺骗。高级安全隐患会带来灾难性的严重后果。对网络办公自动化进行攻击，势必会泄露国家的各种机密信息，给国家带来严重的损失；对电子财政和电子金融等进行攻击，将严重影响国家的正常的经济秩序，阻碍国家的繁荣和发展。与一般安全隐患的不同还在于，高级隐患带来的严重后果将无法弥补。

二、电子政务安全的潜在威胁

（一）信息泄密

主要表现为网络上的信息被窃取，这种仅窃取而不破坏网络中传输信息的网络侵犯者被称为消极侵犯者。

（二）信息被篡改

这就是纯粹的信息破坏，这样的网络侵犯者被称为积极侵犯者。积极侵犯者截取网上的信息包，并对之进行更改使之失效，或者故意添加一些有利于自己的信息，起到信息误导的作用。积极侵犯者的破坏作用最大。

（三）传输非法信息流

系统中的信息流分为合法信息流和非法信息流。凡不符合系统安全策略的信息流都是非法信息流。非法信息流的传输会破坏或劫持数据包。

（四）网络资源的错误使用

如果不合理地设定资源访问控制，一些资源有可能被偶然或故意地破坏。

（五）非法使用网络资源

非法用户登录进入系统使用网络资源，造成资源的消耗，损害合法用户的利益。

第二节 电子政务的安全体系

一、建立政务信息的分类分级保密制度

政务信息是电子政务最重要的内容之一。如果没有了安全可靠的政务信息的传递和

流动，那么就很难建立有效的电子政务体系。而要构建一个安全的电子政务体系，就需要对政务信息进行分门别类，分级保密。例如，不同的政务信息就像在公路上行驶的车辆，必须对不同速度、不同类别的车辆进行规定，这样才能够各行其道，保持安全畅行。电子政务中的政务信息也是如此。对不同的政务信息必须进行分级、分类，并规定不同的保密级别，在不同的网络上运行和传递。

做好了分级保密工作，就能够清楚知道哪些信息在何时何地可以被何种人使用，哪些信息只能够在特定时间被特定的人使用。在分级保密的基础上，还应规划出不同的电子政务运行平台，以满足不同需要的不同群体使用。

二、确保电子政务系统设施安全

电子政务体系的建设需要各种硬件和软件。而我国计算机和网络系统的硬件和软件的高端技术始终受制于人。在和平时期，可以通过金钱的付出来得到安全的部分满足，而一旦和平被打破，安全体系将会面临极大威胁。

因此，我国必须提高警惕，自力更生，不能把自己的安全交给外国的 IT 巨头，应当充分调动我国科技人才，建立起自己独立的电子政务安全体系。

三、建立电子政务数字签名管理系统

电子政务系统最重要的一项功能就是电子公文的传输与流转。而实现电子公文的传输与流转最重要的就是数字签名系统。数字签名是使电子公文有效的必要条件。一旦在这个环节上出现问题，可能就会出现很多假文件、错文件，严重的将直接影响政府部门的正常运作。从目前的情况看，我国电子政务实务中运用的数字签名系统的安全性不够，缺乏一个统一的数字签名管理系统来管理电子政务系统中的数字签名。数字签名有如政府公章，一旦签发就具有政府的公信力和影响力，所以数字签名一旦被伪造、复制必定会造成难以估量的影响。

因此，建议成立一个专门负责数字签名的管理机构，改变现在各政府部门各自为政的局面，打造一个令全民信服的安全的数字签名管理体系，为每一级政府、每一个政府部门提供唯一可用的数字签名，使其发挥类似于公章的功能，实现电子公文的有效性和合法性，为我国的电子政务安全体系保驾护航。

四、做好电子政务信息的数据维护

电子政务体系的运行，有赖于政务信息的不断完善，而这就必须做好维护、备份、恢复工作。电子政务体系难免会因为受到外界入侵、技术因素、自然因素的影响而出现问题甚至中断，因此维护、备份、恢复工作就显得十分重要。在计算机技术飞速发展的今天，很难预测会出现什么问题，因此建立起数据备份和恢复体系的基础设施显得特别重要。很多单位在进行网络规划的时候，根本就没有考虑到作为系统核心部分——数据库本身的安全问题，完全依赖于整个网络的防护能力，一旦网络的安全体系被穿破或者直接由内部人员利用内网用户的优势进行破坏，“数据”可以说无任何招架之力。由此可见，必须切实加强这方面的工作。

第三节　电子政务的安全管理

电子政务的安全保障是一个复杂的系统工程，电子政务的安全管理不仅仅是各机构各部门内部的事情，也是国家层面的事情，因为政务信息的安全涉及不同国家之间、不同政治集团之间的利益关系，它的安全保障问题需要从国家范围来统一规划，以抵御来自外部的信息安全威胁。因此，电子政务的安全管理体系应该是一个多层次、多方面的保障体系，从国家范围来看，构建电子政务安全管理体系应从以下五个方面考虑。

一、建立电子政务的技术保障体系

技术保障体系是安全管理体系的重要组成部分。它涉及两个层面的问题：一是信息安全的核心技术和基本理论的研究与开发；二是信息安全产品和系统构建综合防护系统。信息安全的核心技术主要包括数据加密技术、信息隐藏技术和信息认证技术。

信息安全的主要产品和系统包括防病毒软件、防火墙、入侵检测系统、漏洞扫描、安全审计系统、物理隔离系统等。这些系统可提供的安全防患措施包括：对特定网段、服务建立访问控制体系，将绝大多数攻击阻止在到达攻击目标之前；对安全漏洞进行周期检查，使绝大多数攻击无效；对特定网段、服务建立攻击监控体系，可实时检测出绝大多数攻击，并采取相应的行动；建立多层防御体系，在攻击者突破第一道防线后，延缓或阻断其到达攻击目标；建立良好的认证体系，可防止攻击者假冒合法用户；建立良好的备份和恢复机制，可在攻击造成损失时尽快地恢复数据和系统服务；设立安全监控中心，为信息系统提供安全体系管理、监控、维护及紧急情况服务；等等。

二、加强电子政务的安全行政管理

为了确保电子政务的安全，除了在技术上要加强以外，还必须在行政管理上下功夫，做好以下几方面的工作：

一是建立电子政务的安全组织机构，统一规划各级网络系统的安全设置、制定完善的安全策略和措施、协调各方面的安全事宜，主要职责包括制定整体安全策略、明确规章制度、落实各项安全措施实施，以及制定安全应急方案和保密信息的安全策略。

二是加强电子政务安全的人事管理，包括人事审查与录用、岗位与责任范围的确定、工作评价、人事档案管理、提升、调动与免职、基础培训等。

三是制定和落实电子政务安全责任制度，包括系统运行维护管理制度、计算机处理控制管理制度、文档资料管理制度、操作和管理人员管理制度、机房安全管理制度、定期检查与监督制度、网络通信安全管理制度、病毒防治管理制度、安全等级保护制度、对外交流安全维护制度，以及对外合作制度等。

三、加强电子政务的安全技术管理

电子政务的安全技术管理可以从三个方面着手：

一是对硬件实体的安全管理，其目的是保护计算机和网络设备、设施免遭地震、水灾、火灾以及人为等因素的破坏，主要涉及环境安全、设备安全和存储媒体安全三个方面。

二是对软件系统的安全管理，具体包括保护软件系统的完整性，防止软件丢失、被破坏、被篡改、被伪造；保证软件的存储安全，以及确保能够系统恢复；保障软件的安全传输、加密传输、安全下载、用户识别等要素；保障软件的合法使用和合理使用、用户合法性的管理、授权访问、系统的访问控制，防止软件滥用，防止被窃取或被非法复制，按规程操作等。

三是密钥管理，包括系统的初始化以及密钥的产生、存储、备份、恢复、装入、分配、保护、更新、控制、丢失、吊销、销毁等内容。安全的密钥管理要求：第一，密钥应难以窃取；第二，密钥应有使用范围和使用时间的限制；第三，密钥的分配和更换过程对用户透明，而用户不需要亲自掌管密钥。

四、加强电子政务的安全风险管理

风险管理是对项目风险的识别、分析和应对过程。它包括对正面事件效果的最大化及对负面事件影响的最小化。电子政务安全风险管理的主要任务是风险评估和风险缓解。前者是识别并分析系统中的风险因素，估计可能造成的损失；后者是选择和实施安全控制，将风险降低到一个可接受的水平。从系统和应用出发，网络的安全因素可以划分到如下的五个安全层中，即物理层安全风险分析、网络层安全风险分析、系统层安全风险分析、应用层安全风险分析、管理层安全风险分析。

对于电子政务专用网络内部而言，具有资源分类别、分级别、分密级等特点，各个用户、各个部门拥有自主储存、使用和传递共享的资源。因此，电子政务专用网络内部也必须对各种信息的储存、传递和使用进行严格的权限管理，做到以下几点：

一是应在对电子政务专用网络安全风险分析的基础上，做到统一规划、全面考虑。

二是应积极采用各种先进技术，如虚拟交换网络（VLAN）、防火墙技术、加密技术、虚拟专用网络（VPN）技术等，并实现集中统一的配置、监控、管理。

三是应加强有关网络安全保密的各项制度和规范的制定，并予以严格实行。可以根据风险分析的结果设计出符合具体实际的、可行的网络安全整体解决方案。

五、建立电子政务的内部监控机制

电子政务内部管理人员恶意破坏、管理人员滥用职权、执行人员操作不当、内部管理疏漏等，这些安全问题都是急需解决的。政府部门内部利用先进的网络信息技术实现办公自动化、管理信息化、决策科学化，基本就是利用 VPN 等技术实现的专网。抛开公网的黑客不谈，内部人员是否对网络进行恶意的操作和是否具有一定程度的网络安全意识，在很大程度上决定该单位网络本身的安全等级系数和防护能力。

电子政务安全保障是一个复杂的系统工程，它涉及诸多方面，包括技术、设备、各类人员、管理制度、法律调整等，需要在网络硬件及环境、软件和数据、网际通信等不同层次上实施一系列不尽相同的保护措施。只有将技术保障措施和法律保障措施密切结合起来，才能实现高安全性，保证我国电子政务健康发展。

思考题

1. 如何认识电子政务的安全隐患？
2. 如何理解电子政务的安全体系？
3. 如何把握电子政务安全管理的主要内容？

第十八章 电子政务的法制建设

学习目标

1. 认识电子政务法制建设的重要性和迫切性；
2. 认识电子政务法制建设的特点、原则和内容；
3. 掌握电子政务法制建设中应该注意的问题。

基本概念

电子政务立法　电子政务法制建设

导　言

随着网络技术突飞猛进的发展，信息活动超出了传统概念的范畴。因特网的发展，在带来机遇的同时也带来了许多新问题，仅靠传统的法律体系已经越来越不能满足网络技术与信息手段发展的需要。电子政务的发展在给行政管理带来机遇的同时，也对电子政务的法制建设提出越来越紧迫的要求。

第一节 电子政务立法的必要性和紧迫性

近些年来，由于互联网上的犯罪现象和不道德现象越来越多，网络犯罪已成为全世界关注的社会公共安全问题。

一、形形色色的网络犯罪

科技的发展使得计算机日益成为百姓化的工具，网络的发展形成了一个与现实世界相对独立的虚拟空间，网络犯罪就产生于此。由于网络犯罪具有可以不亲临现场的间接性等特点，因而形式多样。

（1）网络入侵，散布破坏性病毒、逻辑炸弹或者放置后门程序犯罪。这种计算机网络犯罪行为以造成最大的破坏性为目的，入侵的后果往往非常严重，轻则造成系统局部功能失灵，重则导致计算机系统全部瘫痪，经济损失大。

（2）网络入侵，偷窥、复制、更改或者删除计算机信息犯罪。网络的发展使得用户的信息库实际上如同向外界敞开了一扇大门，入侵者可以在受害人毫无察觉的情况下侵入信息系统，进行偷窥、复制、更改或者删除计算机信息，从而损害正常使用者的利益。

（3）网络诈骗、教唆犯罪。由于网络具有传播快、散布广、匿名性的特点，而有关在因特网上传播信息的法规远不如传统媒体监管那么严格与健全，这为虚假信息与误导广告的传播开了方便之门，也为利用网络传授犯罪手法、散发犯罪资料、鼓动犯罪开了方便之门。主要的方式有：假冒其他用户的口令或访问代码以获得接近、进入计算机网络系统；非法建立文件和记录，企图把它们作为有效的、正式生产的文件或记录；仿制任何程序、数据和信息；发布虚假信息；或通过改变计算机程序而向计算机系统输入非法指令来骗取钱财。

（4）网络侮辱、诽谤与恐吓犯罪。即出于各种目的，向各电子信箱、公告板发送、粘贴大量有人身攻击性的文章或散布各种谣言。由于网络具有开放性的特点，发送成千上万封电子邮件是轻而易举的事情，因此此类犯罪的影响和后果绝非传统手段所能比拟。

二、网络犯罪的特点

同传统的犯罪相比，网络犯罪具有以下特点：

（一）专业性、技术性强，成本低

网络犯罪首要的特点在于它的技术性和专业性。有些犯罪可以做到对计算机硬件和信息载体不造成任何损坏，使犯罪行为几乎不留痕迹，这给犯罪的侦破带来了极大的困难。另外，网络犯罪成本低，就电子邮件而言，比起传统寄信，它所花的成本要低得多，只要敲一下键盘，几秒钟就可以把电子邮件发给众多的人。

（二）互动性、隐蔽性高，取证困难

网络发展形成了一个虚拟的网络空间，既消除了国界，也打破了社会等级界限，使得双向性、多向性交流传播成为可能。在这个虚拟空间里对所有事物的描述都仅仅是一堆冷冰冰的密码数据，因此谁掌握了密码就等于获得了对财产等的控制权，就可以在任何地方登录网站实施破坏行为。

（三）具有严重的社会危害性

由于网络具有“时空压缩化”的特点，网络犯罪冲破了地域限制，国际化趋势日益

明显，这种跨国界、跨地区作案隐蔽性强，不易破案，危害也更大。随着计算机网络技术的不断发展，从国防、电力到银行和电话系统都已经数字化、网络化，一旦这些部门遭到侵入和破坏，后果将不可设想。

（四）网络犯罪是典型的计算机犯罪

目前对“什么是计算机犯罪”理论界有多种观点，其中双重说的定义（即行为人以计算机为工具或以其为攻击对象而实施的犯罪行为）比较科学。网络犯罪中比较常见的类型，如偷窥、复制、更改或者删除计算机数据、信息的犯罪，散布破坏性病毒、逻辑炸弹或者放置后门程序的犯罪，就是典型的以计算机为对象的犯罪，而网络色情传播犯罪，网络侮辱、诽谤与恐吓犯罪，以及网络诈骗、教唆等犯罪，则是以计算机网络形成的虚拟空间作为犯罪工具、犯罪场所进行的犯罪。

三、网络犯罪的构成特征

（一）犯罪客体

现实社会的种种复杂关系都能在网络中得到体现，就网络犯罪所侵犯的一般客体而言，自然是为刑法所保护的而为网络犯罪所侵犯的一切社会关系。但是应当看到，网络空间是靠电脑间的连接关系形成的一个虚拟空间，它实际并不存在。电脑网络的实体形态有点类似于公路网，所以又称之为信息高速公路。网络犯罪所侵犯的同类客体正是信息交流与共享得以正常进行的公共秩序。网络犯罪的直接客体是多种多样的，有的行为侵害计算机系统的管理秩序，有的行为危害计算机系统安全保护制度，有的行为则危害国家和公众的生命安全、财产安全、人身安全。应当注意到网络犯罪侵犯的是复杂客体。

（二）犯罪客观方面

网络犯罪表现为违反有关计算机网络管理法律、法规，侵入国家事务、国防建设、尖端科学技术领域的计算机系统，对计算机信息系统功能、数据和应用程序进行删除、修改，或者破坏计算机系统软件、硬件设备等侵害计算机系统安全的行为。这是由于网络犯罪的物质基础在于由硬件和相应软件构成的计算机系统，而计算机系统的各种程序功能，需要通过人直接或者间接操作输入设备、输入指令才能执行。网络犯罪具有跨国性的特点，犯罪人在世界的任何一个地方、从任何一个节点进入网络，都可以对网络上其他任意一个节点上的计算机系统进行侵入和实施犯罪行为。

（三）犯罪主体

网络犯罪的主体是一般主体，既可以是自然人，也可以是法人。从网络犯罪的具体表现来看，犯罪主体具有多样性，各种年龄、各种职业的人都可以实施网络犯罪行为，对社会所造成的危害都相差不大。一般来讲，进行网络犯罪的主体是具有一定计算机专业知识水平的行为人。另外，网络的发展给企业发展电子商务带来了新的生机，企业法人为了争夺新的市场空间，作为主体参与网络犯罪也成为可能。

（四）犯罪主观方面

网络犯罪在主观方面表现为故意。因为在这类犯罪中，犯罪行为人在进入系统以前，需要通过输入输出设备发出指令或者利用技术手段突破系统的安全保护屏障，利用计算机信息网络实施危害社会的行为，破坏网络管理秩序。这表明犯罪主体具有明显的犯罪故意，而且这种故意常常是直接的。即使是为了显示自己有能力侵入系统的犯罪，行为人也具备明显的“非要侵入不可”等的念头，显示了极强的主观故意。

第二节　电子政务法制建设的特点、原则和内容

一、国外电子政务法制建设的特点

电子政务较发达的国家在电子政务建设过程中都很重视其法律制度建设，从目前情况看，这些国家的电子政务法律制度建设有如下共同特征：

（一）重视立法历程的渐进性和开放性

尽管各国国情不同，但在电子政务立法方面的历程却极为相似，而且法律在电子政务过程中的角色转换也非常相近，即从影响、配合电子政务建设向成为电子政务的基础转化，使得法律成为电子政务的基石。这个基石与传统立法研究不同，它是一个明显具有高科技含量并不断修订完善的立法。几乎所有的电子政务发达国家都是根据电子政务的发展状况和客观要求，逐步建设和完善电子政务的法律制度，没有一个国家在这一点上是一蹴而就的。

（二）积极借鉴电子商务立法成果

电子政务比较发达的国家，在电子政务法律制度建设上受到电子商务法律制度建设的重大影响。电子商务法律制度的建设对电子政务法律制度的建设有重要的启示与借鉴作用；此外，电子商务法律环境也在一定程度上制约着电子政务法律环境建设。如各国电子商务中的电子合同签名法，对电子政务中的电子签章法有直接的借鉴作用。而人们对电子商务安全性的认识和接受程度，反过来又在一定程度上或制约、或促进了电子政务的发展。

（三）普遍重视信息公开立法

政府是信息最大的创制者、采集者、使用者和发布者。成功实施电子政务的国家无不重视政府信息的公开，都在法律中明确规定获取政府信息是公众的一项权利。信息关

系随着网络技术和信息手段的发展已经从其他关系中分离出来，逐步成为一种相对独立的关系。信息法成为一部独立的法律的时机已经成熟。

二、电子政务法制建设的原则

网络法规自身所规定和调整的对象的特殊性，决定了电子政务立法除了应遵循一般的立法原则，如民主与集中相结合、原则性与灵活性相结合、稳定性与适应性相结合的原则外，还应注意遵循适合网络自身特点的特殊原则：

一是综合性原则。要求电子政务立法要有广阔的视野和总体的设计，综合考虑，统筹兼顾。

二是渐进性原则。要求电子政务立法要根据信息化法制建设的需要，合理高效地维护网络的安全与秩序。

三是主动性、可行性原则。电子政务立法应根据目前现实情况，并预测未来法制的需要，掌握主动，早做准备，积极立法，同时注意顺应立法环境、条件，确定先后次序、轻重缓急，进行可行性操作。

四是国家性和国际性原则。电子政务立法要符合本国国情，具有本国本民族特色，同时必须与国际通用的标准相一致，适应国际法和惯例。

三、信息立法的内容

（一）电子政务法的立法

该法的立法意义是：从国家基本法律的角度对电子政务组织、网络行政行为等涉及电子政务根本性质的问题作出统一规定，为我国电子政务的建设提供基本的法律依据。另外，该法作为电子政务法律部门的基础性法律，对其他相关、配套法律的制定和修改起指导作用。

（二）电子政务组织规范

主要调整两方面事项：一是电子政务的主管部门及其职权职责；二是电子政务的设置及法律地位。从目前实践看，我国电子政务的主管部门是工业和信息化部，应当在统一的电子政务法中得到明确规定。另外，电子政务是与有形政府并行的一种特殊公共管理与服务形式，两者之间的关系需要由法律作出明确规定。统一的电子政务法必须明确规定电子政务的适用范围及其效果归属。

（三）网络行政行为规范

主要调整网络行政行为的合法要件和法律效力，确立网络行政行为的特殊法律规则，解决网络行政行为的适用范围、种类、法律效力以及与书面、口头等行政行为方式之间的衔接关系，并根据网络的特点，对网络行政行为的运行程序作出特殊的规定。

（四）电子政务监督规范

主要调整三类事项：一是电子政务的法律监督事项，例如软件采购中的法律监督、电子政务实施效果的调查和评价等；二是信息技术在行政复议和行政诉讼中的应用事项，例如网络复议、网上作证等；三是公民信息权和隐私权等受到侵害时的复议、诉讼等救济事项。

第三节　电子政务法制建设应注意的问题

一、电子政务立法模式的选择问题

从国外情况看，电子政务立法有统一立法与单行立法相结合模式和分散模式。美国属于前者，特点是由一部统一的《电子政府法》牵头，辅之以《阳光下的政府法》《情报自由法》《政府纸张消除法》等单行法，从而形成统一立法与单行立法相配套的立法模式。除美国外，世界绝大多数国家的电子政务立法都采取了分散模式，电子政务的法律规范分散在有关计算机系统、数据保护、信息安全、行政程序与标准化、电子签章法等单行法律之中。

我国目前的电子政务立法模式属于分散模式，有关电子政务的法律规范分散在计算机法、电信法、互联网法、电子签名法、计算机软件保护法等法律规范之中。分散模式的主要缺陷是没有统一的原则和标准，规范与规范之间相互冲突现象严重，电子政务的特性不能突出，实施效果差。为了消除分散模式的弊端，我国今后电子政务立法应当选择统一立法和单行立法相结合模式，制定统一的电子政务法，努力形成一个独立、完善的电子政务法律体系。

二、电子政务法制建设的阶段性问题

一般认为，电子政务的建设分为五个阶段。第一阶段是政府部门建立门户网站，发布客观信息；第二阶段是实现政府与用户的单向沟通，政府为用户提供下载服务；第三阶段是政府与用户的互动，用户既能从政府网站得到下载服务，又可以将自己的意见上传至政府网站，实现双向交流；第四阶段是政府网上办公阶段，即政府通过网络作出电子行政行为，与相对人形成电子行政法律关系；第五阶段是电子政务发展的成熟阶段，即为了适应政府网上办公的需要，其内部进行组织结构和办事流程的重组，形成以客户为中心的“一站式”服务的政府管理模式。

电子政务的立法工作应当与电子政务建设的阶段性要求相适应。目前我国电子政务立法应当着重解决政府部门信息的收集、管理、共享与公开的问题，同时，关于电子政

务实施的技术标准、安全保障等制度也应当尽早出台相关规定。

三、电子政务立法的法律层级问题

这是指对于某一方面的事项是制定法律还是制定行政法规或者部门规章的问题。从理论上说，凡是用来规制政府部门行为的法律规范，出于对自然公正的考虑，政府部门自身是无权制定的，否则政府将既是该法的立法者又是该法的执行者，这种双重角色会对公民行使权利造成极大威胁。因此，凡是规范政府行为的法律规范都应由立法机关以法律的形式加以规定。然而，考虑到立法经验不足、立法的滞后性和客观条件的限制，绝对强调必须由立法机关进行电子政务立法又是不现实的。因此，全国人大及其常委会可以将某些本应由其制定的法律授权给国务院或者国务院部门先行制定行政法规、部门规章，等到时机成熟时再通过立法程序上升为法律。

思考题

1. 如何认识电子政务法制建设的重要性和迫切性？
2. 如何认识电子政务法制建设的特点、原则和内容？
3. 在电子政务法制建设中应该注意哪些问题？

第十九章 国外电子政务的发展

学习目标

❶ 了解国外电子政务发展过程；
❷ 了解发达国家电子政务发展与应用的特点；
❸ 了解部分国家电子政务的发展情况；
❹ 了解国外电子政务的作用与启示。

基本概念

国外电子政务 美国电子政务 新加坡电子政务

导 言

世界各国着手电子政务建设的起始时间都不同，一些国家的电子政务发展已经取得明显成效。其主要特点是：电子政府应向服务型转变，通过立法推进电子政务，健全信息基础设施，加强国家信息安全。这些经验对我国的电子政务建设都很有启示。

第一节 国外电子政务的发展

一、国外电子政务的发展过程

（一）起步阶段

政府信息网上发布是电子政务发展起步阶段较为普遍的一种形式。以美国为例，联邦政府和地方各级政府在电子政务方面的项目仍有57%属于这一类，大体上是通过网站发布与政府有关的各种静态信息，如法规、指南、手册、政府机构、组织情况、官员介绍、通信联络方式等。

（二）政府与用户单向互动

在这个阶段，政府除了在网上发布与政府服务项目有关的动态信息之外，还向用户提供某种形式的服务。这个阶段的一个例子是用户可以从网站上下载相关表格，如报税表。

（三）政府与用户双向互动

在这个发展阶段，政府与用户可以在网上完成双向的互动。一个典型的例子是用户可以在网上取得报税表，在网上填写报税表，然后从网上将报税表发送至税务部门。在这个阶段，政府可以根据需要，随时就某件事情、某个非政治性的议题，如公共工程项目，或某个重要活动的安排，在网上征求居民的意见，使居民参与政府的公共管理和决策。企业和居民也可以就自己关心的问题向政府提出询问或建议，并与政府进行讨论和沟通。

（四）网上事务处理

援用上面举过的例子，如果税务部门在网上收到企业或居民的报税表并审阅后，向报税人寄回退税支票；或者，在网上完成转账，将企业或居民的退税所得直接汇入企业或居民的账户，这样，企业或居民在网上就完成了整个报税过程的事务处理。到了这一步，可以说，电子政务在报税方面是趋于成熟了，因为它是以电子的方式实实在在地完成了一项政府业务的处理。

显然，这个阶段的实现必然导致政府机构的结构性调整，也必然导致政府运行方式的改变。因为，原来政府的许多作业是以纸张为基础的，现在则变成电子化的文件了；原来政府与居民的“接口”是在办公室，或者在柜台、在窗口，现在则移到计算机屏幕上了。因此，需要调整原有的某些政府部门及某些人员，设立一些新的部门及新的岗位来重组政府的业务流程。这就是为什么说电子政务不仅仅是将现有的政府业务电子化，而更重要的是对现有的政府进行信息化的改造。只有这种改造实现了，电子政务才是真正地趋于成熟了。如果一个部门说它已经实现了电子政务，而机构和运行方式却毫无变化，那么这个部门的信息化肯定是不成功的。

二、发达国家电子政务发展与应用的特点

在发达国家电子政务的建设和应用过程中，虽然各个国家面临的具体社会环境、政治环境和经济环境有所不同，相应的在建设电子政务方面所采取的具体措施、具体策略有所不同，但各个国家在建设和发展电子政务过程中却表现出了许多共同特征：都有基本相同的战略目标，蕴含了共同的基本理念；注重营造电子政务建设和应用的环境；注重电子政务建设与行政改革的有机结合；注重全面负责电子政务建设的组织

机构的建立；以改善政府的社会服务作为电子政务的核心价值；遵循循序渐进、分步实施的建设规律。从目前的情况来看，发达国家电子政务建设与应用呈现出以下特点：

（一）更加强调“以公众为中心”的理念

信息技术带来的最大影响之一就是缩短了服务提供者与接受者之间的距离。未来的政府更加强调是公众的政府，各国政府将利用信息技术增强公众对政府政务的参与程度，及时获悉公众所需，以公众需求为导向，建设成以公众为中心的电子政务。

（二）促进政府服务全面上网，提高服务质量

电子政务的目标主要是更好地给公众和社会提供政府服务。发达国家积极应用互联网为公众提供在线服务，运用“公共信息站”及自动柜员机等自动化服务设施，为公众提供获取政府服务的多元化渠道。

（三）实现“单一窗口”和“一站式”服务

信息技术的发展使得公众对未来政府的期望值不断提高，不仅要求服务质量得到提高，而且要求获得服务的方式和程序也不断改善。公众期望在任何时间、任何地点，以多种渠道获取自己所期望的服务形式和服务内容。为满足公众需求，发达国家不断自我创新和调整，整合传统公共服务，建立“单一窗口”，给公众提供“一站式”的公共服务，打造无处不在的政府，注重应用信息技术整合资源、实现业务协同和建立随需应变的政府。

（四）消除“数字鸿沟”，促进社会信息平等

在电子政务建设过程中，各国政府会积极致力于消除“数字鸿沟”问题，努力缩小“信息富人”和“信息穷人”之间的差距，使每一个人都具有获得政府电子服务的权利，尤其是那些非常关键的服务，避免新的信息技术给人们带来新障碍。因此，各国在电子政务的开展过程中将注重普及网络建设与信息教育，使信息应用普及社会每个阶层和每个地理区域，照顾信息弱势群体，缩小信息差距。

（五）增强公众参与意识，发展电子民主

电子政务应用不仅仅是为公众提供在线服务，也应当是通过信息通信技术的使用而促进公众更多地参与政府决策以及民主化过程。因此，发展电子民主是目前发达国家电子政务建设和应用中最具特色的内容和焦点。信息技术和互联网的发展为公众参与政府决策提供了良好的契机，同时也对传统政府理念和制度产生巨大的冲击。电子民主的发展不仅仅能使公众有效监督政府决策，促进政府勤政廉政，提高公众对政府的信任度，而且也能反映电子政务的公众需求导向。当然，要把电子民主控制在秩序的范围之内。

第二节 部分国家电子政务的发展

政府信息化的程度直接影响政府的竞争力，并成为衡量各国发展水平的一个标准。发达国家都在力促政府上网，抢占网上制高点。虽然各国采取的举措各异，但目标一致：充分运用网络技术，重塑一个更有效率、更“直接”的电子政府。

一、美国的电子政务

（一）美国电子政务的发展过程

美国的电子政务起源于 20 世纪 90 年代初。1993 年，克林顿政府成立了“国家绩效评估委员会”（National Performance Review Committee，NPR），NPR 经过大量的调查研究后，递交了《创建经济高效的政府》和《运用信息技术改造政府》两份报告，提出应当用先进的信息网络技术克服美国政府在管理和提供服务方面所存在的弊端，这使得构建“电子政府”成为美国政府改革的一个重要方向，也揭开了美国电子政务建设的序幕。

1994 年 12 月，美国政府信息技术服务小组（Government Information Technology Services）提出了《政府信息技术服务的前景》报告，要求建立以顾客为导向的电子政府，为民众提供更多获得政府服务的机会与途径。

1996 年，美国政府发动“重塑政府计划”，提出要让联邦机构最迟在 2003 年全部实现上网，使美国民众能够充分获得联邦政府掌握的各种信息。

1998 年，美国通过《文书工作缩减法》，要求各部门呈交的表格必须使用电子方式，规定到 2003 年 10 月全部使用电子文件，同时考虑风险、成本与收益，酌情使用电子签名，让公民与政府的互动关系电子化。

2000 年 9 月，美国政府开通“第一政府”网站（www. Firstgov. gov），这个超大型电子网站旨在加速政府对公民需要的反馈，减少中间工作环节，让美国公众能更快捷、更方便地了解政府，并能在同一个政府网站站点内完成竞标合同和向政府申请贷款的业务。从内容分类来看，该网站一方面按地区划分，囊括了全美 50 个州以及地方县、市的有关材料及网站链接；另一方面又按农业与食品、文化与艺术、经济与商业等行业来划分，各行各业的有关介绍及网站随点随通。此时，美国政府的网上交易也已经展开，在全国范围内实现了网上购买政府债券、网上缴纳税款以及邮票、硬币买卖等。

现在，美国政府网站的建设已相当成熟。这表现在，一方面，美国联邦政府一级机构已全部上网，所有的州一级政府也全部上网，而且几乎所有县市都已经建有自己的站点。世界上所有网络用户都可以通过因特网自由地访问它们，获取它们提供的各种信息，并可将自己的意见发送过去，完成一次真正的交互式访问。另一方面，政府网站的内容非常丰富、有效。在因特网上，几乎没有人不知道“www.whitehouse.gov”这个网站，它就是著名的“网上白宫”。白宫站点实际上是所有美国政府站点的中心站点，在该站点上有一个美国联邦政府站点的完整列表，可以链接到美国政府所有已上网的官方资源。在这里，你可以“聆听”美国历任总统的演说，浏览美国总统的自传，了解美国“第一家庭”的生活，还可以在“留言簿”上向现任总统随便“说”点什么。

在美国，电子政府又被称为“虚拟政府”。虚拟政府的筹划和建设大体上是由美国联邦政府统一发起、组织和进行调控的。在联邦政府下面，或者自发组织，或者由政府组织，或者是一些公益性组织，共组成10个监管政府信息化的组织机构，如政府信息化促进协会联盟、IT产业顾问协会、政府网络技术服务小组、州级信息主管联盟、国家电信信息管理办、国家政府官员协会、政府评估组及首席信息化小组等，冠以一个总的全名——政府技术推动组。政府信息化所涉及的各种日常事务，包括技术推进、法规政策建议、管理投资、改善服务、业绩评估等工作，均由政府技术推动组承担。为保障政府信息化发展，美国还制定了《政府信息公开法》《个人隐私权保护法》《美国联邦信息资源管理法》等一系列法律法规，对政府信息化发展起着重要的保障和规范的作用。

（二）美国电子政务的主要特点

1. 政府网络采购成为重要内容

在美国，互联网和电子商务首先为政府提高效率及降低采购成本提供了可能。在私有企业，B2B电子商务已经降低了采购成本，并提高了10%～50%的采购效率。美国政府已经逐渐适应这种变化。基于电子商务的政府网络采购，使采购过程更具效率、更具透明度。通常的做法是把有关采购竞标信息置于网上，并在互联网上公布获胜的投标和运营评估，由此政府增加了透明度并提升了专业标准。这种做法对公众来说可以更好地了解政府事务，并将带来私有企业和政府间的更好的合作，从而取得两个明显的正面效果：其一，使得私有企业在政府管理中发挥更大作用；其二，由于私有企业将被要求满足政府的日益增长的需求，这将有助于促进技术的进一步创新。

2. ESD成为电子服务主体

电子服务传播（ESD）提供了网络接入数据库的途径，使得在几乎任何地方都可接入政府网站。ESD解决方案的收益点包括：

（1）通过建立公共服务点，提高公众对政府计划的参与度。

（2）改进公共服务，却不会提高成本。

（3）在法规的解释和应用中提高了透明度和一致性。

（4）针对那些要求个性化帮助的客户，提高了服务质量并细化服务标准。

（5）增加了居民获取政府服务在时间、地点上的选择性，居民在家、在办公室以及其他地点均可获取服务。

ESD 渠道被政府用于实现一些基本目标，包括：（1）提高政府的民主过程和体制意识。（2）电子传播信息和服务。（3）提高公众在政府和行政机构的运作过程中的参与性。（4）在民主进程的基础上，给予居民直接的、政府性的支持。

3. 美国政府正在不断提高其在网上提供信息和服务的能力

2008 年，美国政府推出了一个新网站——www. usa. gov。这是一个综合性网络门户，它使得用户可以连接到任何政府网站，包括州及以下地方政府。www. usa. gov 允许用户同时搜索全部 2 700 万个网页。通过使用由私有部门企业和联邦政府一起开发的高强度搜索引擎，该网站可以在 1/4 秒不到的时间内搜索半兆的文件。个人可以通过关键词、主题或机构进行搜索，并在数秒内一次敲击接入所有相关文件和网站。

通过 www. usa. gov 链接直接进入的每一个政府网站都包括本地区的税收、执照、注册和护照信息，以及满足本地区居民的具体需求的各种有用信息。

二、加拿大的电子政务

作为美国的近邻，加拿大也在大力投资建设本国的信息高速公路。加拿大拥有良好的国家信息基础设施，拥有世界上最先进的广播系统。加拿大发展信息高速公路的目的是要建立高品质、低成本的信息网络，使每一个加拿大公民皆有公平享受就业、教育、投资、娱乐、医疗保健及社会福利信息的机会，并使加拿大成为全球信息高速公路的主要使用者及服务提供者，以促进加拿大经济、社会及文化建设方面的发展。

加拿大信息高速公路的远景是一个“网中有网，网网相连”的信息网络，希望经由信息高速公路的建设及使用，加速加拿大公民相互交换意见的步伐，并进一步改变企业的劳动方式。

在为加拿大公民建设信息高速公路的过程中，加拿大政府发挥了关键作用。整个行动计划的制定与率先实施都是由联邦政府牵头，政府将信息高速公路连接到每一个用户，从而使信息高速公路扩展到整个加拿大。加拿大公民可以通过信息高速公路很快获得政府的最新消息，与政府部门直接交换信息，直接填写社会福利与保障表格，或通过网络交纳“电子化税费”。

对于政府部门而言，希望运用此项先进的信息与通讯基础设施，提升政府服务品质及创新服务措施。除了对外服务之外，提高政府内部工作效率、简化行政手续也是重要的目的。加拿大政府正在规划推动的重要应用项目包括：

（1）推动电子化的公开投标系统，使加拿大全国各地区的公司都能有同等的机会对政府采购活动投标；

（2）推行单一的商业注册登记号码；

（3）运用电子资料交换系统推动“电子商务”，进行政府采购、支付和税费的征收；

(4) 以电子布告栏及因特网传送政府的电子文件。

政府服务电子化将带来政府有效性和责任性的巨大发展，新技术同样也会给政府带来更多的依赖性。

加拿大政府不仅自身成为该项技术的标准用户，而且把政府信息化作为整个国家信息高速公路建设中的最大的工程，这对全加拿大经济、信息革命起到催化剂的作用。

加拿大政府采取了一系列的策略性创新措施，将共同性的需求整合成一个电子信息基本架构，这些措施包括：

(1) 共同性的电子邮递服务系统，连接大约 15 万名联邦公务员。

(2) 政府网络合理化方案，最终的目标是要建立一个供联邦政府使用的单一的共同骨干网络，这项措施对于提供单一窗口的服务是相当重要的一环。

加拿大政府已同意建立共同性通信及信息基本架构的业务计划，这项计划的重点在于建立以下的核心信息基本架构及信息服务：

(1) 共同性电子商务信息基本架构及服务：包括以 X. 500 标准为基础的电子目录、公开密钥架构（Public Key Infrastructure）所必要的安全性电子信息服务、电子认证所必要的电子签章服务。

(2) 单一窗口创新措施的支援服务：包括“一揽子”服务中心的支援服务、共用信息服务站支援服务。

(3) 网络合理化及管理服务：包括依据顾客需求提供各种宽频的通信服务、网络管理主控管中心服务、骨干网络服务、ATM 服务。

(4) 资料仓储企业环境服务。

(5) 资料处理设施管理服务。

网络技术和信息高速公路的发展极大地提高了加拿大政府的效率。加拿大政府 E-mail 传递系统是世界上最大的政府局域网之一，大约有 2 万名加拿大公务员在此网上工作。

加拿大信息高速公路将是一个全国范围的构架、一个全国“无缝”的网络，通过政府的网络和计算机，政府可以与加拿大公民直接对话。这个信息架构包括的要素有：数字化的主体网络，声音网络，当地电话系统，渥太华地区光缆通信网络，政府企业网络，移动通信服务设施等。

加拿大政府认为，促进政府信息化更重要的是使加拿大与世界联成一体，提升加拿大政府在世界范围内的地位，使加拿大政府在 21 世纪数字化时代居于领先地位。

三、新加坡的电子政务

新加坡的电子政务建设特色鲜明、成效显著，连续多年在埃森哲（Accenture）《全球 IT 报告》中排名世界前列。应该看到，用信息化手段创新政府服务模式、提升服务管理水平，是世界各国的共同追求，新加坡在这方面取得了独特的成效。

（一）建立广泛的电子政务应用基础

最近几年，新加坡电子政务的发力点正是改善全国基础设施建设、提高电脑普及率。新加坡在“整合政府2010”（iGOV2010）规划中提道：“到2010年，要让80%的民众对电子政务的质量非常满意，90%民众愿意推荐他人使用政府提供的电子服务，80%民众对新加坡政府在线发布的有关政府政策、项目和举措的信息的明确性和价值表示满意。”有哪些手段在支撑着这样的目标？新加坡采取了四项战略性的手段：

（1）提升政府电子政务的普及性和多样性，增进民众在电子政务中的参与度，强化政府的能力和协同性，以及提高国家竞争优势。

（2）为疏通民众利用电子政务服务的渠道，从2009年7月1日起，新加坡降低了获得政府津贴购买电脑的门槛，推出低收入家庭学生购买电脑的“新生电脑计划”，同时让低收入家庭学生以每月1.50新元的优惠价订购宽带网配套，为期三年。对于那些因经济条件不允许或缺乏技能而无法使用政府电子服务的人，“市民连接”项目提供了免费社区上网服务。

（3）实施下一代全国宽带网络计划（NBN），即建立一种全国性的超高速光纤到户（FTTH）网络，到2013年，高速宽带网已遍布新加坡。

（4）无线网络设施也发挥着相辅相成的作用。在2009年新加坡资讯通信及媒体业商业交流大会上，资讯通信发展管理局（IDA）宣布：原定2009年底结束的Wireless@SG免费上网服务延长4年，在2013年3月之前普通用户继续免费无线上网；IDA也将提升无线上网的速度，由512Kbps提升到1Mbps，用户上网浏览的速度将快一倍。

现在，新加坡居民和企业在家中或办公室的舒适环境中，甚至在室外，都能通过网络享受到政府服务的便利。电子政务服务的范围从简单的信息发布，到个性化门户，再到提供一站式的交互式综合事务性服务，涵盖甚广。

政府已牵头建立了一个“以市民为中心”的电子政务体系，市民和企业有权随时随地参与到所有政府机构的事务中来，与政府进行互动。目前，新加坡的市民和企业可以全天候访问1 600项政府在线服务，从中获得更便捷完善的服务。

新加坡还开发了30多项移动电子政务服务，在www.mobie.sg网站上就可以注册使用。新加坡居民只要有手机在手，便能上网通过电子政务享受公共服务，例如查询医院的候诊时间、预订体育运动场所、查询天气预报及交通路况等。

（二）构建服务型政府

在建设服务型政府方面，新加坡的成就是有目共睹的：个人电子税务网、电子商务网、网上商业执照服务、贸易平台“商贸讯通”等相继推出，不仅为民众和企业带来便利，还极大地调动了大家使用电子政务服务的积极性。

得益于用“一个政府”理念服务企业的做法，新加坡将企业执照申请平均处理时间从过去的 21 天缩短到现在的 8 天。在 iGOV2010 指导下，从组织架构的顶层设计，到具体入微的桌面体验，新加坡 IDA 整合政府的贯穿力非常强大。IDA 将邀请市民参与政策制定流程，通过资讯通信技术进一步增强政府与市民的关系。

新加坡还成立了整合政府理事会（iGov Council），由财政部常任秘书长担任主席，带领公共部门利用创新与技术，以打造一个能更好地满足国民和企业需求的“整合政府”。如果公共服务未能率先接纳“一体化政府”的思维模式，通过整合电子政务解决方案提供更佳服务的承诺就难以实现。

为了使政府部门使用标准的 ICT 运行环境，让他们在任何办公地点都能得到同样的感受，2008 年新加坡推出 SOEasy 项目，旨在建立一个横跨其公营部门的集标准桌面、网络和通信/协作为一体的环境。新加坡政府实施该项目的最终目标是协助公营部门员工更有效率地工作，并提升公营部门的灵活性和办公能力。这个共享环境将提高安全性，并允许员工通过实时通信、视频会议和留言板等工具在机构内部和各机构之间无缝协作。

“我们还没完全掌握信息革命所带来的庞大机会。在下一阶段，政府的作用必须是从唯一的公共服务提供者，转变成提供一个开放的信息技术平台，以培育信息服务生态系统。而在这个新的生态系统中，无论是私企或民众，都可以在现有的公共服务基础上自由地创新和创造增值服务，甚至是取代原有的服务。”新加坡前国务资政吴作栋说。

（三）新加坡推进电子政务建设的特点

新加坡的电子政务建设之所以卓有成效，得益于 20 世纪 90 年代末创建的信息化推进机制，其成功的主要因素非常值得我们思考和借鉴。

一是治理体系完整，推进步伐稳健。新加坡拥有 480 万人口，只设一级政府，但在信息化治理结构上却有公共服务委员会、ICT 委员会、公共领域 ICT 指导委员会、公共领域 ICT 审查委员会四个层次，分别履行决策、协调、管理、执行等功能。而且，信息化重大决策周期较长（长达数月至数年），因酝酿充分、认识一致，避免了重复返工现象，呈现出“决策慢、行动快”的稳健发展格局。

二是着眼于服务民众，制定持续发展的规划和计划。新加坡非常注重勾画共同认可的信息化发展远景，引导发展方向，明确共同奋斗目标。2006 年提出了全新的电子政务发展理念——“整合政府 2010”（iGov2010），意在增加电子服务的范围和丰富应用程度，增加国民智慧与意见在电子政务中的参与比例，提高国家综合竞争优势，贯彻落实“智慧国 2015”计划。

三是实施集中指导与分权执行相结合的运作机制。运用财政和工作评估“两根杠杆”，树立 IDA 集中指导的权威；同时 IDA 依靠在各部门的派驻人员，建立沟通与协调的“纽带”，确保分权执行的质量。

四是优化电子政务的建设生态。注重政企合作，同步实施基础设施建设、信息化应用、民众电脑技能培训等举措，确保众多信息化项目得以健康快速落实，迅速发挥应有成效。

第三节　国外电子政务的作用和启示

一、国外电子政务的作用

电子政务在国外已经发挥了积极的作用。以美国为例，电子政务的作用主要体现在以下几个方面：

（一）公开政务信息

“财政预算”是国家政务信息中最重要的方面之一。美国政府利用表格方式，极为详尽地将政府各个部门的财政预算清晰地显示在其网页上，大大增加了政府预算的透明度。

（二）宣传政府政绩

当然，除了公开其政务信息外，美国政府也不失时机地在网络上宣传其政绩。从发展经济、把握未来、维持公众安全、开展政府工作、保护环境资源、提高卫生保健质量等方面，详细列举了政府的成就。

（三）宣传政府重要的国际国内政策

在因特网上阐述和宣传政府重要的国际国内政策，是美国联邦政府各部门网站上的一项重要内容。例如，在高科技领域，它从商业、农业、教育、国防、卫生保健、环境等多方面对高新技术的应用做了详细阐述，论证了高科技投资的重要性，重点指出高科技对维持美国在世界的领先地位所发挥的巨大作用，以谋求国民对其高科技政策的理解和支持。

对国际事务和别国内政予以干预是美国一贯奉行的国际政策。这方面在因特网上也有表现。例如，美国对我国、阿根廷、印度、新加坡等在知识产权保护方面所做的工作在网页上一一给予了评价。

（四）为政治家建立相互联系提供崭新渠道

因特网不仅是政治家与选民形成交互式的双向交流的便捷工具，而且也是政治家建立相互联系的崭新渠道。历史上首次两个国家政府首脑间直接互通电子函件，发生在1994 年 2 月。瑞典首相卡尔・比尔特发给克林顿一封电子信件，祝贺他解除对越南的贸易禁令。克林顿第二天给比尔特回了信：“亲爱的卡尔，我感谢你支持我结束对越南贸易禁令的决定……我和你一样对正在出现的通信技术的潜力有着极大的兴趣，这次试用电脑通信，是朝着建立一条国际世界信息快线迈进了重要的一步。”

（五）提高政府的运行效率

政府信息化的目标是，利用网络技术，提高政府的运行效率，使政府的决策建立在及时、准确、可靠的信息基础之上，以便更好地为社会服务。据统计，由于实现政府信息化，1992 年至 1996 年美国政府员工减少 24 万人，关闭了近 2 000 个办公室，减少开支 1 180 亿美元。在对居民和企业的服务方面，政府的 200 个局确立了 3 000 条服务标准，废除了 1.6 万多页过时的行政法规，简化了 3.1 万多页规定。在美国，全国雇主税务管理系统、联邦政府全国采购系统和转账系统等网络的建立，不仅节省了大量的人财物，而且提高了政务透明度，堵住了徇私舞弊的渠道。

二、国外电子政务的启示

发达国家都很注重电子政务建设，并都取得明显成效。其主要特点是：电子政府应向“服务型”转变，立法推进电子政务，健全信息基础设施，加强国家信息安全。这些经验对我国的电子政务建设都很有启示。[①]

（一）以服务为中心，用电子政务密切与公众的联系

在电子政务发展战略上，电子政务发达国家倡导“用户导向、结果导向、市场基础”，以政务为核心，各国致力于建立透明、高效、公正和具有服务意识的政府，异曲同工地实践，达到满足公众意愿和需要的结果。

1. 新加坡：广设渠道，密切与公众互动

时任国务资政吴作栋率政府官员用 E-mail 收发个人邮件，进行网上购物、驾照申请、纳税等，直接带动提高政府官员的网络利用率，推动了政府网络建设。

2. 美国：了解公众呼声，注重改变政府形象

美国政府宣称：“我们希望通过互联网改进人们与政府打交道的方式，从而改变他们对政府的看法，这是我们真正的驱动力。”美国政府为了贴近公众，“通过美国电子商务中心调查、了解公众需要和呼声，在电子政务变革中改变政府办事复杂和繁琐方式。”

3. 德国：关爱公民，实现政务信息化

德国政府推出一句颇为吸引人的口号：“让数据而不是让公民跑路”，期望通过电子政务提高国民对联邦政策及管理的满意程度。它实施了“联邦在线 2005”计划，目的在于简化政府机构及政务处理手续，方便国民。

（二）以立法为标准，为电子政务确立行为规范

电子政务发达国家为促进电子政务，制定了相应的电子政务规划，各国在立法和相

---

① 夏露．国外电子政务实践给我国的启示．武汉科技学院学报，2005（7）.

应管理机构设置上采取了高度一致的做法。

英国政府于 2000 年 5 月通过了《电子通信法案》，确定电子签名和其他电子证书在法院审判中可作为证据使用，并授权政府部门修改有关法令为电子政务的实施扫除障碍，同时发布《政府现代化白皮书》。

其他国家也都制定或修改了相关法律，允许电子签名的使用，承认电子文件的合法性，并出台相应的网络安全政策。如加拿大政府发布《利用新技术更新政府服务规划》；法国政府发布《信息社会政府行动计划》；荷兰、意大利政府提出《电子政务行动计划》；日本政府出台《促进政府广泛应用信息技术纲要》等。

（三）以设施为基础，为电子政务构筑运行平台

发达国家电子政务成功的一个重要因素，是高度重视信息基础设施建设，以此奠定能高速运行的电子政务的基础。

韩国以政策消除信息鸿沟。韩国通信基础设施相对薄弱，成为电子政务发展的巨大障碍，为此，韩国政府于 1999 年制订“Cyber Korea 21（数字韩国 21）”计划，通过国内融资、维持低廉通信资费扩大通信需求，在持续推进宽带信息通信网建设的同时，致力于消除不同地区之间、阶层之间信息鸿沟的信息化教育。

英国政府 2000 年 9 月宣布两年内投资 10 亿英镑用于政府信息化建设。意大利政府除了 2001 年到 2003 年对信息与通信技术投资 1 000 万欧元外，还为《电子政务行动计划》下拨了达 4 亿欧元的基金总额（2001 年到 2002 年）。同时，两国政府为加速本国信息化进程，都制定有全民上网规划，为每个家庭购买电脑和宽带上网补贴专项经费，其中，英国为每个家庭购买电脑补贴 25 英镑，意大利为每个家庭宽带上网补贴 75 欧元。

（四）以安全为重点，为电子政务摒弃失密隐患

政府信息涉及国家秘密，但它同时又需要开放，要保证为社会提供公共服务。正确处理安全与政务公开的关系，成为解决电子政务安全隐患的关键，对此，各国采取了不同措施，重视对电子政务安全防范。

新加坡以管理、技术维护信息安全。为保证政府信息安全，新加坡政府实行了《资料保护法案》并采用了 SSL 技术。公众要获取政府信息必须持有数字签名卡或密钥。

德国设立专门机构保障信息安全。德国早在 1991 年就成立了国家信息安全局，主要负责保障信息传递过程中的保密和安全，以及根据需要进行网络加密，该机构隶属于德国内政部。德国在保障信息安全中主要考虑：（1）安全性。谁进入网络、谁浏览个人资料、谁在进行电子签字、谁输入有害程序等。（2）合法性。实施信息安全技术合法。（3）准确性。保证信息传递内容收发一致。（4）使用性。保证信息长期可供阅读，随时可供查询。（5）统一性。各数据标准统一，确保电子政务网络互联互通。

美国同步建设内网和外网。在美国信息安全被定义为通过安全技术的应用，在系统

整体范围内和各组合系统中，保障信息技术的标准得以实施。在美国电子政务网络建设中，内外网有别，内网主要实现电子信息档案的存储，实现无纸化办公和知识库的建设；外网为公众网，提供政府对外服务。美国政府将国家信息安全保护主要放在内网领域。

思考题

1. 如何认识国外电子政务的发展过程？
2. 如何认识国外电子政务的发展特点？
3. 国外电子政务的发展对我们有何启示？

第二十章　中国特色的电子政务

学习目标

1. 认识我国电子政务建设的现状；
2. 了解我国电子政务的特征；
3. 了解我国电子政务建设的基本成就；
4. 理解我国电子政务建设的主要矛盾；
5. 认识我国电子政务建设存在的问题；
6. 把握发展我国电子政务的基本对策。

基本概念

我国电子政务建设的主要成就　我国电子政务建设的基本对策

导　言

电子政务建设是我国国民经济和社会发展信息化建设的重要组成部分，是实现政务公开、提高政府工作效率、提高我国各级政府参与国际竞争能力的基本、快捷的手段；同时，发展电子政务又是一项复杂的系统工程，涉及技术、政策、组织和制度等许多层面的问题，必须统筹规划、协调一致，高效、科学、务实地做好这一工作。

第一节　我国电子政务建设的现状

一、我国电子政务的特征

电子政务是一种基于网络环境中的先进行政方式，但如果没有网络环境，这种行政方式就只是奢谈了。我国电子政务主要表现出以下几个特征：

一是大国特征。我国行政区域非常广阔，有 30 多个省、自治区和直辖市，在实施电子政务过程中，涉及县一级的部门就达数万个之多，这几乎是其他任何一个国家都难以比拟的，而目前许多机构的信息化程度还较低。

二是多样性。大国特征就意味着多样性，全国范围内各级政府、各个部门之间的情况千差万别，不同机构的职能差异也很大，面向服务对象也千差万别。

三是不平衡性。由于大国特征和多样性特点，我国电子政务还存在不平衡性，甚至还非常突出。这种不平衡性与经济发展不平衡性非常相似。引起不平衡性的原因很多，其中包括经济发展水平、地方财政状况、当地网络技术设施、政府对其重视程度以及文化习惯等。

四是处于转型过程中。目前我国社会正处于转型中，其间主要在做两件大事：一是从计划经济向市场经济转轨，二是从半工业半农业社会发展为信息时代背景下的工业化社会，也就是改革和发展两大主题。我国相当长一段时期内，还继续处于制度转型和经济形态转型之中，这就是电子政务实施的大背景。社会的转变，必然导致政府部分职能、管理方式、部门设置和组织架构方式发生很大变化。

五是人口素质的多样性。电子政务的实施好坏，必然是通过人们的使用而产生的。我国人口素质的差异性大，由于自身素质、计算机技能、经济状况和当地网络技术设施等限制，一些人还无法充分享受到电子政务带来的好处。

二、我国电子政务建设的基本成就

电子政务的建立和发展，改进了政府部门工作方式，提高了政府工作效率和为社会服务的能力，同时也为公众树立了崭新的政府形象。但随着计算机技术和网络技术的发展，政府上网已经不能满足信息化建设和现实的要求，于是，政府上网工程逐渐被内涵更加广泛的电子政务所取代。

（一）大力发展电子政务已经成为各级政府的共识

从目前的情况看，我国各级政府已经认识到政府上网的目标是最终实现电子政务，然而在电子政务究竟涉及什么内容和网络环境的搭建等问题上却存在着不尽相同的认识。一些资金投入较充分的政府部门比较倾向于复杂的网络功能，而一些比较注意投入效率的政府部门则希望网络能够尽可能地实现必要的和不能省略的功能。

电子政务网络实质上是政府上网全面启动前期构建的一个电子政务平台，该平台利用信息网络和通信技术，有效地实现行政、服务及内部管理等职能，是在政府、社会和公众之间有机服务系统的集合。同时网络的建设将推动和加速政府的信息化发展。

（二）电子政务的发展已经取得初步成绩

我国电子政务的发展已取得阶段性成果。自 1998 年提出政府上网工程以来，各级政府在信息化方面的投入逐年增加，电子政务成为人们评判政府信息化建设的一个窗口。可以说，“政府上网工程”的实施，初步树立了中国各级政府在多媒体网上的形象，组织和规范了各级政府的网站建设，提高了政府工作的透明度，降低了办公费用，提高了办公效率，也大大有利于勤政、廉政建设，同时大幅提高了政府工作人员的信息化水平。

随着电子政务建设的日趋完善，单纯的政府上网已经不能满足政府信息化建设的发展，这时电子政务概念出现了，并且已经逐步变成了全国各级政府工作中的组成部分。

经过多年的发展，我国的电子政务建设框架体系趋于科学化；“政府上网工程”逐步走向以服务为导向的“一站式”“一网式”门户网站建设；信息系统从“孤岛”走向整合；电子政务建设更加科学、规范、合理，从技术主导走向“政务”主导，电子政务建设的相关法规、标准逐步完善。2020 年党中央、国务院大力推进数字政府建设，切实提升群众与企业的满意度、幸福感和获得感，为扎实做好“六稳”工作、全面落实“六保”任务提供服务支撑。至 12 月我国互联网政务服务用户规模达 8.43 亿，占网民整体的 85.3%。

（三）电子政务管理机构逐步走向完善

2008 年，我国电子政务管理机构发生了变化，国务院机构改革将原信息产业部和国务院信息化工作办公室的职责整合划入新组建的工业和信息化部，由工业和信息化部负责统筹推进国家信息化工作，组织制定相关政策并协调信息化建设中的重大问题，促进电信、广播电视和计算机网络融合，指导协调电子政务发展，推动跨行业、跨部门的互联互通和重要信息资源的开发利用、共享。

根据工业和信息化部的三定方案，由信息化推进司负责指导推进信息化工作，协调信息化建设中的重大问题，协助推进重大信息化工程；指导协调电子政务和电子商务发展，协调推动跨行业、跨部门的互联互通；推动重要信息资源的开发利用、共享；促进电信、广播电视和计算机网络融合；承办国家信息化领导小组的具体工作。

根据国务院办公厅的三定方案，国务院办公厅内设电子政务办公室，负责国务院领导同志办公室和机关的政务信息化规划、建设、技术与安全保障，以及中南海北区有关会议、活动的多媒体技术服务；组织开展中央政府门户网站的建设、运行管理和内容保障工作；负责国务院办公厅连接各省、自治区、直辖市人民政府和国务院各部门计算机网络的建设和管理工作。

各省、市、县也都有相对独立部门来负责电子政务的建设和管理。这对我国电子政务建设的长期可持续发展将有重要作用。

（四）各级政府信息公开工作扎实推进

国务院《政府信息公开条例》于 2008 年 5 月开始实行。2008 年，各级政府都把政府信息公开作为电子政务建设的重点工作，并出台了配套措施。

2008 年年初，财政部就召开了政府信息公开工作动员部署会议，提出了“让群众知情，解群众疑惑，保群众满意，促事业进步”的目标。同年 4 月，国家税务总局出台了政府信息公开指南、政府信息公开目录、依申请公开政府信息工作规程、政府信息公开保密审查办法，卫生部出台了信息公开目录编制规范、信息公开指南、信息依申请公开管理规定和公开信息的保密审查制度，交通运输部颁布了政府信息公开条例实施办法。一些部委网站推出政府信息公开专栏或专题，这些页面各具特色，及时、准确地公开部门信息，为公众查询有关政府信息提供了便利。

许多地方政府门户网站也都提供了政府信息公开指南和政府信息公开目录，方便了人民群众查询政府信息。

三、我国电子政务建设的主要矛盾

（一）崭新的电子政务工作形式与陈旧的政府组织结构的矛盾

我国政府组织结构是条块分割的二维模式，是纵向层级制和横向职能制的矩阵结构。纵向层级制的行政组织系统由纵向的若干层次构成，每一下级层次对上一层次负责。除最高层外，每一层次依地域行政单位划分为若干板块。层次越低块数越多，层次越高块数越少，整个系统形成一个金字塔状。横向职能制的组织结构由横向的若干部门构成，甲部门不对乙部门负责，每一部门均直接对管理对象实施管理，每一部门行使不同的且多是单一和专门的管理职能。这样的结果，就使得每一部门在全国范围内均构成一个相对独立的系统，这些系统内部则实施垂直领导。

电子政务是以公共服务需求为出发点，将政府各个部门封装起来，让公众享受政府服务只需一个入口，不必再一个个部门去拜访的串行工作方式。电子政务希望展现的一种比较理想的公共服务结果可能是：公众一次性地将办理业务所需的证明材料或其他文件传递给一个政府业务处理入口，政府内部业务处理可以并行式办公，提高工作效率。这种并行式办公方式并非简单的“一站式”或“一厅式”的服务，或很多部门简单地集合办公，而是后台系统的协调统一工作。

伴随着越来越多的政府服务转移至网上实现，这种电子政务要求的后台协调一致的工作流程与政府“条块分割”的组织结构之间的矛盾将会越发尖锐。进一步加快政府职能转变，优化政府工作流程，是解决电子政务服务模式与陈旧的政府组织结构的有效途径。

（二）快速发展的网络技术与相对较慢的法制建设之间的矛盾

现在，人们对于电子政务的需求已经不只停留在浏览政府网页、知道一些政府法规等层次，而是更希望通过政务平台可以进行交流。这时，电子政务法规的不健全对于电子政务的制约就逐步显现出来。

事实上，电子政务法规的建设问题确实是信息时代的新问题。但这一问题的出现也存在一定原因。一方面由于未来形势发展存在大量不确定信息，所以政府决策需要缓冲期和灵活度，要求电子政务的立法有一定弹性；另一方面是因为网络技术变化迅速，而电子政务受技术影响很大，涉及了人员观念、业务整合、设备资金投入等系统环节，电子政务系统每一次升级后都需要有一段稳定期，采用“阶段应用、交叉更新、逐渐升级”的方式才可实现社会资源与政府资源的最佳组合。

环顾世界电子政务法规建设现状，世界各国电子政务法律体系目前均处于无统一规范、不断修订的不成熟阶段；电子政务法规的制定不同于传统法律法规，并不需要对于电子政务的每个细节都作详细规定，而应该抓住重点逐步完善。

（三）政务活动的安全性要求与为公众服务的信息开放之间的矛盾

政务活动不同于商务活动，它关系到党政部门、各大系统乃至整个国家的利益。因为政务信息比商务信息更为敏感，所以电子政务作为政务活动在信息时代的一种新的表现形式，在安全性方面有着很高的要求。“安全第一”的思想一直贯穿于电子政务建设的全过程。

同时，政府是为公众服务的，政府的大多数部门和大多数公务员承担着政府的公共服务职能，政府的大多数信息是为公众服务的，是需要为公众所知的。电子政务倡导的就是利用网络优势加速信息的流通，使公众更好地享受政府服务。

由此，电子政务的安全要求与电子政务平台的开放性要求就成为电子政务实施过程之中最为难以平衡的一对矛盾。如何把握安全与开放的平衡，解决这一矛盾有两方面应予重视：一方面要把握住哪些信息是政府机密、哪些信息可以开放；另一方面，在电子政务平台的建设过程中要摆脱“安全绝对化”倾向。

第二节　我国电子政务建设的对策与思考

一、现阶段发展我国电子政务的对策

（一）搞好政府“三网一库”建设，进一步推进政务信息化

政府“三网一库”，即内网（办公业务网）、专网（办公业务资源网）、外网（政府公共信息网）和资源数据库。“三网一库”的框架是我国政府通过吸收国外在电子政务领域的最新研究成果和对我国当前电子政务建设的深入研究，提出的一套三位一体的电子政务理论框架。“三网一库”是我国政府的行政决策、指挥系统，是国民经济与社会发展重要信息上传和国家行政决策下达的中枢系统之一，具有很强的规范性和指导性，是有机构成社会信息化体系的“纲”。因此，目前发展我国电子政务的当务之急，就是要进一步推动政务信息化建设，加快和完善“三网一库”建设，并在此基础上，建立多地方、多部门协同运行的综合业务应用系统，使行政决策系统和行政业务系统有机整

合，促进业务优化，推动机构改革，从而最终迈向电子政务。

（二）加强法制和安全保障体系建设

安全保密是电子政务建设的关键。如何协调各个部门及时将信息交给电子政务上网，政府信息哪些应该上网、哪些不应该上网，如何处理电子政务的开放性与保密性之间的关系，外界侵犯电子政务犯罪定性等涉及法律和制度建设的问题，是现阶段我们必须解决的问题。在加密、防黑客、防病毒等信息安全技术还没有应用之前，政府内部的局域网不应该传输涉密文件，办公系统就更不应该上网，各部门内部的局域网都应该设密码。

我们要认清形势，把政务信息化提升到国家安全问题的高度来认识，做到安全保密技术与网络技术发展同步——也就是同步发展、同步规划。现阶段，要在国家的扶持下，加大对自主知识产权产品在资金、技术、人力方面的投入，并在尽可能短的时间内生产出以自主知识产权技术为核心的产品，掌握主动。

（三）把发展电子政务与坚持体制创新和机制创新相结合

电子政务是一项庞大的系统工程，需要把计算机软硬件技术、通信传输技术和行业应用结合起来。一个政府部门无论是从职能上还是编制、体制、机制上，都不可能养一支专门的队伍来进行电子政务系统的开发和维护，这就要求借助社会力量来完成此项工作。各级领导干部进一步提高认识，解放思想，深化改革，在推进电子政务的过程中，坚持体制创新、机制创新。对于大量的技术开发、网络维护等工作，应通过招标等方式，外包给专业化的网络技术公司去完成。同时，要加强领导，协调统一，避免各部门各自为政进行电子政务建设以及由此可能形成的条块之间新的数字鸿沟和信息孤岛，防止新一轮重复建设和无效建设，确保整个电子政务系统的互联互通。

（四）加强人员培训和网络技术知识普及工作

电子政务建设是一项信息知识含量高、网络技术要求高的工作，对人员的素质要求比较高，因此，公务员使用计算机网络的实践经验是开展电子政务活动的基本因素。目前，政府机关的许多工作人员尚不具备必要的现代办公知识和能力，加之他们习惯于传统的办事程序和办事方式，所以应加强政府工作人员的相应的培训工作。通过培训，一方面使他们具备新技术革命的意识、观念；另一方面使他们掌握一定的信息知识和应用技术，提高其计算机应用水平，做到能够在日常工作中实现无纸化办公和网上互动式操作。

二、电子政务要以服务为中心

应用是电子政务建设的出发点和落脚点。电子政务各项应用必须从满足决策、管理和服务的需要出发，利用统一的网络平台和政府门户网站，全方位地为政府、企业、公众提供服务支撑。一是大力推进政务信息公开。坚持以公开为原则、不公开为例外，进一步扩大政务公开的范围和内容，包括行政许可、非行政许可服务项目，以及重大项目、涉及面广的行政决策过程都要及时公开。二是不断深入开展面向公众、企事业单位的服务。将服务的实现程度、服务质量、服务效率作为衡量电子政务成败与否的标准，以服务对象为中心，通过计算机、电视、电话等多种载体，逐步将服务延伸到社区、乡镇，惠及全民，构建电子政务服务体系。三是提高为决策和管理服务的能力。按照各级领导科学决策的需要，提供信息汇总与分析、舆情研究、经济运行监控、应急事件处置、资源配置调控等方面的服务，开展必要的模拟分析和仿真分析，创新管理方法，提升服务功能，实现由现有的按部门分类的“多站式”服务到“一站式”服务的转变。

三、推进信息资源共享和业务协同

跨部门的信息共享和业务协同，是电子政务应用水平的重要标志。要按照职责明确、流程规范、功能完备、业务协同的要求，建立和完善信息资源共享机制。一是加快建设基础信息库。抓紧建设人口、法人单位、自然资源与空间地理三大战略性基础数据库，丰富数据内容，理顺数据采集渠道，加强数据的更新维护。二是继续推进市场监督管理、税务、质监等部门间的企业基础信息共享，推进财政、税务、银行、国库间的税款信息共享，加强综合治税和市场监管。三是推动个人征信、企业征信等方面的信息共享，为加强人口管理和企业管理、优化市场环境、完善社会保障体系创造条件。四是抓好金农、金水、气象、医疗卫生、支农工程和农业综合信息服务平台建设，探索建立涉农信息共享和服务机制。

加强电子政务信息资源建设，增加切实可行的网上办公服务项目的比例。为了更好地为企业和公众服务，电子政务应该丰富信息内容，适当增加适应企业和公众需要的服务，如增加经济、行业信息，采购招标、招聘类信息的发布；增加在线服务种类，提供网上查分、户籍管理、申报审批等相关的在线服务项目种类。

电子政务应该积极完善动态信息发布的制度和流程，避免信息一成不变，及时更新网站内容，适当创新网站服务形式，鼓励企业和公众更多地利用网站资源。

加强统一政府门户网站建设，规范电子政务建设标准。应加强电子政务资源的统筹规划，整合利用地方政府门户网站资源，同时加强电子商务与电子政务的联系，尽快建立一套相对科学、全面的电子政务综合测评指标体系，并形成政策导向，推进电子政务的建设和发展。现在，首要的任务是从全局和长远的角度整合各方面资源建设电子政务，而电子政务的“变脸”将为国内 IT 产业带来无限商机。

四、预警和应急管理信息化成为建设重点

在防灾减灾、控制疫情，快速处置群体性事件，快速展开重大交通事故、安全生产

事故救援，建立经济社会预警体系等方面，电子政务可以发挥很大作用。自 2008 年起，许多政府部门都把应急管理作为工作重点，对预警和应急方面的信息化需求很迫切。城市应急联动系统、生产现场视频监控系统、重大危险源监控系统、重大污染源在线监测系统、重大疫情防控信息系统、食品安全监管信息系统、药品安全监管信息系统、防震减灾信息系统、地质灾害预警信息系统、气象灾害预警信息系统、金融安全预警信息系统等的建设将被有关政府部门（如应急办、安监局、环保局、药监局、卫生局、地震局、国土局、气象局等）提到议事日程上来。

五、电子政务评估重点更注重应用的实效

近年来，国内多家机构推出了政府门户网站绩效评估业务。各家政府门户网站绩效评估指标体系不一样，对各政府单位的评估结果也不一样。这不但引起了政府门户网站排名的混乱，也滋长了一些政府单位急功近利的心态。政府门户网站只是电子政务建设其中很小的一个组成部门。电子政务更强调的是应用，即业务应用系统建设。

以前电子政务效益低下，其中一个重要原因是缺乏一套行之有效的项目评估体系，即事先没有对项目建设方案进行科学的评估，事后没有对信息系统的运行效果进行科学的评估。2009 年，随着各级政府部门加强了对政府财政投资的信息化工程项目的管理，电子政务工程项目评估已受到各级发展改革部门、信息化主管部门、财政部门和审计部门的重视。在项目开工建设前，请第三方信息化咨询机构对项目建设方案进行评估，并根据评估意见进行修改、完善。在项目建成后，请第三方信息化咨询机构对信息系统的运行效果进行评估，并根据评估意见进行整改、完善。这样，电子政务才能走上规范化的健康发展道路。

第三节　电子政务网站建设指南

电子政务是政府实现政务公开的一种重要形式和发展方向，从公众的角度来看，对电子政务的关注主要是面向公众的信息和服务，而政府机关内部的办公自动化、办事流程电子化等与公众之间并没有发生直接的联系。电子政务的功能和内容是通过政府网站的形式表现出来的，外界对政府信息化的了解也是从政府网站开始的，因此，一个优秀的电子政务网站建设是电子政务取得成效的基础。

一、符合党和国家的政治形势

政府信息代表政府的形象，政府网站也应客观上给公众以“权威、公正、可信”的

印象，所以，政府网站信息必须积极配合党和国家当时的政治形势，网站发布的内容必须具备严谨性和准确性。这就要求信息采集编辑、信息审核、信息发布必须有严格的人员职责管理制度，也相应地需要配备专业严谨的发布管理系统。两者均不可缺少。

二、用户导向，目的明确

用户导向是政府网站设计的总体指导思想，政府网站是为公众、企业或下属单位等提供信息和服务的，要让用户方便、快速地找到自己需要的服务，并用最简单的操作方法来完成所有的操作。具体表现在：友好的网站界面，清晰的网站导航，完善的帮助系统，完整的信息，完善的在线服务，等等。

三、总体规划：全局性与阶段性

"想得要大，起步要小，扩张要快"是全球对于信息系统工程建设的一个共识性原则。

"想得要大"是根据对网络技术发展的预期，审慎地确定电子政务长远的发展目标。这个规划的目标应该是产出明确的、可以测量的，而不是抽象的、概念化的；规划要从"大处"着眼、"远处"着眼，要有充分的洞察力和想象力。

"起步要小"是要从小的、容易实现的、效果明显的、阶段性的项目起步，确保初战必胜；或者，将大的项目分解成若干个小的项目组织实施。

"扩张要快"是在已经取得经验和效益的基础上，加快系统扩张的步伐，尽快取得系统所可能获得的全部经济和社会效益。

四、网站安全性

（一）综合考虑安全、成本、效率三者的权重

不同的电子政务应用系统，对于安全的要求是不同的。因此，不能将安全问题绝对化，不是"越安全越好"。一个门需要几把锁，取决于门里放了什么东西。显然，锁越多，安全的成本就越高，"东西"的使用效率就越低。因此，必须根据实际的系统要求，实现"恰到好处"的安全。换言之，在设计系统安全措施的时候，必须根据系统的实际应用情况，综合考虑安全、成本、效率三者的权重，并求得适度的平衡。

（二）安全管理体系

电子政务的安全管理可以通过安全评估、安全政策、安全标准、安全审计等四个环节来加以规范化并进而实现有效的管理。

（三）安全解决方案

网站建设时起码应考虑的信息安全解决方案有：

（1）防止非法入侵和泄密的解决方案，如防火墙技术、数据加密技术、登录的验证

技术、VPN技术、漏洞检测与在线黑客检测预警等；

（2）数据安全存储的解决方案，包括数据存储、备份和恢复、灾难防护解决方案；

（3）防病毒的解决方案。

五、网站实效性

（一）信息及时更新，具有良好的实效性

网站信息必须是动态的、有效的，这就要求信息维护更新必须落实责任，同时还必须有一套科学合理的网站框架、简单易用的信息发布管理系统和严格的网站维护规范。要做到这一点，需要长期的经验积累和先进的技术手段。

同时，还需要单位领导真正给予高度的重视，将责任落实到各具体部门，定期检查，并将检查结果纳入考核指标。这将有效地促进本单位信息内容的更新和维护，杜绝“死网站”的现象。

（二）注重应用效果

在电子政务网站规划和建设过程中，还要充分考虑到最终的应用效果。电子政务的最终目的是获得有效的实际应用，影响应用效果的因素主要包括：社会信息化程度、政府内部人员的适应程度、网站规划和建设的专业程度、推广应用的方式和力度等。

建一个用一个，是产生效果的关键。不要追求大而全，而是着眼本地实际，先将人民群众最需要的服务功能建设好，然后组织各相关单位，落实具体责任，力求做到每个咨询都有相应的回复，每个投诉都有切实的处理。

网站建设对应用效果的影响主要表现在易操作性、亲和性、便于检索、营销导向、专业性等。

六、内容完整，功能适用

（一）内容完整

网站提供的信息全面，不仅要包括所有政府明确规定公开的信息，也应该包含其他可以公开的、用户正常需要的信息。通过网络办理各种业务很重要，但有些基本的信息如使用帮助、联系方式、服务承诺等对用户同样重要，这些信息是用户使用电子政务的基础。为用户办事提供方便，让公众和企业了解政府的办公流程，从而提高工作效率，是实施电子政务的根本目的。

电子政务的内容包括所有与办理公务有关的信息和功能，如办事指南、投诉办法、政府公告、法律法规查询、详细的联系方式、统计信息等。

（二）功能适用

一个政府网站，是否拥有繁多的功能并不是最重要的，关键是让每一项功能都真正发挥作用，在当时环境下做到最好，每一项信息都有其价值。

政府网站的主要服务和功能包括：政府新闻、统计资料、政府出版物、数据库查询、问题咨询、邮件列表、服务承诺、隐私保护政策、办事指南、政务公告、网上投诉、网上查询投诉结果、各种政府表格下载、在线提交申报表格（电子表格）、网上查询办事进程、网上招标/采购、网上缴税及支付各种费用等。

七、艺术性

一个赏心悦目的政府网站，才能留住市民、企业以及外界投资者的视线，突出一个清新有朝气的政府形象，并潜移默化地在公众心中留下“这是个服务人民的政府，这个地方会是一个好的投资环境”这样的感性印象。

网页创作从某种意义上来说可以称为专业技术，要达到以上的目的，再结合界面设计的相关原理，就形成了一种独特的艺术。

思考题

1. 如何认识我国电子政务建设的现状？
2. 如何把握我国电子政务的特征？
3. 如何认识我国电子政务建设的基本成就？
4. 如何认识我国电子政务建设的主要矛盾？
5. 如何认识我国电子政务建设中存在的主要问题？
6. 如何看待现阶段发展我国电子政务的对策？

网上资料

1. 中国电子政务网　http：//www. e-gov. org. cn
2. 国脉电子政务网　http：//www. echinagov. com

第二十一章　智慧政务建设

学习目标

❶ 智慧政务产生的背景；
❷ 智慧政务的内涵与外延；
❸ 智慧政务建设的基本原则；
❹ 智慧政务建设的基本策略。

基本概念

智慧政务　网络政治　网络社会　公共治理

导　言

随着网络的发展，网络政治也发展到一个新的高度。相对于早期偏重于单向发布和传播，现在则更偏重于网络政治的双向沟通和共同创造，它在带来新的思想和观念的同时，公共治理也出现了许多新情况、新问题。政府应该学会使用社交媒体，与公民建立关系，来完成政府组织的使命。网络技术的更新推动了政府创新，政府理念也由管理型转向服务型。政府不断应用新技术推动政府管理创新，智慧政务就成为一种必然选择。

第一节　智慧政务产生的背景和基础

一、智慧政务的时代背景

随着网络技术进入新时代，网络环境下的人际交往、信息传播和社会组织建构都发生了新变化，社会发展面临许多新情况、新问题。为此，公共治理必须有新的理念、新的思路、新的举措，在体制、机制等方面进行新的改革，从而增强公共治理的和谐性，实现公共治理的良治和善治，政府自身的改革也必须跟上时代步伐，智慧政务就成为一种必然选择。

二、智慧政务的技术基础

从技术层面来看，随着手机、互联网和社交网站的快速发展，人们彼此之间的联系方式花样翻新，引领我们进入了“超链接”的时代，社会信息化和政府信息化程度前所未有，大数据、物联网、云计算、社交媒体、信息发布等新技术的发展及普及，为政府治理实现“智慧型”提供了技术支撑，从长远来看，对政府治理范式、政府职能和政府自身管理等多个方面产生影响。另一方面，大数据、云计算、物联网等新技术已经成为一个国家综合实力的比拼，这些新技术的发展，在促使政府治理由管理型向智慧型转变的同时，也倒逼政府采取新的治理手段和发展战略，来保障新技术的发展、运用和推广。

三、智慧政务的发展过程

智慧政务是电子政务的发展新阶段。随着网络技术和应用的发展，网络已经进入新的时代，其对政务活动的影响和作用已经发生了很大的变化，自然产生了智慧政务。智慧政务将治理的行为重心归于人的生活，使公共服务更加人性化、智能化和社会化，让民众的生活更美好。

智慧政务是搞好智慧城市建设的关键因素。由新一代信息技术驱动的智慧城市建设覆盖了管理、组织、政策、社区、经济、基础设施与自然、人文环境等的方方面面，目前已经在我国多个城市如火如荼地建设中。但是在智慧城市的建设过程中，往往过分关注与信息技术和数字科技的运用，忽略了在本质上应致力于社会的人文精神内涵、优化政府、企业和全社会协同发展新机制的建设思想。因此，必须以智慧政务建设引领智慧城市建设，两者不能本末倒置。

四、智慧政务的理论基础

新公共管理学是智慧政务的重要理论基础之一。新公共管理理论认为，应以顾客为导向，奉行顾客至上的全新价值理念；应改变传统模式下政府与公众之间的关系，政府不再是发号施令的权威官僚机构，而是以人为本的服务提供者，政府公共行政不再是“管治行政”而是“服务行政”。“公民被看作是‘顾客’，而政府部门在利用公共资金上要变得更有进取心和创新性。”

Web 2.0 理论也应该是智慧政务的理论基础之一。Web 2.0 是相对于 Web 1.0 的互联网发展新的时代的总称，是以六度分隔、长尾分布等为理论基础，以社交媒体等应用为主的一种新的互联网发展阶段的理念。其具有开放性的社会结构、共享性的服务方式、互动式的网络管理、协作化的共创模式等显著特点。

五、智慧政务的内涵和外延

（一）智慧政务的基本内涵

智慧政务是在 Web 2.0 时代，于电子政务的基础上，运用大数据、物联网、云计算等新一代信息技术，以民众为中心的、对传统政务进行智能化的处理，采用智慧化的应用和服务，以实现个性化、互动式、协作型的政府机构和运行方式。这一概念包含了智慧政务的技术基础、运行特点、运行本质及根本目标等几个方面的含义。

（二）智慧政务的外延

智慧政务的外延与“政府 2.0”“开放政府”等接近，都是网络发展到 Web 2.0 时代的产物。政府 2.0 正成为电子政务发展的新趋势，在全球范围内，电子政务建设进入了政府 2.0 建设的新阶段。

智慧政务与智慧政府是两个不同的概念。智慧政府是在智慧城市基础设施之上，借助技术手段，形成虚拟空间中的政府形态，完成实体政府要履行的职责。

第二节　智慧政务建设的基本原则

智慧政务是在电子政务基础上发展起来的，但是绝对不是简单的更新，而是一种全新的范式转变，必须实行新的服务原则。

一、坚持个性化（Individual）服务原则

第一，把握公众需求的个性化特征。Web 2.0 时代，信息将变得越来越个人化，具有很强的细分能力，信息受众分类更加明确，很多数据信息服务是根据个人需求量身定制，目的性更强、定位更准确、效果也更好。

第二，把握公共服务产品“个性化”。Web 2.0 时代，政府通过对公众在政府网站、移动 App、微信、微博等的浏览和发言情况、公共服务在线申请情况、政府网站栏目关注度、政府网站发表评论等多项活动的数据分析，运用数据挖掘技术工具等对公众活动进行关联，进而主动形成个性化的服务。公众可以订阅、预约和获取政府的个性化信息服务。

第三，实行公共服务方式“推送化”。Web 2.0 时代，公共服务供给将由“索取”

向"推送"转变，政府根据公众用户的设定，借助于计算机及网络技术，对信息资源进行收集、整理、分类、分析，公共服务提供方式变成"推送"，为了增加政府服务的针对性和有效性，将民众被动的索取向主动的推送信息服务转变，以满足公众对信息的需求。

二、坚持智能化（Intelligent）的处理原则

智能化的服务方式是智慧政务的重要内容，包括智能办公、智能决策、智能服务、智能管控等领域。

第一，在智能办公方面，将原来电子政务系统的办公自动化系统转化为智能办公系统。完整的人工智能办公系统必须具有信息获取、信息传递、信息处理、知识生成、策略创建、策略执行以及反馈学习优化等环节。

第二，在智能决策方面，Web 2.0 可以应用到政府和公民的合作、政府机构内部协作、对政策提供研究建议，根据大数据建立智能决策系统，真正做到将定量分析和定性分析有机结合，从经验决策向科学决策转变。

第三，在智能服务方面，能够根据大数据处理的情况，自动感知、预测民众需要的服务，从而为民众提供个性化、主动推动化的服务。

第四，在智能管控方面，能够根据大数据平台的情况，对可能出现的社会治理风险进行自动感知、自动识别、自动跟踪报警，为化解风险提供依据。

三、坚持创新化（Innovative）的协作原则

Web 2.0 时代的智慧政务，需要创新化的管理机制。政府搭建创新平台，企业和个人通过开发应用程序、微博、微信等社交媒体工具为公众提供创建、分享信息与知识的协作平台，激发大众的智慧，促进创新的涌现，汇聚群体智慧，为不断优化公共决策提供了新的机遇。

第一，用户创新。即指公众参与政府创新过程，如用户参与政府提供公共服务产品的全过程，包括公共服务产品的设计、生产、提供及决策的全过程。

第二，大众创新。互联网等新技术的出现，使得我们能更方便地获取、交流和更新知识，BBS、博客、微博、维基等平台进一步推动知识收集、产生、共享的新模式；通过新技术的应用，可以用更低的成本、更方便的方式使公众参与到政策制定的过程中。

第三，开放创新。指政府公共服务数据内容、数据标准及相关工具的开放，可以提供公众查询、下载、使用政府数据的服务，包括数据标准的开放，方便社会对政府数据的使用和共享应用，以及市场、社会资源对数据的进一步深入开发利用，产生社会价值。政府部门充分利用外部资源，将行业专业服务资源以外包等形式纳入自身的创新服

务体系之中。

四、坚持交互式（Interactive）参与原则

Web 2.0 工具使具有相似思想和目标的人们相互联系，并且一起合作完成工作。如果使用得适当，Web 2.0 工具可以降低工作成本，增加灵活性，并提高工作质量。微信、微博、移动客户端 App 等社交媒体是 Web 2.0 时代最具代表性的应用之一，产生大量的交互数据，它们拥有快速传播信息、最大范围覆盖和双向交流互动等特性。

第一，改善政府内部各部门的智慧交互。在 Web 2.0 时代，社交媒体的出现使得网络情境下的符号互动理论有了全新的意义。社交媒体和新媒体极大增强了媒体对人际互动符号的传播力和影响力。

第二，加强政府部门与民众的智慧交互。在 Web 2.0 时代，智慧政务的核心功能是加强政府与公众互动，实现真正意义上的参与型互动模式。只有构建良好的互动模式，才能促进社会的进步。这种互动可以化解传统互动模式中存在的沟通障碍，是当前经济社会稳定发展的重要保障。

第三，加强政府部门与企业的智慧交互。

第四，强化政府与社会各方的智慧互动。

五、坚持融合式（Integrative）发展原则

由新一代信息技术驱动的智慧城市建设覆盖了管理、组织、技术、政策、社区、经济、基础设施与自然环境等诸多内容，将快速改变人们的生产和生活方式，对公共空间、社会形态和个人行为产生较大的影响。

第一，坚持集成式的发展。积极顺应云计算的新趋势，推进城市智慧政务的集约化建设，各政府部门不再单独购置服务器和存储设备，逐步取消部门的数据中心，改为城市政府统一建设政务云计算中心，按照各部门需求分配计算和存储资源，从而有效提高硬件资源的使用效率，促进节能减排；减少重复投资，提高政府资金使用效率；促进数据资源的集中和共享，有利于部门之间的业务协同。

第二，坚持协作式的发展。利用移动终端 App、微信、微博等为代表的 Web 2.0 技术，搭建电子公务等面向创新 2.0 的平台，不但可推动管理人员间的交流与合作，还可通过平台实现政府、企业及公众之间的互动、交流、协作，实现电子政务向智慧政务的转变。

第三，坚持合作式的发展。合作有多种形式，包括政府人员与专家的合作，政府与社会、专家与社会等各方面的合作等。在集体行动的基础上才能做到合作式发展。

第三节　智慧政务建设的应对策略

智慧政务是在电子政务基础上的一种新的范式，其建设策略应在电子政务和智慧城市的建设的基础上，处理好统一规划与分步实施、政府与企业及民众、开放与安全、科技与人文等四个方面的关系。

一、处理好统一规划与分步实施之间的关系

首先，制定智慧政务统一规划。要筹划智慧政务建设的整体规划和具体行动方案。政府应当采取自上而下和先行先试的策略，在组织领导、平台建设、资金支持和制度保障方面出台相关政策、举措进行引导和推动，从目标定位的确立、发展规划的制定和具体的建设思路等方面进行积极应对，最终实现政府公共服务的智能化和政府职能的转变。

其次，加强标准法规体系建设。应将智慧政务规划设计、项目管理、示范工程建设、信息资源管理、信息安全管理等纳入法制化管理。开展技术标准、法规规范、制度规则的研究制订和实施试点示范工作，为智慧政务提供良好的发展环境和制度保证。

二、处理好政府、企业与民众之间的关系

首先，明确政府在智慧政务建设中的主导责任。智慧政务的公共平台也是智慧城市服务平台的一个重要组成部分。政府部门应在不推卸责任的情况下，授予市民创造和提供新的公共服务的权利，更好地搜集和汇总城市公共数据，并建立保障措施防止这些数据被滥用。政府管理者应该在智慧政务和智慧城市建设中起到领导、指导、协调的主导作用。

其次，采取政府主导和市场力量相结合的推进方式。在智慧政务建设过程中，可以借助信息企业的技术和资源，推动智慧政务系统的开发、运营、管理和评估。在智慧城市大力发展大数据、物联网、云计算等的基础上，明确智慧政务建设的思路方向、规划措施和实施策略，确保智慧政务的有效实施和实际成效。但是应该注意不要被某一家信息公司所“绑架”，造成新的互联互通障碍，影响到智慧政务的用户体验和横向沟通。

最后，发挥民众在智慧政务建设中的参与作用。应鼓励民众积极参与，除了献计献策之外，也可以采取众创模式，在统一规划的基础上，对一些实用性、应用型的公共治理、移动终端的实用软件（App），也可以采取竞赛的方式，鼓励民众积极参加；对一些社会治理民众比较关心的问题，可以采取民众利用 App 或者社交媒体参与管理的方式。

三、处理好开放与安全之间的关系

首先，开放是智慧政务建设的必然要义。Web 2.0 时代，开放成为一种潮流，数据的开放和流动，代表着权力的开放和流动，代表着社会的发展和进步，代表着经济的增长和发达，政府更加开放，政务将更加智慧。在开放的环境中，政府服务的机制需要进一步，工作服务配置将更加优化，公共服务方式更加灵活，服务内容更加丰富，公共服务质量进一步提高，政务活动也将会达到一个新的高度。

其次，安全是智慧政务建设最大的挑战。在技术上，智慧政务依赖强大的网络信息化技术，尤其是计算机云平台，因而存在严重的技术垄断风险以及网络信息安全风险。部分网站管理者思想上麻痹大意，重建设，轻管理，一些技术漏洞也不及时修补，为黑客攻击提供了便利。

最后，积极应对智慧政务的安全问题。一方面应不断增强自主创新能力，尽快掌握物联网、大数据、云计算等信息技术的核心技术；另一方面，更需要加强管理，以管理促安全、保安全。事实证明，一些暴露出来的网络安全问题，往往都是由于管理疏漏引起的。大数据时代信息安全面临严峻挑战，任何单一固化的保护模式均难以为继，只有从法律体系、自律机制、管理标准、组织机构、技术应用等多个层面构建起立体协同、动态发展的信息安全保障体系，才能从根本上遏制我国政务安全的系统性风险。

四、处理好科技与人文之间的关系

首先，应将智慧信息技术与人文理念有机结合。Web 2.0 时代，随着大量技术手段的应用，人成为机器的奴隶的危机加重，因此应重塑现代科技以人为本的内涵。智慧政务根本的出发点和最终的归宿点是城市居民。这就必然要求将互联网技术手段与人文服务理念和人性化服务措施有机结合起来。智慧政务技术要有人文目的，智慧政务治理要有人文理念，最终实现智慧政务活动更具有人文情怀。

其次，必须坚持以人为本的可持续创新。智慧政务的建设尤其注重以人为本、市民参与、以社会协同的方式来构建创新空间，创造并实现智慧政务的公共服务价值。智慧政务建设应按照建设服务型政府的要求，贯彻以服务对象的需求为中心的理念，更多地从市民和企业获取信息和接受服务的角度来重构网上服务的流程，真正做到方便、快捷。

最后，为企业提供“随需所想”的智慧服务。Web 2.0 时代，智慧政府应充分利用大数据技术对企业日常生产的各个环节进行综合分析，了解企业经营的合理化需求，提供企业所想、所急、所需的智慧管理和服务，通过提升行政服务效率，整合政府开放信息、推动智能化办公、创新公民服务办理方式，使与政府打交道成为一件愉悦的事情。

思考题

1. 如何理解智慧政务产生的背景？
2. 如何掌握智慧政务的内涵与外延？
3. 如何把握智慧政务建设的基本原则？
4. 如何运用智慧政务建设的基本策略？

参考文献

1. 简·梵·迪克．网络社会［M］．3版．蔡静，译．北京：清华大学出版社，2020.

2. 王益民．数字政府［M］．北京：中共中央党校出版社，2020.

3. 马修·威尔士，等．社交网络改变世界［M］．谈冠华，等译．北京：中国人民大学出版社，2013.

4. DOWNEY，MATT JONES. Public Service，Governance and Web 2.0 Technologies：Future Trends in Social Media［M］. Hershey PA：Information Science Reference，2012.

5. 阿莱克斯·彭特兰．智慧社会：大数据与社会物理学［M］．汪小帆，等译．杭州：浙江人民出版社，2015.

6. 安东尼·汤森：智慧城市：大数据、互联网时代的城市未来［M］．赛迪研究院，译．北京：中信出版社，2015.

7. 达雷尔·韦斯特．数字政府：技术与公共领域绩效［M］．郑钟扬，译．北京：科学出版社，2011.

8. 克莱·舍基．人人时代：无组织的组织力量［M］．胡泳，沈满琳，译．北京：中国人民大学出版社，2012.

9. 尼古拉斯·伯格鲁恩．智慧治理：21世纪东西方之间的中庸之道［M］．朱新伟，等译．上海：格致出版社，2013.

10. 尼古拉斯·克里斯塔基斯，等．大连接：社会网络是如何形成的以及对人类现实行为的影响［M］．简学，译．北京：中国人民大学出版社，2013.

11. 肖恩·杜布拉瓦茨．数字命运：新数据时代如何颠覆我们的工作、生活和沟通方式［M］．姜昊骞，等译．北京：电子工业出版社，2015.

12. 安德鲁·查德威克．互联网政治学：国家、公民与新传播技术［M］．任孟山，译．北京：华夏出版社，2010.

13. 本刊编辑部．大数据安全为先［J］．网络传播，2015（7）：33.

14. 陈桂龙．智慧政务2.0模式［J］．中国建设信息，2014（5）：36－39.

15. 丁健．浅析大数据对政府2.0的推进作用［J］．中国信息界，2012（9）：12－14.

16. 何军．美国联邦政府电子政务的发展模式、趋势及启示［J］．电子政务，2013（10）96－101.

17. 胡海波．政府2.0的国际经验及其对我国的启示［J］．现代情报，2012（2）：39－42.

18. 李超民．治理现代化视阈中的智慧政务建设［J］．社会主义研究，2014（4）：81－88.

19. 彭兰．社会化媒体与媒介融合：双重旋律下的关键变革［J］．新闻战线，2012（2）：83－85.

20. 宋刚，孟庆国．政府 2.0：创新 2.0 视野下的政府创新［J］．电子政务，2012（02－03）：53－61.

21. 唐斯斯，刘叶婷．以“数据治理”推动政府治理创新［J］．中国发展观察，2014（5）：32－34.

22. 王克照．智慧政府之路：大数据、云计算、物联网架构应用［M］．北京：清华大学出版社，2014.

23. 徐继华，等．智慧政府：大数据治国时代的来临［M］．北京：中信出版社，2014.

24. 徐晓林，朱国伟．智慧政务：信息社会电子治理的生活化路径［J］．自然辩证法通讯，2012（5）：95－100.

25. 张爱平．“互联网＋”引领智慧城市 2.0［J］．中国党政干部论坛，2015（6）：20－23.

26. 张晓海，邓贤峰．南京智慧政务总体架构设计思路与实现路径［J］．电子政务，2013（9）：103－109.

27. 赵玎，陈贵梧．从电子政务到智慧政务：范式转变、关键问题及政府应对策略［J］．情报杂志，2013（1）：204－207.

28. 赵银红．智慧政务：大数据时代电子政务发展的新方向［J］．办公自动化，2014（22）：51－54.

图书在版编目（CIP）数据

电子政务 / 刘文富编著．-- 2 版．-- 北京：中国人民大学出版社，2021.4

21 世纪高等继续教育精品教材．经济管理类通用系列

ISBN 978-7-300-27913-8

Ⅰ.①电… Ⅱ.①刘… Ⅲ.①电子政务-成人高等教育-教材 Ⅳ.①D035－39

中国版本图书馆 CIP 数据核字（2020）第 026067 号

21 世纪高等继续教育精品教材・经济管理类通用系列

电子政务（第二版）

刘文富　编著

Dianzi Zhengwu

出版发行	中国人民大学出版社		
社　　址	北京中关村大街 31 号	**邮政编码**	100080
电　　话	010－62511242（总编室）		010－62511770（质管部）
	010－82501766（邮购部）		010－62514148（门市部）
	010－62515195（发行公司）		010－62515275（盗版举报）
网　　址	http://www.crup.com.cn		
经　　销	新华书店		
印　　刷	天津鑫丰华印务有限公司	**版　　次**	2010 年 1 月第 1 版
开　　本	787 mm×1092 mm　1/16		2021 年 4 月第 2 版
印　　张	14.25	**印　　次**	2024 年 12 月第 3 次印刷
字　　数	296 000	**定　　价**	38.00 元